2021년 8월 20일 초판 1쇄

글 이재홍
펴낸곳 HadA
펴낸이 전미정
책임편집 최효준
디자인 고은미 정윤혜
교정·교열 황진아
출판등록 2011년 5월 17일 제300-2011-91호
주소 서울 중구 퇴계로 243 평광빌딩 10층
전화 02-2275-5326
팩스 02-2275-5327
이메일 go5326@naver.com
홈페이지 www.npplus.co.kr
ISBN 978-89-97170-64-7 03070

정가 15,000원
ⓒ 이재홍, 2021

도서출판 하다는 ㈜늘품플러스의 출판 브랜드입니다.
이 책은 저작권법에 따라 보호받는 저작물이므로 무단 전재와 무단 복제를 금지하며,
이 책 내용의 전부 또는 일부를 이용하려면 반드시 저작권자와 ㈜늘품플러스의 동의를 받아야 합니다.

특종을 쫓는 종횡무진 뉴스맨

이재홍 지음

뉴스 마이스터의 기자시대

우연히 딸의 책상에 있던 괴테의 소설 『빌헬름 마이스터의 수업시대』를 읽게 됐다. 1989년 독일 프랑크푸르트에 있는 괴테 생가를 방문한 뒤 그에게 호기심을 가져 『젊은 베르테르의 슬픔』과 『파우스트』 등을 읽은 적이 있었지만 이 책은 생소했다. 젊은 시절을 떠올리며 한 장 한 장 읽어 내려가기 시작했다. 소설의 초반에는 별 흥미를 느끼지 못했지만 후반으로 갈수록 주인공 빌헬름 마이스터의 모습에서 온갖 종류의 경험을 통해 성장해 온 나를 보는 것 같았다. 연극인 빌헬름은 방랑의 과정을 통해 세상과 조화를 이루며 자아를 완성해 간다. 방송 기자 생활 27년. 뉴스 마이스터, 뉴스의 장인이라는 이름을 조심스레 달아본다. 사회부 수습기자부터 시경 캡, 사회부장 경제부장, 생방송 프로그램 CP 그리고 탐사보도 프로그램 CP로 일하며 오늘에 이르기까지 좌충우돌하며 겪어 온 기자시대의 이야기를 하고자 한다.

만능 뉴스맨은 뉴스 마이스터다. 어떤 뉴스든 자유자재로 만들고 장인마이스터은 그 뉴스에 땀과 혼을 쏟아붓는다. 모든 종류의 뉴스를 만들겠다는 것은 마이스터의 욕심일 수 있다. 그러나 진실의 거울을 만들어야 하는 일은 기자의 숙명이다. 국민이 제대로 볼 수 있는 맑은 거울을 만드는 것은 마이스터의 사명이다. 뉴스 마이스터에게 요구된 사명은 시대별로 달랐다. 라디오 시대엔 신문 기사체를 소리로 듣기 좋은 문체로 바꿔야 했다. ENG 카메라가 도입된 컬러 TV 시대에는 현장성을 가미한 제작이 강조됐다. 인터넷이 일상화되면서는 온라인에도 대응해야 했고 신문과 방송 융합의 시대에는 방송과 텍스트 기사를 자유자재로 넘나들어야 했다. 지금의 플랫폼과 장르의 통합 시대는 전례 없는 뉴스 마이스터의 등장을 요구하고 있다.

미디어에 대한 기대치가 높아진 시청자독자는 매체 맞춤형 기사는 물론 스토리텔링이 가미된 동영상 콘텐츠까지 마이스터장인인 만능 뉴스맨의 손길을 거치길 기다린다. 속속 등장하는 1인 미디어는 미디어 소비자의 눈길을 이미 사로잡기 시작했다. 취재력에 제작력이 겸비된 인사들이 유튜브 등 온라인 시장 장악에 나섰다. 정치, 경제, 사회, 문화 등 다양한 장르의 콘텐츠들이 새로운 미디어 시장을 열고 있다. 미디어 융합에 미온적이던 기성 매체도 이 움직임에 깜짝 놀라워한다. 변화를 더 이상 주저하다간 도태될 수 있다는 위기감이 확산되는 모양새다. 새로운 만능 뉴스맨의 태동이 임박했다는 신호다. 시장의 새로운 요구에 대응하고 나아가 그 시상을 이끌어야 한다.

뉴스 마이스터를 지향했던 저자의 삶은 시대의 요구에 맞추려 몸부림쳤다. 승리에 도취해 있는 제도권 매체는 변화에 적극적이지 않다. 태생적으로 풍족함에 만족하며 현상을 유지하려 한다. 기술발전이 외생변수가 됐다. 새로운 기법, 용이해진 절차는 뭇 파이어니어pioneer의 도전을 자극했다. 도전은 변화의 바람을 몰고 왔다. 미디어 시장에서 그동안 존재하지 않던 콘텐츠가 등장하고 새로운 유형의 창작이 나타났다. 소비자들이 보여준 반응은 또 다른 자극제가 됐다. 도전이 변화를 불러오고 그 변화가 또 다른 도전을 만드는 순환 구조가 된 것이다. 그런데 순환의 속도가 빨라졌다. 소비자와 생산자의 벽이 허물어지며 생산 주체가 기하급수적으로 늘어나면서 시장의 경쟁 지수가 상승한 데 따른 것이다.

저자는 세대를 거치며 취재 현장을 누볐다. 다양한 사건과 이슈를 접하며 취재와 제작력을 키워왔다. 부족함은 극복을 부르는 동력이 됐다. 뉴스맨으로서 모든 일에 열과 성을 다한 결과 생각지도 않게 멀리 오게 된 것을 알게 됐다. 딸의 책상 위에 있던 책 제목처럼 마이스터를 꿈꾸며 말이다. 두려워하지 않고 주저하지 않으며 겪은 일들이 내 삶의 보람이었다. 나의 보람이 모두의 보람이고 행복일

수는 없다. 마음이 불편했던 분들에게는 사죄의 말씀을 전한다. 보관해 둔 몇 장의 사진과 기록들은 지난 20여 년의 기억을 되살려 줘 거품 없는 표현을 하는 데 도움을 줬다. 이 글은 기자로 출발한 경력을 바탕으로 제작 영역을 얘기한다. 처음부터 제작 영역에서 산전수전을 다 겪은 장인들의 견해와 다를 수 있다. 출발지는 달라도 도착지는 같을 수 있다는 생각에서 글을 서술했다.

차례

잠실 운동장을 지날 때마다 온 국민을 들뜨게 했던 1988년 서울올림픽을 떠올린다. 올림픽은 대한민국을 전 세계에 드러내는 계기였을 뿐 아니라 국민에게 큰 꿈을 가질 수 있도록 한 큰 사건이었다. 청운의 꿈을 방송계에서 펼칠 수 있었던 방송산업의 토대도 이때 형성되기 시작했다. 방송인력이 대거 확충되었고 컬러TV에다 디지털화가 본격화되며 방송의 중흥기가 시작되었던 것이다. 이윽고 케이블TV가 도입됐고 IPTV에 이어 종합편성채널 시대로 이어졌다. 언론계에도 변화의 물결이 휘몰아쳤다. 민주화에 일조한 신문이 세계화 시대에 접어들면서는 미디어의 안방 자리를 방송에 내주기 시작한다. 방송은 세대별 변화의 변곡점을 거치며 미디어의 완전체로 자리매김해 나간다. 지난 27년 동안 이 변화의 소용돌이 중심에서 경험하고 느낀 바가 컸다. 자연스럽게 미래의 기자상(象)을 그려보게 됐다. 과거와 미래 세대별로 각기 다른 특성이 있는 것도 파악했다.

1장
5세대 기자의 등장

1

3세대 방송 기자

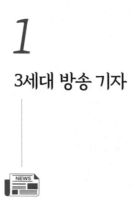

ENG를 매고 뛰었다

1994년 8월 여름은 지독히도 더웠다. 갑작스럽게 또 사회부장으로 임명돼 예기치 않은 일을 겪게 된 2018년 또한 24년 전 만큼이나 무더웠다. 잔인한 더위는 언론 고시를 준비하던 1994년 여름대학 4학년을 떠올리게 했다. 대학 4년은 전광석화처럼 빨리 지나갔다. 오래 꿈꿔 왔던 기자가 되려고 언론사 입사시험 준비에 매진했다. 신림2동 오르막 끝자락에 위치한 독서실을 들락날락하고 있었는데 어찌나 더웠던지 상의가 흠뻑 젖는 일이 예사였다. 독서실은 냉방이 되긴 했지만 하루 종일 에어컨 바람에 지친 학생들은 밤이 깊어지자 창문을 열고 야트막한 야산의 산바람을 맞으려 했다. 40도를 오르내렸던 한낮의 열기는 자정 무렵에도 쉽게 식지 않았다.

기록적인 더위로 모두가 지쳐갈 무렵 큰 뉴스가 터졌다. 김일성 사망 소식이었다. 하숙집 마루에서 주인아주머니가 가져다준 과일을 먹으며 긴급 뉴스를 시청하던 우리는 성장기에 늘 함께했던 김일성의 갑작스러운 증발에 놀라워하며 혹시나 있을지도 모를 격변을 걱정하기도 했다. 그러나 모두들 졸업반 신세였고 진로 걱정이 앞선 터라 누가 먼저랄 것도 없이 각자의 방으로 슬금슬금 기어들어가 더위와 다시 싸움을 벌이며 공부에 몰두했다. 입사 시험은 3개월 가까이 진행됐다. 더위에 지치고 조바심에 지쳐 마지막 면접이 끝난 뒤인 발표 날에는 거의 탈진하다시피 했다. 95년 케이블 TV 출범을 앞두고 창립된 24시간 뉴스 채널 YTN에 그해 9월 운 좋게 입사를 하게 됐다.

한국의 CNN을 표방한 뉴스 채널은 투지 넘치는 젊은 인재로 넘쳐 났다. 20대 중반의 혈기 왕성한 수습기자들은 의욕 넘치는 지상파와 통신사 출신 선배들의 지도를 듬뿍 받고 취재 현장을 역동적으로 누비고 다녔다. 1994년 10월 20일 최신형 경량 ENG 카메라소니 30여 대가 반입됐다. 고가의 수입품을 대거 수입한 탓에 심사 등의 문제가 생겨 세관 창고에 한 달가량 묵혀 있던 것들이었다. 다들 이 고급 장비에 큰 기대를 걸며 목이 빠져라 기다렸다. 회사는 하루라도 빨리 반입될 수 있도록 요로에 민원을 제기

사진 1. 1994년 10월 21일 성수대교 붕괴 현장 취재 모습

했던 것 같다. 개국까지 5개월 정도밖에 남지 않아 장비구축 문제는 시급히 해결돼야 할 사항이었다. 선배 기자들이 삼삼오오 모여 회사가 일류 방송을 위해 작심을 하고 최신형 장비를 들여온다며 뿌듯해하던 모습들이 아직도 생생하다. 지상파에서 쓰던 ENG 카메라보다 무게가 가볍고 기능이 향상된 제품이었던 것은 분명했다. 삼각대 트라이포드 역시 무게를 절반 이상 줄여 보조인력 없이 카메라 기자 단독 취재one-man system가 가능하도록 하는 혁신적인 계획이 담겨 있던 장비였다. 24시간 뉴스 방송사의 각오가 반영됐다고나 할까?

취재진의 순발력이 어떨지 궁금했다. 공교롭게도 바로 다음 날 성수대교가 붕괴되는 사고가 났다. 새로 들여온 카메라를 들고 취재진이 총출동했다. 물론 개국 전 연습 방송 차원이었지만 자료 축적 등을 위해 실전처럼 움직였다. 경량 카메라는 예상대로 현장에서 위력을 발휘했다. 참사 현장 곳곳을 누구보다 빨리 그리고 충분하게 담아낼 수 있었다. 전력 소비도 덜해 웬만해선 배터리 걱정을 안 해도 됐다. 다리 붕괴로 보조 배터리 지원이 원활하지 못한 환경이었지만 전혀 문제가 없었다. 그때 도입한 소니 베타캠은 그즈음 유독 많았던 대형사고 현장에서 비싼 돈값을 톡톡히 했다. 가벼우면서도

사진 2. 초경량 ENG 카메라(1995년)

촬영이 편리했고 화질이 뛰어났던 것이다. 성수대교 붕괴에 이어 두 달 뒤 아현동 가스 폭발사고 그리고 이듬해 삼풍 백화점 붕괴사고까지 험한 취재 현장에서 카메라 기자의 취재

특종을 쫓는 종횡무진 뉴스맨

활동을 지원해 주기에 충분했던 것이다. 경량화된 장비였다고 하나 10kg에 육박하는 카메라와 삼각대를 카메라 기자 한 명이 장시간 들고 다니기에는 힘이 들었다. 취재 기자들이 돕지 않을 수 없었다. 카메라와 삼각대, 배터리, 마이크 등을 서로서

사진 3. 2007년 5월 북한 금강산 내금강에서 ENG 카메라를 매고 취재 중인 모습. 당시 북한은 내금강 관광 사업을 위해 한국 기자들을 초청했다.

로 들어주며 수km를 이동하기도 했다. 태풍이 할퀴고 간 수해현장, 대형 산불현장, 강릉 北잠수정 승무원 탈출현장 등은 도보로 이동하는 방법이 유일했다.

촬영만큼 중요한 것이 방송에 이르는 시스템이다. 취재와 촬영, 기사 작성, 편집, 방송on air까지 전 과정을 위해 모두가 일사불란하게 움직였다. 2세대 방송 기자의 무대인 지상파는 저녁 9시 메인 뉴스 중심으로 업무 시스템이 편제돼 있어 속보와 긴급 보도에 상대적으로 취약했다. 24시간 뉴스를 표방했던 뉴스채널은 방송 제작에 걸리는 공정과 시간을 단축하는 데 기자와 카메라 기자 뉴스 PD 운전기사 등 모든 구성원이 사활을 걸고 달려들었다. 현장 화면을 빨리 방송하기 위해 촬영 테이프를 운반하는 오토바이맨도 도입했다. 지금의 음식배달 서비스 같은 것이다.

회사는 긴급보도速報와 속보續報를 차별화 전략으로 내세우고 모든 조직을 이에 맞춰 운영했다. 경제 규모가 커지면서 가계각층의

뉴스 욕구도 커졌다. 자신들의 얘기를 알리고 싶어 하는 곳이 늘어났고 시청자들은 이들의 얘기를 더 자세히 듣고 싶어 했다. 양쪽의 필요를 동시에 충족시켜 줄 새로운 매체가 필요했던 것이다. 이런 시대적 변화에 따라 등장했던 뉴스 채널은 왕성한 활동력을 가진 이들을 이어주며 뉴스 시장을 키우는 기폭제 역할을 했다. 3세대로 일컫는 방송 기자의 탄생은 이렇게 시작됐다.

단독이 단독을 만든다

1988년 서울 올림픽을 기점으로 부흥을 맞이한 지상파 방송사는 초호황을 이어갔다. 2~3개 소수 방송사들이 저녁 메인 뉴스 시장을 독과점 형태로 점유하는 현상은 상당 기간 유지됐다. 경쟁상대가 많지 않다보니 이들은 저녁 프라임 타임 뉴스 시장을 송두리째 장악했다. 이들 회사에 소속된 개별 기자들은 양질의 보도를 위해 치열하게 일하고 경쟁했다. 하지만 당시 방송 산업은 호황 국면으로 진입하고 있었다. 생존 경쟁이 아닌 확장 경쟁이었다고 볼 수 있다. 각 회사는 30% 안팎의 시청률을 쉽게 확보하던 시절이었다. 그 당시 지상파 방송 기자는 기사 발굴을 위한 취재보다는 방송용 콘텐츠뉴스를 만드는 제작에 더 치중했다고 해도 과언이 아니다. 조간신문 등 타 매체에 나온 기사를 소재로 삼아 방송용 리포트로 재가공하는 일이 흔했다.

촬영취재과 인터뷰를 위해 교통 혼잡을 뚫고 두세 군데의 장소를

특종을 쫓는 종횡무진 뉴스맨

방문하고 기사 작성 뒤에는 더빙을 입히고 영상편집을 해야 했다. 이런 제작과정을 감안하면 신문 기자들처럼 취재에 몰두할 시간이 물리적으로 절대 부족한 것이 사실이다. 또 방송 리포트 제작이라는 것이 짜임새 있는 구성과 영상적 요소에 비중을 둬야 했기에 팩트 파인딩fact finding은 최우선 순위가 아니었을지도 모른다. 9시 뉴스가 끝날 무렵 퇴근이 일상인 방송 기자들이 취재원을 시간적 제약 없이 만나기도 쉽지 않다. 그러다보니 메인 뉴스에 들어가는 20여 개 리포트 가운데 독자 취재를 기반으로 제작되는 아이템은 그리 많지 않았다. 타 매체에 난 내용을 기반으로 이를 재가공해 제작하는 일이 전혀 이상한 일이 아니었던 것이다. 그렇게 해도 시청률이 일정 수준 이상 보장되니 변화를 몸부림칠 요인도 없었던 것이다.

　뉴스 채널은 달랐다. 독자적인 취재를 기반으로 방송을 하지 않으면 콘텐츠 차별화가 이뤄지지 않았다. 타사 보도를 따라가는 구조로는 시청자의 눈길을 끌기가 쉽지 않았다. 단순 발표 자료나 발생 사건을 지상파 뉴스보다 단지 몇 시간 빠른 뉴스로 만드는 것으로는 많은 시청자들을 끌어들일 수 없었다. 속속 등장한 온라인 속보 경쟁자들의 도전도 만만치 않았다. 속보 시장을 잠식해 들어오기 시작한 것이다. 그렇다고 마감시간이 상대적으로 늦어 제작에 더 공을 들일 수 있는 지상파 뉴스보다 리포트 품질 면에서 유리하다고도 할 수 없었다. 속보와 품질을 동시에 가지려면 취재 인력과 장비가 획기적으로 더 투입돼야 하는데 이는 비용 문제로 이어져 현실적으로 어려운 일이었다. 독자적인 아이템을 발굴하면서 고품질의 리포트를 양껏 만드는 일은 양질의 인력이 충분하지 않은 신생회사에게 여간 힘든 일이 아니다.

방송 리포트 제작에 있어 최소한의 품질을 유지하기 위해서는 지켜야 하는 불문율이 있다. 신뢰성과 다양성을 위해 2명 이상의 인터뷰이를 등장시키고 현장감이 느껴지도록 뉴스의 현장을 반드시 방문하는 것이다. 사전 섭외가 필요할 때도 있고 장거리 이동을 해야 할 수도 있다. 지금이야 전화 인터뷰가 보편화됐지만 그 당시에는 시간적으로 쫓기지만 않으면 현장을 직접 찾아 ENG 카메라를 통한 취재가 필수적이었다. 2~3군데 취재 현장을 직접 찾아가는 데에만도 상당한 시간이 걸린다. 시간 절약을 위해 복귀하는 차 안에서 원고를 작성해야 할 때가 부지기수다. 섭외부터 취재 원고 작성 그리고 혹독한 데스킹 과정을 거쳐 편집까지 하루 일과를 마치고 나면 거의 녹초가 된다. 방송 시간에 쫓기기라도 하면 피로도는 배가 된다. 일이 주어졌을 때 취재 전 과정은 조정과 조율의 연속이다. 카메라 기자와 오디오맨 운전기사 등 4명이 동시에 움직이는 일이고 모든 순간의 판단과 결정을 이들의 사정을 감안하고 돌발 변수 등에 대처하면서 내려야 한다. 조정자로서의 역할이 막중할 수밖에 없다. 이렇듯 방송 기자는 취재에만 몰두하기 힘든 구조인 것이다.

이런 여건에도 불구하고 경쟁력 있는 아이템 발굴을 위해 취재를 해야 했다. 절박함이 성과를 낳는다고 했나? 자투리 시간을 활용해 취재를 하고 늦더라도 제작이 끝나는 대로 취재원을 만나러 나선다. 지상파 기자들처럼 메인 뉴스 시간인 밤 9시 무렵 퇴근 시간까지 기다릴 필요가 없었다. 메인 뉴스가 없다는 것이 그나마 다행이었다. YTN은 뉴스 휠

뉴스 휠
30분 또는 1시간마다 뉴스를 편성해 속보를 계속 업데이트 하는 형식

특종을 쫓는 종횡무진 뉴스맨

방식을 채택하고 있어서 매시간이 정시 뉴스였다. 리포트 제작이 끝나는 대로 방송이 됐고 그러고 나면 우리는 퇴근을 할 수 있었다. 갖은 방법을 동원해 취재에 나서야 했다. 전화기를 늘 붙들고 있었고 만나자고 취재원들을 졸라댔다. 24시간 뉴스 채널의 성격상 통신사와도 경쟁이었다. 이슈가 생기면 매시간 연결하는 중계방송을 위해 방송 사이사이에도 취재를 이어가야 했다. 하나라도 더 새로운 내용을 담아내기 위해서였다. 발로 뛴 취재를 통해 발굴 기사를 쓰기 시작하면 자신도 모르는 이점도 생겨난다. 발굴이 습관이 되면 취재에 탄력이 붙어 보다 쉽게 단독기사를 생산하게 된다. 취재원이 늘어나고 제보도 더해지면서 나만의 기사를 쓸 수 있는 유리한 환경이 만들어지는 것이다.

단독 기사를 쓴다는 것, 특히나 민감한 사건에서 자신이 취재한 대로 기사를 쓴다는 것은 결코 쉬운 일이 아니다. 실전을 통해 생겨난 자신감이 있어야 가능하다. 탄탄한 기본기와 축적된 경험이 갖춰져야 오류나 실수 없이 이 일을 해낼 수 있다. 이는 하루아침에 되는 일이 아니다. 수년 동안 부단한 노력과 치열한 경험을 통해서만 길러질 수 있다. 고발성 기사 같이 법적 문제에 휘말릴 수 있거나 권력층 비리 같이 되치기 공격을 당할 수 있는 사건은 농축된 경험을 갖춘 숙련된 기자만이 큰 문제없이 처리할 수 있다. 취재원의 반발과 위협에 기꺼이 맞서겠다는 강단도 필요하다. 고기를 먹어 본 사람이 고기 맛을 알고 싸워 본 사람이 싸울 줄 안다는 평범한 속담이 여기서도 맞아 떨어진다. 소신과 자신감 그리고 신중함까지 갖춰져야 독자적인 단독 기사를 쓸 수 있는 믿음직한 기자가 된다. 발표 자료를 받아쓰는 일을 당연하게 생각하고 남이 쓴 기사를 추종하는 것을 창피해 하지 않으면 이런 수준에 절대 다다르지 못한다.

뉴스 채널과 탄생을 같이한 여러 전문 채널 역시 비슷했을 것이다. 후발 주자 방송사들로서는 지상파와 차별화되는 콘텐츠 생산을 위해 부단한 노력을 했을 것이다. 그 덕에 뉴스 채널, 경제 채널, 증권 채널 들이 시장에서 나름의 자리를 잡아나가기 시작했다. 대형 사건이나 이슈가 터지면 지상파를 압도하는 경우도 생겨났다. 시청자가 이들 전문 채널을 먼저 찾는다고 해서 전혀 이상한 일이 아니었다. 전문가들이 이들 채널에 먼저 출연하겠다고 해도 마찬가지였다. 지상파 뉴스의 독과점 시장이 허물어지기 시작한 것이었다. 2세대 기자 시대의 중심지인 지상파는 3세대 방송 기자들의 이런 노력과 그 결과에 자극을 받았음이 자명하다. 시청자의 동요가 감지되자 자구책을 찾아야 했을 것이다. 뉴스 시간을 확대하기 시작했고 특보에는 특보로 대응하려 했다. 그러나 뉴스 편성을 무한정 늘릴 수는 없었다. 사생결단을 하고 덤벼드는 전문 채널들의 거센 도전에 지상파의 견고했던 아성은 서서히 무너져갔다.

게릴라식 생중계

3세대 기자 영역에 새로운 특징 또 하나는 생중계 방송이 현격히 늘었다는 것이다. 뉴스의 현장성과 속보성이 강조되다 보니 사건이 일어나고 있는 현장에서 사실감 있게 뉴스를 전달해 주겠다는 목적이었다. 마이크로 웨이브 중계에 더해 SNG까지 도입되니 생중계를 할 수 있는 기술적 기반도 확충된 셈이었다. 사건 사고 현장을 비롯해 뉴스가 일어나는 현장에서의 생중계는 약방의 감초가 됐다. 중계 인력과 장비가 최소화됐다. 1톤 트럭보다 약간 큰 미국 포드사의 밴van에 2대의 카메라를 탑재했다. 현장 컷팅촬영 영상을 골라 송출 하는 일과 송수신 신호 관리 그

마이크로 웨이브(Micro wave)
무선 주파수 신호를 이용해 방송 신호를 전달하는 방법. 송신기와 수신기 사이 일직선상에 장애물이 없어야 송수신이 가능했다.

SNG(Satellite news gathering)
위성을 이용한 TV중계 시스템

오프닝(opening)
앵커의 질문에 현장 기자가 첫 두세 문장을 답할 때 카메라로 기자의 모습을 잡는(촬영하는) 것을 말한다.

리고 촬영 일을 위한 중계 인력 2명과 운전기사 1명 등 3인 1조다. 밴 내부 담당자가 컷팅과 방송 신호 관리를 맡았고 나머지 한 명은 촬영을 맡았다. 카메라맨은 현장 풀샷full shot을 찍는 카메라를 중계차 지붕에 고정시켜 놓은 뒤 남은 카메라 한 대로 기자 오프닝opening을 잡아주다 멘트opening-ment가 끝나면 카메라를 재빨리 돌리거나 옮겨 주변 현장의 모습을 담아냈다. 기술진 2명이 3~4명 몫을 한 것이다. 중계진을 실을 별도의 차량이 필요 없으니 이 중계차는 기존 방송사의 중계 장비에 비해 순발력이 뛰어났다.

이 때 YTN에 도입된 8대의 소형 밴 중계차는 전국을 누볐다. 전파를 받아내는 남산타워가 보이는 곳이라면 어디에서든지 중계를 했고 사건이 일어난 바로 그 현장에 카메라를 설치하려 했다. 이런 시스템은 당시 방송 환경에서는 굉장히 획기적이었다.

사진 4. 1995년 YTN 개국과 함께 도입된 소형 중계차

중계요원 4~5명에다 조명을 위한 발전용 차량까지 10명 남짓한 인원이 움직이는 지상파 중계진에 비해 YTN 중계팀은 소수의 인력에 최소한의 장비로 운용됐던 것이다. 기동력 강한 몽골군 기마부대를 연상시킬 정도였다. 사건 사고가 발생한 곳이면 가장 빨리 도착해 민첩하게 중계를 해대니 게릴라 전술도 이런 게릴라 전술이 없었다. 조명이 약해 야간 중계에 취약점을 드러내 보이기도 했지만 현장에서 어떤 일이 벌어졌는지 궁금증을 해소해 주는 데 중점을 뒀기에 그것으로도 충분한 가치를 가졌다.

생중계가 늘어난다는 것은 두 가지 의미를 가진다. 첫째 신문 기사에 버금가는 팩트정보를 담은 중계 기사를 쓸 능력이 갖춰지게 된다는 것이다. 사건 사고가 일어나는 현장에서 취재를 해 정보를 획득하고 이를 토대로 건사한 중계 원고를 써야 하니 취재력 향상까지 견인하게 되는 것이다. 누구보다 빨리 현장에 도착하는 것이 목표였다. 중계진이 송출 신호를 조정하는 등의 중계 준비를 하는 동안 취재 기자는 분초를 다투며 팩트를 취합해 10여 문장의 원고를 작성해야 했다. 긴급 기사일수록 주어진 시간은 적었다.

둘째는 방송 능력이 향상된다는 것이다. 시청자들이 마치 현장에 있는 것처럼 느낄 수 있도록 자연스럽고 입체감 있게 내용을 전달해야 하니 원고를 까먹거나 더듬거리는 실수 없이 다들 자신감 넘치는 모습을 보이려 애썼다. 중요한 사건은 매시간 중계를 연결해야 하는데 그때마다 달라진 상황을 반영해야 했다. 앞서 말했듯이 긴급한 상황에서는 중계방송이 최우선 업무다. 원고를 미처 준비하지 못하고 방송에 임해야 할 때도 있다. 자신감 있게 또박또박 혼신의 힘을 다해 말할 도리밖에 없었다. 끼가 있는 기자들이 누구인지 자연스럽게 드러났다. 중계란 자고로 많이 해볼수록 실력이 느는 법이다. 위성을 빌려 쓰기에 비용이 꽤 드는 위성 중계SNG 연결 때에는 앵커와 기자가 질문을 주고받는 크로스 토크가 빈번했다. 돈을 쓰는 만큼 방송 참가 분량을 늘렸던 것인데 질문이 여러 개니 답을 할 때마다 내용을 확실히 숙지해야 했고 준비를 그만큼 더 해야 했다. 시간에 쫓겨 원고 작성을 해야 하고 숨 돌릴 틈도 없이 카메라 앞에서 생방송을 해야 한다. 기사 승인이 나면 원고를 들고 마이크를 잡는다. 이어폰을 통해 온갖 콜사인과 앵커의 뉴스 방송 내용이 뒤섞여 들려오고 긴장감은 쌓여 간다. 조명이 켜지고 내 얼굴이 잡힌다는 것을 알리는 카메라 불빛tally light이 들어오면 방송이 시작된 것이다. 초보자는 외웠던 첫 문장이 입 주위를 맴돌아 말문이 막힐 때가 있다. 베테랑이 돼서도 이 일은 쉽지 않은 일이다.

24시간 365일 속보戰

발품을 판 단독 기사가 우대받을수록 보도국 분위기는 더욱 활기가 넘쳐난다. 남들에게 뒤지지 않기 위해 기를 쓰고 자기 기사를 쓰려고 하는 선의의 경쟁도 생겨난다. 보통의 기자는 물을 먹고낙종을 뜻하는 은어 남의 기사를 따라가야 하거나 발표 자료를 써야 하는 그런 기사에는 애당초 흥미를 느끼지 못한다. 단독기사로 사회적 반향을 일으키고 추종 보도를 이끌어 낼 때 더 큰 보람을 느낀다. 기사를 쓰는 일은 창의성과 관련돼 있고 기자는 태생적으로 권력을 견제하는 막중한 업무를 한다는 데 대한 자부심도 대단하다. 이런 심리에 보람이 더해지니 흥이 돋는 것이다. 제작보다는 이런 특종 보도에 더 매진하는 것이 본래적 기자에 더 가까울 수 있다. 그러나 특종을 방송 제작으로 변환하는 과정도 창작의 연장선상이다. 방송 기자는 취재팩트파인딩와 제작을 동일 선상에 놓아야 한다. 취재는 제작을 통해 빛을 발하고 제작은 취재가 바탕이 돼야 의미가 생기는 것이다.

　이슈를 주도하겠다는 의지가 강해지고 실제 이슈를 선도하는 일에 더 큰 가치를 부여하니 성과들이 터져 나왔다. 한두 달 이상 끌고 가는 대형 특종 보도가 잦아진 것이다. 종래 방송뉴스에서 보기 힘들었던 상황이 나타난 것이다. 고위층 비리, 뿌리 깊은 사회적 폐습, 대규모 이합집산과 같은 대형 정치적 사건, 연쇄 살인범의 흉악 범죄 같은 사안들에서 말이다. 검찰청 국회 청와대 일선 경찰서 재경부 등 기자들이 상주 하는 곳에서 신문 기자 이상의 집념과 끈질김으로 기사들을 발굴해 냈다. 그리고 24시간 365일 속보速報를 전했다. 삼풍백화점 붕괴 사고, SK 분식회계사건, 천안함 폭발사고, 외환위기 당시 부실 금융기관 폐쇄, 정몽헌 회장 투신사건 등 당대 굵직한 사건들을 특종 보도하며 이슈들을 주도했다. 제작에 치우진 기존 방송 기자들의 마인드로는 쉽게 할 수 없는 일들을 해낸 것이다. 회사의 운영 방침도 이런 시도와 성과를 장려하니 놀랄 만한 일들이 벌어졌다. 방송사에서 간간이 있었을 법했던 현상이 지속적으로 일어난 것이었다. 많은 이슈에서 방송이 신문과 통신을 압도하며 여론을 주도하는 그런 초유의 현상 말이다.

속보는 오보를 경계해야 한다. 오보는 2차, 3차 꼼꼼한 팩트 확인으로 비켜나갈 수 있다. 단독 보도는 참조할 기사도 없다. 오롯이 속보를 취재하는 기자가 모든 사실 관계를 확인해야 한다. 취재의 기본기가 탄탄해야 하며 다양한 취재망을 구축해 놓아야 속보와 정보正報 두 마리 토끼를 동시에 잡을 수 있다. 무리한 속보는 화근이 뒤따르는 만큼 신중에 신중을 기해야 한다. 돌다리도 두들겨 보고 건너려는 자세가 습관이 돼야 한다는 말이다. 오보를 경계하며 속보와 단독을 챙기는 일에 능란한 기자들이 하나둘 등장했다. 취재원들이 보안을 유지하려 정보情報의 빗장을 꼭꼭 걸어 잠글 때 이들의 진가는 더욱 드러났다. 시청자는 속보를 원하기 마련이니 이들의 기대를 충족시켜 줘야 한다. 뉴스의 흐름을 예상해 본 뒤 그 길목을 먼저 차지하는 것도 방법이다. 기자가 생각을 많이 해야 하는 이유는 이런 점 때문이다. 전혀 맥락 없는 질문에는 취재원들이 입을 열지 않는다. 그들의 생각을 먼저 읽어 내거나 그 생각 언저리 쪽을 파고 들어가야 하는 것이다. 두드리면 열리게 마련이다. 여러 취재원들에게 물어야 하고 그 조각조각의 답변들에서 단서를 찾아야 한다. 취재에 응하지 않으면 기다려야 하고 찾아가야 하고 또 기다려야 하고 찾아가야 한다. 하늘에서 기사가 뚝딱 떨어지는 것은 아니기 때문이다. 기자의 집요함과 투철함은 미담이 되고 그렇게 해서 도출된 기사는 영광이 된다. 결과는 보람으로 돌아온다.

앵커 군단의 등장

앵커는 뉴스 진행자를 말한다. 방송 기자의 꽃이 앵커라는 말도 있다. 풍부한 현장 경험에다 정직하고 공정한 인상을 갖고 있는 기자는 신뢰감을 생명으로 하는 뉴스 진행자로 제격이다. 지상파에서는 메인뉴스의 남자 앵커 정도만이 기자 출신이다. 여러 기수에서 단한 명이 선택된다. 무한한 영광과 유명세를 얻을 수 있으니 경쟁이 치열할 수밖에 없다. 그런데 앵커라고 해서 무한한 권한이 주어지는 것은 아니다. 앵커멘트의 작성 권한이 100% 본인에게 있지 않다는 말이다. 1차적으로 앵커멘트는 취재 기자가 작성을 하고 해당 부서장이 맥락에 맞게 수정해 편집부로 송고한다. 취재부서장 편집부장과 보도국장 등 강한 계층hierachy 구조가 존재하는 방송사에서 앵커가 할 수 있는 권한은 기사 맥락을 건드리지 않는 범위 내에서 자연스러운 표현을 위한 수정 정도다. 물론 남자 앵커의 경력이 부서장들보다 높다면 이들의 입김에서 벗어나 좀 더 재량권을 행사할 수 있겠지만 미국처럼 프로그램 전체에 전권을 행사하지는 못한다.

앵커
앵커(Anchor)는 계주 경기에서 마지막 주자라는 의미인데, 이 의미의 연장 선상에서 뉴스와 뉴스를 이어주는 진행자를 지칭하면서 생겨난 말이다.
미국 CBS 뉴스 PD 돈 휴잇(Don Hewitt)이 1952년 미국 대통령 후보 지명대회 생방송의 진행자였던 월터 크롱카이트(Walter Cronkite)를 이렇게 부르면서 유래됐다.

10년 안팎의 시간이 흐르자 관록이 생긴 기자들을 프로그램 전면에 내세울 필요성이 생겼다. 취재부서에서 써준 원고를 앵무새처럼 읽는 아나운서는 강력한 메시지를 전달하는 힘이 생기지 않아서였다. 각기 다른 부서에서 올라온 기사를 맥락 있게 연결하거나 의미 부여를 더해 메시지에 힘을 줄 필요성이 생겨난 것이었다. 편집 PD와 아나운서

특종을 쫓는 종횡무진 뉴스맨

에게 맡겨서는 이러한 색깔 있는 뉴스를 만들기에 한계가 있었다. YTN 등 전문 채널은 지상파처럼 9시 뉴스 하나만 있었던 것이 아니었다. 기회를 갖고자 하는 이에게 문호가 열려 있었다. YTN의 경우 3~4명의 기자들에게 기회가 주어졌다. 단순 나열식 뉴스를 넘어 스토리텔링이 되도록 큐시트의 순서를 짰고 보도국에 중계 또는 전화 연결을 일정 정도 주문할 수 있는 권한이 주어졌다. 기자에게 던지는 질문도 사전 조율 등을 거쳐 앵커의 의견이 들어가도록 했다. 대형 사건이 터졌을 때 이들의 활약은 돋보였다. 취재 현장의 경험이 반영된 질문들은 시청자들의 공감을 불러왔고 더욱 신뢰감을 줬다. 뉴스가 하나의 쇼로 변신하기 시작했다. 뉴스 전체에 막대한 결정권이 주어졌던 4세대 앵커와 보도국장의 통제를 받으며 큐시트 상에서 움직여야 했던 2세대 앵커와의 중간 지점이었던 것이다.

원고 없는 자유대담

취재와 방송진행이 능수능란한 전문 인력이 적지 않게 탄생했다. 2시간 분량의 프로그램이 3~4개 생겨난 데 따른 것이다. 앵커들이 앵커멘트에 자신의 생각과 철학을 포함시키기 시작했고 뉴스 말미에는 과감한 평론을 구사했다. 전문가 집단과의 대담이 적극적으로 시도됐고 출연자들에게 자신들의 견해와 분석을 거리낌 없이 말할 수 있는 시간이 충분히 제공되기도 했다. 지상파 뉴스는 특보 방송을 제외하고는 시간적 제약 때문에 외부인의 출연이 흔치 않았고 이

마저도 사전 교감에 따라 엄격히 통제·관리되는 편이었다. 이에 비해 YTN의 출연은 굉장히 유연하게 진행됐다.

특히 경제 전문 채널의 대담 시도는 더욱 과감했다. 뉴스는 리포트와 중계 등 방송 기자의 손을 거친 아이템들로 채워져야 한다는 고정관념을 깼다. 1시간 분량의 뉴스를 2분 안팎의 개별 아이템으로 채우려면 산술적으로 30명 안팎의 기자들이 제작에 참여해야 하는데 인력이 충분치 않는 회사는 엄두를 못 낼 일이다. 그래서 고안한 것이 파격적인 대담 편성이었다. 출연자와의 질문·답변을 미리 정하지 않는 말 그대로 자율대담인데, 편성 시간이 빡빡한 지상파에서는 감히 시도하지 못하는 것이었다. 앵커가 출연자 1~2명과 대화를 주고받는 1 대 1 또는 1 대 2 대담이 주로 시도됐는데 예상 밖으로 상품성이 있었다. 대담은 5~7분을 넘기지 않는다는 불문율도 깡그리 무시됐다. 10분 안팎의 대담이 다반사였다. 사고위험과 시간 제약 문제 등을 감안해 사전 원고대로의 진행이 원칙처럼 여겨졌던 지상파 답습문화의 파괴였다. 자율 대담은 정치 이슈에 큰 호응과 반향을 불러왔다. 정치 토크쇼는 그때까지 생소한 영역으로 여겨졌기 때문이다. 그 외 사회·경제적 이슈도 시청자의 관심을 끌기에 충분했다. 충분한 정보를 원하는 시청자들의 요구가 반영된 것이었다. 정치 사회 경제 발전과도 무관하지 않을 것이다. 정치 경제 사회 활동을 영위하는 각계각층에서 정보 폭증이 일어나고 있는데 이를 담아낼 매체는 부족했던 것이다. 미디어의 정보 공급이 수요 욕구에 미치지 못했다. 전문 채널은 이 타이밍에 과감한 시도를 감행했던 것이다.

앞서 언급했듯이 대담은 정치인들이 주도하다시피 했다. 토론의 중요성이 커지고 설득의 힘이 부각되던 시기와 맞물리면서 그들은 정치 철학과 견해 등을 가감 없이 전달하려 했다. 경제 의료 환경 에너지 전문가들의 생생한 발언도 흥미로웠다. 앵커는 이들로부터 적절한 발언을 이끌어 내고 더불어 발언 수위와 분량을 관리하는 역할을 해야 했다. 사회적 신망을 얻는 기자는 앵커로서 이러한 조율자 역할에 적임자였다. 자연스러운 진행력에다 원하는 답변을 이끌어 내는 능력 그리고 재치를 발휘해 마찰과 갈등을 조정하는 데 유능했기 때문일 것이다. 일정 부분 권한을 가진 기자들의 앵커 진출은 뉴스 프로그램의 질적 향상과 다양성 제고 면에서 긍정적이었다. 사실상 새로운 장르의 탄생에 기여를 한 것이다. 또 뉴스에 등장한 심층적인 대담은 2세대 방송 기자에서 3세대 기자로의 진화를 기반으로 한 것이다. 이는 이후 4세대 방송 기자 시대로 발전하는 단단한 토대가 됐다. 명실상부한 '전권형' 앵커가 등장하고 보다 큰 규모의 대담이 선을 보이기 시작한 것이다.

2

4세대 방송 기자의 등장

시계추를 돌려 2011년 1월로 돌아간다. 미국 연수를 마치고 회사로 돌아왔다. 학위과정을 밟느라 일반적인 경우보다 6개월 늦은 1년 반만의 복귀였다. 그런데 회사가 인사 발령을 내주지 않는 것이었다. '국장석 발령' 3개월째가 돼 갈 무렵이었다. 매일 하루 일감을 받아 리포트를 만들어 주는 일용직 기자 신세가 이어지고 있었다. 3월 중순 쯤 조선일보 ○○○ 국장으로부터 연락이 왔다. 일면식도 없는 생면부지의 사람이었다. 별다른 이유를 설명하지 않고 일요일 밤 10시에 강남의 한 호텔 커피숍에서 만나자고 했다. 느닷없는 전화에다 그 시간에 호텔에서 만나자고 하니 이상한 분도 다 있구나 하는 생각이 들었다. 그러면서도 묘한 호기심이 생겼다. 이런 종류의 전화는 처음이었고 그 시절 종합편성채널 출범 소식으로 방송계가 떠들썩해서 혹시 이와 관련된 일이 아닐까 하고 어슴푸레 생각을 하며 일단 가벼운 마음으로 만나보기로 했다.

어색하게 인사를 하고 마주앉았다. 곧 출범하는 TV조선의 사회부장을 맡아줬으면 한다고 말한다. 누구 소개로 나를 알게 됐냐고 했더니 답을 해 주지 않았다. 나의 능력을 인정해 주는 것은 기분 나쁘지 않은 일이었지만 조건이 인색해서 썩 마음에 들지 않았다. 받고 있는 월급보다 조금 높은 인상안을 제시했고 이 원칙은 누구에게나 적용되기 때문에 추가 조정의 여지는 없다고 잘라 말했다. 세간에 떠돌던 소문과 달리 방송 스카우트 대상자들의 몸값을 그리 쳐주지 않는구나 하고 짐작하며 제안에 대해 그 자리에서 정중히 거절을 했다. 제안을 해 주신 데 대해 고맙다고 하고 30분쯤 뒤 헤어졌다. 능력을 인정해줘서 고맙다는 말씀도 드렸다. ○○○ 국장은 그 뒤에도 간혹 문자를 보내오며 천거할 사람이 없느냐고 물어봤다. 의례적으로 찾아보고 말씀 드리겠다는 답변을 했다.

두 달이 더 지나갔다. 5월 하늘은 더없이 싱그러웠다. 그런데 내 처지와 마음은 그렇지 않았다. 인사 발령을 내주지 않고 계속 미루는 비상식적인 일이 이어졌던 것이다. 주로 경제부 일이었지만 여러 부서 일이 그날그날 일감으로 떨어졌다. 아침 출근길을 나서면 갈 곳이 없어 곤혹스러웠다. 회사로 나오는 것도 눈치가 보였고 그렇다고 안면이 있다는 이유로 아무 기자실이나 갈 수도 없었다. 시내를 이리저리 헤매고 있노라면 회사로부터 전화가 와서 아이템을 툭툭 던져주며 제작을 하라는 식이었다. 그때부터 바쁘게 촬영과 인터뷰 섭외에 들어가야 했고 사안의 맥락을 모르니 기사를 쓰는 일리포트 제작은 몇 배 더 힘들었다. 그러던 중 YTN ○○○ 간부로부터 서운한 일을 겪게 됐다. 나의 행동거지를 주시하며 노사 문제*에 있어 어떤 입장에 서는지를 보고 있던 모양이었다. 그런 시선이 편치 않는데 하루는 서울 시내 한 기자실에 머물던 나에게 무슨 엿 바꿔 먹을 일을 찾고 있냐며 듣기에 거북한 말을 내뱉는 것이었다. 어이가 없고 만정이 떨어졌다. 계속되는 방치에 회사에 대해 섭섭한 마음이 들었고 이 회사에서는 내가 설 자리가 더 이상 없겠구나 하는 생각이 머리를 가득 채웠다.

조선일보 ○○○ 국장에게 전화를 했다. 여전히 사람이 필요한지 물었다. 대환영이라고 했다. 다음날 아침 일찍 ○○호텔 음식점에서 두 번째 만남을 가졌다. 사회부장직과 또 다른 한자리를 제안했다. 사회부장을 하겠다고 했다. 일주일 뒤 회사를 관뒀다. 17년 몸담았던 회사를 떠나는 일은 생각보다 어렵지 않았다. 사표만 제출하면 끝이었다. 그러나 마음은 그러하지 않았다. 마지막 간부 회의에서 사직 인사를 드렸다. "26살에 입사해 많은 기회를 가졌습니다. 회사에서 만난 인연과 결혼도 하고 두 아이를 낳았습니다. 모두 회사 덕분입니다. 감사했습니다." 사표가 수리된 날 남산 순환도로를 무작정 걸었다. 눈물이 펑펑 흘러나왔다. 사장 선임을 두고 빚어진 노사 갈등 상황에서 어느 쪽 편도 들지 않은 내 처지 탓이었는지 이런 중요한 일을 결정하는데 상의할 사람이 없었다는 것이 아쉬웠다. 내밀한 얘기를 허심탄회하게 할 수 있는 동기는 특파원으로 해외에 체류 중이었던지라 외로운 신세 그 자체였다. 나는 순진하게도 보안을

---

* YTN은 당시 사장 선임 문제로 심각한 노사 갈등을 겪고 있었고 나는 노와 사 어느 쪽도 적극적으로 편들지 않는 회색지대에 있었다.

유지해 달라는 ○○○ 국장의 말을 철석같이 따랐다. 그 어느 누구와도 상의를 하지 않았는데 나중에 생각해 보니 그럴 필요는 없었던 것 같았다. 보안이 그렇게 필요한 일도 아니었던 것 같고 내 인생이 달린 큰 문제였기에 3자와 상의를 하는 게 맞았던 것 같아서다. 그렇다고 다른 선택을 하지는 않았을 것 같다. 항상 그래왔듯이 내 주관적 선택에 내 운명을 맡겼을 것이다.

4세대 기자들과의 조우

2011년 5월 7일 첫 출근을 했다. 조선일보 사옥 입구부터 진하게 풍겨오는 잉크 냄새가 코를 찔렀다. 영향력이 큰 언론사의 위용에 눌린 듯 긴장이 됐다. 전 직장에서부터 하던 대로 아침 8시에 출근을 하니 아무도 없었다. 수위의 도움을 받아 들어간 5층 사무실은 빈 책상과 의자만 몇 개 있고 텅 비어 있었다. 10시가 가까이 되니 하나둘씩 모여들었다. 본부장과 부장급 인사 2명 등 6명이 전부다. 인사를 나누고 일을 시작했다. 조직을 갖추는 일이 우선이었다. 12월 개국에 맞춰 인원을 서둘러 뽑기로 했다. 한 달 뒤 1차로 경력 기자 20여 명을 뽑았고 부차장급 인사를 추가로 뽑아 나가기 시작했다. 그리고 신입사원도 공채로 뽑기 시작했다.

방송을 하겠다는 회사의 의지는 무시무시했다. 출범과 동시에 두각을 드러내야 한다는 기치가 내걸렸다. 지상파 한 곳은 무조건 꺾어야 한다고 했다. 그리고 사회부에 회사 인력의 80%가 배정됐다.

자문을 통해 방송 뉴스는 사회부 기사에서 승부가 난다는 얘기를 듣고서는 이런 조치를 취한 것이었다. 경력 기자로 뽑힌 이들은 방송 경력이 아예 없거나 제대로 된 방송 기자 경험이 일천한 친구들이 대부분이었다. 케이블 매체 등에서 방송 진행자아나운서와 앵커로서의 경력이 있는 사람들을 많이 뽑았다. 최고의 뉴스를 만들어 지상파를 이기자고 독려를 한다. 신문 콘텐츠를 활용하면 승산이 있다는 계산이 섰던 것 같았다. 그러나 나는 당장 지상파를 이겨낼 만큼 품질 있는 뉴스를 만들 재간이 없었다. 내가 생각하는 방송과 신문사 사람들이 생각하는 방송에는 괴리가 있었다. 신문에서 취재한 내용을 넘겨받아 방송용으로 만드는 일도 쉬운 일이 아니다. 방송 카메라 인터뷰에 응하지 않을 수도 있고 화면 촬영을 거부할 수도 있다. 자신의 신문사 취재원에게만 정보를 제공했을 경우 방송 취재에서는 내용을 부인하는 경우도 있었다. 방송 시간에 쫓기면 우회적인 방식, 차선의 대안을 기민하게 찾아야 하는데 베테랑 기자가 아니면 이마저도 쉽지 않은 것이다. 취재와 제작 기본기를 배우는 데만 적어도 3~4개월은 걸리는데 무슨 수로 이를 뛰어넘을 수 있겠는가? 리포트 제작 흉내 정도를 낼 수 있는 기자들에게 한두 달 안에 특종 보도를 만들어 내라는 식이니 목표치가 높아도 너무 높았다. 부담이 느껴졌다. 보통 이상의 노력을 기울이지 않으면 안 되겠구나 하는 생각이 무겁게 다가왔다.

입사 초기에 엄격하게 일의 ABC를 깨우치도록 해줘야 기본기가 몸에 밸 수 있기 때문에 강도 높게 훈련을 시켰다. 그러면서도 팀워크가 생겨나도록 단합 행사도 자주 가졌다. 사비를 들이기도 했다.

심한 말을 듣더라도 이는 교육 차원이며 반드시 보람과 성과로 이어질 것이라는 확신을 줬다. 내가 여러 훌륭한 선배들에게 배운 대로 그렇게 가르쳐 주려 했다. 결과적으로 많은 이들이 믿고 따라줬다. 대다수가 비방송 매체에서 언론 일을 시작한 터라 방송의 기본기부터 배우는 일을 힘들어 했다. 그렇지만 배우고자 하는 열의로 똘똘 뭉친 그들은 온갖 어려움을 이겨냈다. 제대로 된 리포트 제작을 할 수 있는 수준에 이르기 위해서는 시간을 갖고 교육을 받아야 했지만 사정은 그러하지 못했다. 속성 교육과 즉각적인 취재현장 투입에 어려움을 호소하는 기자들이 잇따랐지만 섬세하게 보듬어 줄 형편이 되지 못했다. 방송 시작이 점점 임박해 가고 있었기 때문이다.

정신 차릴 새도 없이 개국을 맞이했고 어려운 환경에서도 의미 있는 특종들을 만들어 갔다. 돌이켜보면 그들은 정말 헌신적이었고 인내력이 대단했다. 방송 일에 익숙하지 않았으면서도 다그침에 군말 없이 일을 수행했고 종편을 바라보는 편견과 정치적 공세에도 중심을 잃지 않고 굳건히 자기 자리를 지켜냈다. 고맙고 미안할 따름이다. 기본기가 취약한 구조적 문제점을 안고 방송을 하다 보니 여기저기서 실수와 오류가 불거져 나왔다. 어설픈 방송사고뿐 아니라 보도 내용이 문제 돼 법적 행정적 시비에 휩싸이는 일이 끊이질 않았다.

방송을 내보내는 일이 급하다 보니 기반을 닦는 일은 차일피일 미뤄지는 형국이었다. 이에 실망한 기자들이 대거 회사를 떠나는 안타까운 일이 이어지기도 했다. 비전 제시가 부족했던 요인도 있었다. 더 좋은 직장을 찾는다며 떠나는 모습을 보고 있는 것은 고통이

사진 5. 두 번째 사회부장 시절 부원들과 함께한 산행

었다. 그들의 재빠른 셈이 서운하기도 했지만 성과를 몰아친 측면이 그들의 이탈을 불러왔을 수 있겠다는 생각이 들기도 했다. 그러나 결과적으로 10년 동안의 인고의 생활 끝에 영광이 찾아 왔다. 기적 같이 시청자들이 찾아온 것이다. 지난 10년 동안 자신들의 능력을 극대화하고 약점은 줄여 나간 4세대 기자들의 노력 덕택이다. 이들 의 얘기를 지금부터 시작하려 한다.

벽을 허물다

조선일보는 엘리트 마인드로 가득 차 있는 조직임을 부인할 수 없다. 그들과 같은 건물에서 일하는 자체로 주눅이 들 법도 하고 그런 환 경은 나 같은 이직자들에게 생소하다. 그럼에도 우리 기자들은 놀라 운 적응력을 보였다. 특별한 비법은 아니었다. 실력을 키운 것이다.

취재를 배웠고 제작 등의 가르침을 마다하지 않았던 것이다. 어떤 어려운 취재도 주저하지 않았다. 그들은 만화 속 외인구단 같이 모든 잠재력을 발산시켰다. 스포츠 캐스터, 지방 방송 아나운서, 경제 채널 리포터, 온라인 매체 기자, 지역 케이블 방송 VJ 등 일류 매체 출신이 아니었다. 새로운 회사에서 제2의 인생을 키워 내겠다는 기대가 충만한 사람들이었다. 모두들 내 얼굴을 간절히 쳐다봤다. 나 또한 일류가 아니었지만 그들은 나를 초일류로 대접해 줬다. 자신들의 리더를 뛰어난 실력자로 대접해 준 것이다. 고백하건대 나보다 출중했던 그들의 숨겨진 능력을 제대로 간파하지 못했다. 그들의 경력으로는 지상파와 겨루기에 미흡하다고 봤고 그래서 성공 가능성을 낙관할 수 없었다. 그렇다고 시간을 되돌려 이직 자체를 없던 일로 할 수는 없는 것이었다. 환경을 탓하기에는 하루 일과가 너무도 바쁘게 돌아갔다. 그들과 함께 일에 매진했다. 함께 모인 이상 보란 듯이 우리의 선택이 맞았다는 사실을 입증해 내야 했다.

방송 마인드를 심어주기 위해 취재와 촬영, 편집 훈련을 동시에 진행했다. 일종의 원 맨 시스템 교육을 핵심으로 삼았다. 영상과 편집에 대한 이해도가 있어야 방송다운 방송 리포트를 만들 수 있다는 확신에서였다. 쓰기취재 찍기촬영 짜깁기편집 공정마다 방송 저널리즘이 배어나도록 하고 싶었다. 주류 방송사에서의 제작 현실은 철저한 분업이다. 취재 기자 외에 카메라 기자 편집 기자가 상당한 권한을 갖고 관여하는 형식이다. 이는 2세대 방송 기자에서부터 그대로 전해 내려온 업무 답습이다. 그러나 제작 과정 전반을 일관성 있게 인도할 수 있는 사람은

원 맨 시스템
방송 리포트 제작을 한 사람이 수행하는 일. 취재와 촬영 편집을 누구의 도움 없이 혼자 수행하는 시스템

방송 기자뿐이다. 각 공정이 최고의 효과를 내도록 그리고 각 공정에서 최적의 결과물이 도출될 수 있도록 하는 책임자는 방송 기자들이다. 각 공정에 대해 완벽한 이해가 밑바탕이 돼야 협업의 최대치를 끌어낼 수 있다. 리포트 제작 일을 속속들이 알아야 최상의 호흡을 이뤄 내든 최고의 결과물을 만들어 내든 할 수 있다는 얘기다.

주인이 주방장 경험이 없는 중국집은 쉽게 망한다는 말이 있다. 주방장의 입김에 휘둘리다 보면 장사를 망친다는 얘기다. 같은 이치다. 제작 전반에 꼼꼼히 참여하지 않으면 엉성한 결과물이 나오기 십상이다. 나아가 각 공정 업무를 직접 해낼 수 있어야 만능 뉴스맨이 추구하는 결과물을 얻어낼 수 있다. 고가의 장비가 아니더라도 스마트폰만으로 내실 있는 훈련이 가능했다. 화질이 수준급이어서 방송용으로 쓰기에 별 문제가 없었다. 현장음 포착 기능도 문제가 없었고 오디오 더빙도 가능했다. 촬영과 편집은 좀 더 전문적 영역이긴 하지만 교육과 훈련을 통해 기본기를 갖출 수 있다. 보다 높은 수준에 이르는 문제는 개인적 노력에 달려 있다.

이런 교육에 저항이 없지 않았다. 주로 기존 제작시스템에 익숙한 사람들의 이의 제기였다. 설득을 하고 양해를 구했다. 촬영에 임해보자는 얘기는 취재 현장에서 감각적으로 담아내야 하는 장면을 찍어 올 수 있는 능력을 갖추자는 취지였다고 설명했다. 카메라 기자들은 현장에 도착하면 풀샷 롱샷 미디엄샷 클로즈업샷 인서트샷 등 촬영 ABC에 따른 영상들을 기계적으로 찍는 루틴에서 좀처럼 벗어나려 하지 않는다. 물론 제대로 훈련받은 카메라 기자는 보통 사람이 간파하지 못하는 장면을 용케 찾아낸다. 그렇다 하더라도 감각이 뛰어난 취재 기자의 예리함을 전부 수용해 주지는 못한다. 분업의 한계가 명백한 것이다. 이는 현장에서 취재 기자의 조언과 관여 등으로 보완이 가능하다. 이러한 점과 이러한 역할을 강조했다. 뛰어난 방송 기자는 사건사고 등 취재 현장에 도착하는 순간 어떤 장면을 어떤 방식으로 기사에 일목요연하게 담아낼지 구도가 곧바로 선다. 이 구도에 들어갈 영상 촬영은 과거 카메라 기자의 몫이었지만 취재 기자의 촉과 감이 적극적으로 관여될 수 있도록 일의 체제를 조정할 필요가 있다는 것이다. 가령 취재 기자의 보조적 촬영을 용인하는 식으로 말이다.* 촬영 따로 기사리포트 원고 따로의 과거 관행에서 벗어나려 했다. 아무리 호흡이 잘 맞는 취재 기자와 카메라 기자 사이라도 한 몸 같은 효과는 못 낸다. 이들은 업무적으로 충돌하지 않기 위해 감정 살피기에 상당한 에너지를 쓴다. 그래서 좋은 게 좋은 것이라는 식의 일처리가 나타날 수 있다. 적당히 타협을 하는 것이다. 그렇다고 이 글이 전면적인 1인 제작 시스템을 주창하는 것은 아니다. 시간적 여유가 있는 기획 취재 또는 방송 시간이 임박하지 않은 취재 그리고 잠행 취재 등 특수한 목적이 있는 취재 등에 적합할 것이다.

편집은 윈도우용 에디우스 편집기를 통해 진행했다. 디지털 세대의 기자들은 NLE 편집기 사용에 큰 거부감이 없었다. 직접 찍어온 촬영본으로 비디오와 오디오 편집을 진행했다. 작업을 마친 제작물은 모두 둘러앉아

> NLE 편집기(Non Linear Editing) 촬영한 영상과 소리를 파일화해 손쉽게 편집할 수 있는 형태의 편집기

---

* 훈련 단계에서는 가능했던 일이었시민 취재 기자의 촬영 참여는 조직 간의 장벽 문제 등으로 제한적으로 진행됐다.

가편집
전체 촬영분 중에서 리포트 제작
에 쓸 수 있거나 쓸 만한 컷들을 모
아 놓는 작업

싱크
소리를 영상과 동시 녹음한 것을
말하는데 통상 방송 인터뷰를 칭
할 때 쓰는 용어

함께 시청했다. 방송에 대한 생각과 견해를 주고받으며 서로를 평가했다. 편집 속도는 나날이 빨라져 갔다. 실제 방송에서는 분업이 이뤄졌지만 가편집 등 때와 핵심 싱크 확보가 필요할 때는 기자 본인들이 직접 그 일을 수행했다.

1인 시스템은 영상촬영부서 등의 주저*를 고려해 희망자와 수도권과 지역 팀 등에서 운영됐다. 업무가 숙련되면서 방송을 하는 데 지장이 없을 정도로 속도와 품질이 보장됐다. 실제 자신이 1인 다역을 해보는 교육만으로도 취재 기자들의 영상과 편집에 대한 이해도가 향상돼 방송을 익히고 업무를 하는 데 도움이 됐다. 사건 사고 현장에서 촬영 기자에게 힘을 보태거나 촬영 기자가 미처 도착하지 못한 상황에서 긴급 대응하는 데도 용이했다. 초기 사회부장 3년 동안 융합의 틀을 닦아 났다. 후임분들은 융합에 대한 이해와 활용에 큰 의미를 두지 않은 것 같아 보였다. 기술 교육을 연마한 기자 개개인의 개인 기량으로만 간직하게 됐고 회사 전체의 고정 업무로 발전시키지 못한 아쉬움이 남는다. 그렇지만 융합에 눈뜬 기자들이 주니어급으로 성장하면서 대형 취재 등에 융합 개념을 활용하고 있음은 수확이다. 이 역량들이 여러 취재 현장에서 발휘되면서 회사의 경쟁력으로 다져지고 무형의 실적으로 쌓였을 것이라고 확신한다.

---

* 촬영은 영상취재부 카메라 기자의 고유 영역이라는 밥그릇 싸움과 같은 논쟁을 말한다.

저널리즘 융합

나와 같이 일했던 후배들의 잠재력을 과소평가했다고 말한 것은 지난 10년의 성과를 찬찬히 따져 보니 결과적으로 미처 예상하지 못한 면들이 드러났기 때문이다. 내가 새로 옮겨 온 회사에서 성과를 내고 경쟁력이 있음을 증명하려 했듯이 그들 또한 똑같은 생각을 가졌다는 것이다. 회사의 기대치가 높았지만 이에 부응하려 부단히 노력했다. 종국적으로 그 노력이 기대 이상의 결과를 낳았다.

조선일보는 자타가 공인하는 최고 언론사 가운데 하나다. 가장 최고라고 해도 무방할 정도의 영향력과 취재력을 보유하고 있다. 내가 겪은 조선일보 지휘부는 취재에 성역을 두지 않았다. 특히 정치권력 그리고 검찰권력과의 싸움을 주저하지 않았다. 나로서는 행운이었다. 조선일보는 깊이 있는 취재와 고급 정보가 담긴 차별화된 기사로 명성이 높다. 내부에서 직간접적으로 경험해 보니 과거 경쟁사의 일원으로 느꼈던 그대로였다. 사안의 정곡을 찌르고 한발 앞선 정보를 제공하고 깜짝 놀랄만한 뉴스를 터뜨리는 그 위상은 가족으로 합류한 모두에게 부담스러울 수밖에 없다. 그러나 모두들 그들에게 뒤떨어지지 않으려 묵묵히 제 몫 이상을 했다. 방송의 약점으로 꼽히는 취재기사의 깊이를 메우기 위해 구성원들은 필사적인 노력을 경주했다. 큰 기사를 많이 다뤄 본 신문 출신 간부들의 기사를 보는 눈과 기사의 강약을 조절하는 감각은 남달랐다. 팩트를 존중해 주고 취재 활동을 북돋워 주는 분위기는 과하다 싶을 정도였다. 그들은 우리가 마음껏 싸우도록 든든한 버팀목이 돼 줬다. 특히 정치권력

검찰권력과의 싸움을 주저하지 않았고, 그러면서도 신중했다. 수십 년 농축된 그들의 저널리즘이 자연스럽게 방송으로 스며들게 된 것이다.

나를 비롯한 방송 기자들은 고무됐다. 폭과 깊이가 더해진 지휘 그리고 뛰어난 리더를 갈구했던 우리의 기대가 어우러지면서 폭발적인 결과들을 창출하기 시작한 것이다. 초대형 이슈를 거침없이 쏟아냈고 새로운 시도들을 두려워하지 않았다. 시청자의 반응은 뜨거웠다. 방송의 선도에 신문이 확대·재생산으로 반응하고 방송은 이를 토대로 한발 더 파고드는 뉴스를 만드는 순환구조가 나타났다. 물론 반대 방향의 흐름도 있었다. 미디어 융합의 효과임이 틀림없었다. 2012년 동두천 조민수 의경 순직 의인화 논란 사건을 시작으로 2013년 김학의 차관 별장 성접대 사건 그리고 채동욱 검찰총장 혼외아 사건, 2014년 북 핵심 3인방 인천 아시안 게임 폐막식 참석 건, 2016년 국정농단 사건, 2017년 김정남 암살 보도 사건, 2018년 드루킹 여론 조작 사건 등에서 우리는 관련 효과를 직접 확인했다. 이런 모습은 조선 미디어 그룹에 국한된 것이 아니었다. 유력 신문을 모 기업으로 가진 다른 종편에서도 비슷한 효과가 나타났다. JTBC의 2014년 세월호 침몰 후속 보도, 2016년 태블릿 PC보도, 2018년 미투 보도 사건 등을 꼽을 수 있고 채널A의 경우도 2019년 조국 장관 의혹 사건을 비롯해 다수의 사건들에서 과거 방송 기자들이 보여주지 못한 뛰어난 취재력을 보여주며 차원 높은 콘텐츠를 선보였다.

이 현상은 분명히 3세대 방송 기자와는 큰 차이가 난다. 정부 통제를 직간접적으로 받아온 대한민국의 방송이 살아 있는 권력을 향해 이토록 거침없이 싸움을 벌이며 견제 기능을 유감없이 발휘한 적은 단연코 없었다. 이는 쉬운 일이 아니다. 세 가지 요인이 결합되어야 한다. 첫째, 정치·사회적으로 언론 자유 환경이 조성돼 있어야 하고 둘째, 사주와 보도 책임자가 언론 자유와 정치 사회 경제 권력에 대한 비판에 불요불굴不撓不屈의 의지가 있어야 한다. 마지막으로 기자 개개인이 권력의 감시자로서 투철한 사명감을 갖고 용감하게 자기 직분을 이행해야 한다. 이 세 가지 요인은 새로운 영역을 개척해보고자 하는 열정과 동기가 더해질 때 더욱 빛을 발한다. 앞서 언급한 큰 특종들이 그러할 것이다. 한 가지 덧붙이자면 앞서 언급한 대특종의 또 다른 이면에는 신문 매체에서 취재의 기본기를 다진 뒤 방송으로 이직한 민완敏腕 기자들의 활약이 있었음을 빼놓을 수 없다. 이들의 뛰어난 취재력이 방송 제작으로 녹아들면서 뉴스의 품질과 가치를 높이는 데 기여를 했다. 4세대 기자들을 끌어 준 출중한 부서장, 국장들의 기여도 빼놓을 수 없다. 취재력과 제작력 진행력 면에서 대한민국 최고 수준의 저널리스트들이 배움에 불타는 어린 기자들을 새로운 영역의 길로 이끌어 주었다. 방송과 신문의 저널리즘적 융합이 극대화된 것이다.

무서운 진행 능력

일부 후배들의 이야기다. 그들의 약점으로 여겨졌던 아나운서 경력이 취새와 제직의 기본기를 익히는 혹독한 인고의 시간을 견뎌 내니 엄청난 장점으로 바뀌었다. 팩트 판단을 독자적으로 할 수 있는 진정한 저널리스트가 되면서 팔방 미인으로 거듭나기 시작한 것이다. 방송은 취재와 제작만 있는 것이 아니다. 출연과 중계 등의 영역에서 이들의 활약은 돋보였다. 카메라 앞에서 말하고 행동하는 것이 자연스러운 데다 알찬 팩트로 채워진 내용이 더해지자 시청자의 시선을 빠른 속도로 사로잡기 시작한 것이다. 돌발 상황에 대응하는 순발력과 뛰어난 내레이션 능력이 있으니 현장 중계든 리포팅이든 여러 영역에서 두각을 드러냈다. 이들의 역량은 시사 프로에서 출연자 또는 진행자로 나섰을 때 더욱 두드러졌다. 저널리즘 마인드를 갖추고 자신감 넘치는 자세가 발현되니 발언에 신뢰감이 더해졌던 것이다. 손에 꼽히는 시사 전문 MC들로 성장하는 것은 시간문제였다. 이들은 또 동료 기자들에도 자극을 줬다. 카메라 앞에서의 자연스러움을 본받으려 원고를 보지 않는 중계와 출연 시도가 이어졌고 권장됐다.

<핫라인> <이것이 정치다> <사건파일> 등 낮 시간대 시사 프로는 이렇게 탄생돼 성장일로를 걷게 된다. 이들은 진행자로 때론 패널로 나서며 이들 프로그램에서 맹활약을 한다. 수도권 기준 시청률이 3%는 기본이고 5~6%도 빈번하다.* 무시무시한 장악력이다. 지상파를 비롯한 웬만한 방송사의 밤 시간대 메인 뉴스 시청률을 넘나든다. 의제 설정이 뛰어나고 거침없지만 정제된 발언으로 통쾌함을 준다. 자신들의 의견과 생각을 자유롭고 자신감 있게 개진하는 분위기가 생생하게 느껴지는 것도 장점으로 꼽힌다.

---

* 2021년 3월 닐슨코리아 수도권 시청률 기준

3~5명으로 규모가 늘어난 출연진도 시사 프로의 풍성함을 더해 줬다. 대규모 출연진은 발언의 전문성과 다양성을 제공해 줌으로써 더 많은 시청 요인이 생기도록 했다. 토론 주제와 관련된 뉴스를 바로바로 현장 취재 기자를 연결해 들어 보기도 하고 미리 녹화하거나 편집한 뉴스 인물의 발언을 떼어내 들려주는 '제작적' 접근도 적극적으로 활용된다. 대화의 소재가 더 풍부해지면 토론이 더욱 다채로워지면서 토론과 뉴스, 영상물이 잘 버무려지는 입체적인 시사 프로가 되는 것이다. 숙련된 진행자의 진행이 무엇보다 중요하다. 패널의 발언을 요약하거나 이어지도록 해야 하고 때로는 서로 맞서도록 해야 한다. 실수나 오류가 나오면 그 자리에서 바로잡아줘야 하는 시정자 역할도 필수 임무다.

　　진행자와 완벽한 호흡을 맞춰야 하는 제작진의 노력도 간과할 수 없다. 치밀하고 짜임새 있는 준비가 있어야 방송이 물 흐르듯 자연스럽게 된다. 사건 현장 영상물, 녹취인터뷰 구성물, 자료화면 그리고 중계 또는 전화 연결, 자막과 컴퓨터 그래픽까지 앵커의 진행에 따라 바로바로 대응해야 할 준비가 돼 있어야 한다. 10년의 세월이 모두의 호흡이 척척 맞도록 했다. 시행착오는 이루 말할 수 없도록 많았다. 서로를 탓하기도 했고 고성이 오가기도 했다. 더러는 몰래 눈물을 훔쳤다. 방송을 해 나갈수록 내용이 더 풍성해져 갔고 진행도 세련돼졌다. 3% 시청률에도 탄복해 하던 시절은 과거 일이 돼버렸다. 5% 돌파도 놀라워하지 않는다. 프로그램을 진행하는 PD AD 작가들의 역할도 있지만 취재와 제작 출연 그리고 앵커 역까지 팔방미인의 역할을 해낸 기자들이 중심적 역할을 한 것임이 틀림이 없다.

새로운 포맷들

메인 뉴스에 파격적으로 제작과 프레젠테이션 기법이 도입됐다. 뉴스는 그날 일어난 새로운 이야기들을 담아내는 것이다. 메인 뉴스인 <뉴스 9>의 '포커스' 코너는 다소 다르다. 뉴스 발생 전후의 뒷얘기와 감춰진 의미 그리고 변화 등을 다루면서 감성까지 담아내는 영상 제작물이다. 리포트 기사 두 배 길이의 분량으로 현장음과 효과음을 적극적으로 쓰는 편집 방식을 추구한다. 딱딱한 기자의 목소리 대신 전문 성우의 목소리를 쓰면서 여운이 강하게 남게끔 하는 전개 방식을 구사했다. 기자 대신 성우의 내레이션 시도는 뉴스의 극화 논란을 불러올 수도 있지만 메시지 전달력이 높았던지 반응이 좋았다. 아마 특정 소식에 대해 더 많은 얘기를 듣고자하는 이들의 갈증을 잘 풀어줬던 것 같다. 사건 발생 뒤 일어난 변화를 여러 시각과 맥락에서 정리해 주는 전개도 흥미로웠던 것 같다. 이 형식은 미처 뉴스로 보도하지 못한 사건 등을 뒤늦게 다룰 때도 유용했다. 제작자의 시각과 철학이 반영될 수 있어 객관적으로 서술해야 하는 리포트기사와 달랐고 풍자와 비유 감정 등의 느낌을 담아낼 수 있어 감동을 더할 수 있었다. 특별히 고안된 CG와 자막 등도 다른 느낌을 주도록 차별적으로 만들어졌다.

특정 사안에 대해 실현성과 진위 여부를 캐묻기 위해 등장한 코너도 새로운 영역이었다. '따져보니' 코너다. 종편 3사 모두 비슷한 시기에 이런 형식의 코너를 탄생시켰다. 종편만의 콘텐츠라고 볼 수 있다. 기자와 앵커가 한 사안의 진실과 실현성 여부를 파헤치기 위해 질문과 답변을 여러 차례 주고받으며 문제의 본질에 점점 접근해 가는 방식이다. 뉴스의 실체에 대해 좀 더 깊숙이 파고들어가 보자는 취지에서 탄생한 콘텐츠다. 시간 제약이 있는 리포트로는 궁금증을 해소하기가 충분하지 않는 사안에 대해 탐구적 묘미를 가미해 접근한다. 뚜렷한 문제의식을 갖고 시청자들이 알고 싶어 하는 지점을 정확히 찾아내 이에 대한 취재를 집중적으로 해야 한다. 시청자들이 가장 궁금해하는 내용일수록 취재가 어렵다는 애로가 있다.

<뉴스9> 말미에 한 사안에 대해 앵커의 생각을 담아 논평하는 '앵커의 시선' 코너는 방송과 신문의 결합 형태다. 신문의 칼럼이 방송으로 녹아든 형식이다. 전달 위주의 TV뉴스에 앵커의 생각과 시각을 담아 논평하고 분석하는 방식은 종편의 상징물이 됐다. JTBC에서 시작돼 TV조선에서 더 발전됐다. 과거에는 상상할 수 없었던 형식이 꽃을 피게 된 것은 전적으로 이에 대해 전폭적인 지원이 있었기에 가능했다. 신문사 출신 필력가가 포함된 작가진이 아이템 선정과 자료 조사, 칼럼 형식의 초안 등을 맡는다. PD는 배경 영상과 녹취 구성물 그리고 앵커의 샷 등을 처리한다. 상당한 공력이 소요되는 일이라 3~4명으로 된 별도의 전담팀을 두었다. 날카로운 비평과 준엄한 꾸짖음, 때에 따라 진솔한 사람의 얘기까지 더해지니 감흥이 남다르고 신선하다. 반응도 뜨거웠다. 유명인사의 발언을 추적해 과거와 비교하거나 역사적 사실과 연계해 빗대는 시도 등은 품격을 가져오기도 했다. 신문과 방송이 결합되니 시청자의 심금을 울리고 공감을 불러오는 훌륭한 코너가 탄생한 것이었다. TV뉴스에 신문 저널리즘과 제작producing이 기미되자 전혀 새로운 형식의 방송

포맷이 창출된 것이다. 이런 코너들이 4세대 방송 기자들이 만들어
낸 출중한 창조물이다.

융단폭격식 큐시트

메인 뉴스* 큐시트는 기존 지상파와 매우 다르다. 이슈가 생기면 관
련 아이템을 집중적으로 투입하는 구조다. 이슈에 따라 4~5꼭지 이
상을 집중적으로 배치한다. 기자 또는 전문가 출연이 더해지기도 한
다. 이런 집중이 두 달 내리 이어질 때도 있었다. 다양성과 균형감을
따지는 지상파와는 매우 다르다. 어느 방식이 정답이라고 말하려는
것이 아니다. 이런 편집 마인드가 존재한다는 것을 말하려는 것이다.
정치 사회 이슈에서 더 많은 치우침이 있다고 볼 수 있다. 그러나 이
는 지극히 시청자 중심주의라고 볼 여지도 있다. 시청자가 원하는 소
식을 집중적으로 전하는 전략인 것이다. 채널 선택권이 시청자에게
있으니 여러 채널 중에 원하는 채널을 선택하라는 것이다. 그러다보
니 정치와 검찰, 법원 등의 법조 뉴스 비중이 높다. 특히나 정치 뉴스
가 많은 것에 대해 비판적 평가가 있다는 것을 알고 있다. 이는 다양
성 여부를 따질 때 논해야 하는 문제. 지금은 종편 뉴스가 어떤 점
에서 다르고 어떤 점에서 차이가 나는지를 말하는 것이다. 그 선택
에 따른 결과 즉, 시청자들의 평가는 항상 시청률로 드러난다. 선거

---

* TV조선 메인뉴스는 7시 대에서 8시, 9시 사이를 옮겨 다니다 2017년부터 9시로 정착됐다.

가 가까워지면 정치 단락은 더 커진다. 정치 이슈의 출연 코너*는 단골 메뉴다. 부장급 기자의 출연을 선호하는데 이는 시청자에게 신뢰성을 주기위해서다. 메인 뉴스에 들어가는 평균 23개 기사아이템 가운데 정치부와 사회부 두 부서가 50% 안팎을 담당할 때가 많다. 경제 전국 국제 문화 스포츠부 등 나머지 부서들의 의존도는 상대적으로 낮다. 그러다 보니 보도국의 편제도 다르다. 부서 수가 적고 정치 사회부에 많은 인력이 배치돼 있다. 긍정적으로 보면 관심도나 중요도가 높은 분야에 인력과 자원을 투입해 뉴스 수요에 적절하게 대응한 것이라고 말할 수 있다. 반면 앞서 말한 대로 다양한 뉴스를 생산해 내는 역할은 소홀히 한다는 지적을 받을 수 있다. 기자들의 부서 간 이동이 자유롭게 이뤄지지 않을 수 있어 다양한 경험을 쌓는 기회를 저해할 수 있다.

시청자가 찾아오기 시작했다

경쟁력 확보를 위해 구성원들이 지난 10년 동안 기울인 노력의 결과는 시청률로 평가받기 시작했다. 2018년부터 시청률 곡선이 급상승하기 시작한 것이다. 정치권의 위선과 허구에 실망한 국민들이 제 목소리를 내는 방송을 찾기 시작하면서부터다. 내로남불의 행태와 불의에 대해 눈감고 편들기에 급급한 세력을 꾸짖어 달라는 시청자

---

* 3분에서 5분 정도의 분량으로 질문 4-5개에 대한 답변을 앵커와 주고받는다.

들이 하나둘 모여들었다. 사실을 사실대로 말할 수 있는 뉴스를 원한 것이다. 이런 분위기 속에서 우리의 진가는 유감없이 발휘됐다. 우리는 항상 한길을 가고 있었지만 우리의 모습은 누군가에 의해 자주 덧칠되고 왜곡됐다. 정치와 경제 권력에 굴하지 않고 우리는 우리의 가치를 지키며 묵묵히 외길을 걸어왔다. 우리의 이런 노력이 진실을 보고자 하는 시청자의 눈과 귀가 되기 시작한 것이다. 시청률이 절대적인 것은 아니지만 지상파를 능가하는 시청률이 나타났고 이 추세는 계속 이어지고 있다.

불의를 불의라고 주저 없이 외친 첫 시작은 2018년 4월의 드루킹 일당의 댓글 조작 사건이었다. 여러 경로를 통한 유무형의 압력에도 불구하고 특종 보도와 후속 보도를 이어가며 불법의 실체에 한 발 한 발 접근해 들어갔다. 그들은 우리 취재원을 찾으려 혈안이었다. 또 근거 없는 허무맹랑한 얘기로 몰아가려 했다. 갖가지 위장 정보로 물타기 공세도 끊이지 않았다. 굴하지 않고 진실의 단서를 하나하나 찾아가며 보도를 이어나갔다. 사회부를 비롯한 보도본부 구성원 전원이 한 몸이 돼 진실의 횃불을 밝혀 나갔다. 온갖 미사여구로 위장했던 그들의 실체에 대해 반신반의하던 시청자들이 사실이 무엇인지 알기 위해 한꺼번에 찾아오기 시작했다. 1% 대에 불과하던 메인 뉴스의 시청률이 2.5%로 껑충 뛰었다. 3%를 넘기는 것도 예사였다. 희망이 보였다. 그러나 우리는 우쭐대지 않고 진실을 밝혀야 한다는 사명감으로 임했다. 그러던 중 수사 기관의 압수수색 시도를 받기도 했다. 우리는 똘똘 뭉쳐 막아냈다. 언론의 자유를 지켜야 했고 민주주의를 사수해야 했다. 언론 탄압이 아니길 간절히 바라면서….

각종 고발과 민원 제기 등 법적 정치적 파상 공세도 이어졌다. 우리의 결속력은 예상보다 강했다. 그럴수록 새로운 내용을 폭로해가면서 공세를 되받아쳤다. 끈질기게 보도를 이어갔다. 정치권은 특검*을 도입했다. 그 결과 우리를 오보집단으로 몰아가려던 불순한 시도는 좌절됐다. 그들의 온갖 불법 행위가 법원의 유죄 판결로 고스란히 민낯을 드러냈기 때문이다. 길 잃은 망망대해에서 한 줄기 희망이 돼 주는 등대처럼 우리의 존재감이 서서히 드러나기 시작한 것이었다. 시청자의 반응에서 희망을 발견한 우리는 더욱 내실을 다지고 실력을 키워나갔다. 마치 앞날에 닥쳐올 사건이 무엇인지 미리 알고 대비한 듯이 말이다.

조국 사태가 터진 것이었다. 그의 딸의 논문 공동저자 문제에서부터 여러 논란의 물꼬가 터져 나왔다. 우리는 이 사건이 내포하는 의미를 제대로 꿰뚫어 볼 수 있었다. 전 취재망을 동원해 방대한 취재 전선을 지켜나갔다. 융합 과정을 함께한 기자들이 어느덧 베테랑이 돼 있었다. 이들은 최전선에 서기를 마다하지 않았다. 이들로부터 가르침을 받은 주니어 기자들은 굶주린 늑대처럼 거짓과 불의를 향해 덤벼들었다. 범죄 흔적을 덮고 진실을 호도하려는 결정적 시도들을 들춰내 고발했다. 여론전을 통해 진실을 희석하려는 의도들을 사실보도로 무력화시켰다. 우리는 정의로 가장한 위선의 실체를 한 꺼풀 한 꺼풀 벗겨가며 사건의 본질에 한 발 한 발 다가갔다. 있는

---

* 허익범 특검이 2018년 6월 27일부터 60일 동안 수사했다.

사진 6. 2018년 4월 25일 경찰의 TV조선 압수수색 당시 모습

그대로 사실을 전달하겠다는 가슴 뜨거운 기자들에게 찬사를 보낸다. 국민이 이 세상에 바라는 것은 권선징악이다. 시대가 변하고 사람이 변해도 보통사람들의 선과 악에 대한 기준은 변하지 않을 것이라는 신념을 우리는 믿었다. 고위 인사들을 통한 내부 정보도 없었다. 그냥 모두가 발로 뛰고 발품을 팔아 확보한 내용을 왜곡 없이 보여줬다.

온 나라를 뜨겁게 달군 그 현장에 우리는 어느덧 공정한 감시자로 여겨지고 있었다. 시청률이 5%를 훌쩍 넘었다. 신뢰감을 주는 앵커는 우리의 메시지를 더 분명하게 전달했다. 그의 말 한마디에 국민의 눈과 귀가 쏠렸다. 우리를 의심하던 눈초리는 어느새 따뜻한 격려와 응원의 시선으로 바뀌었다. 우리가 힘들게 지켜온 가치를 세상이 인정하기 시작한 것이었다. 모두들 뿌듯해했고 자랑스러워했다. 또 다른 성장은 그렇게 우리도 모르게 다가온 것이다.

3

5세대 기자의 임박
Emerging fifth generation

뉴미디어란 무엇일까? 구전에서 방榜으로, 방에서 신문으로, 신문에서 라디오로, 라디오에서 TV로, TV에서 인터넷으로 발전해 왔듯이 각 매체는 전 단계에 비해 뉴미디어였다. 미디어의 관점을 콘텐츠의 표출 방식Platform으로 본다면 미디어의 범주는 IPTV 종편 Vlog 유튜브 등으로 더 늘어난다. 그런데 매체에 담긴 정보를 섭취하는 방식은 보고 듣고 읽는 세 가지 방식뿐이다. 인간이 이 세 가지 이외의 방식으로 메시지를 받아들일 방법은 아직 존재하지 않는다. 나는 여러 서적에서 넘칠 정도로 다루고 있는 플랫폼에 중점을 두고 말하려는 것이 아니다. 최상의 정보 섭취를 위해 세 종류의 지각을 적절히 자극할 최적의 콘텐츠를 만드는 일에 관한 얘기를 하려는 것이다. 활자든 영상이든 최적의 메시지를 만드는 일을 5세대 기자들이 해내야 한다. 과거 뉴미디어, 크로스 미디어 등의 이름으로 시도된 전달방법에서 한 발 더 나가야 한다. 이를 통해 진실과 사실이 넘쳐나는 미디어의 장이 형성되도록 해야 한다.

신문 방송 겸영에 따른 종합편성 채널의 등장으로 한 명의 기자가 신문과 방송 두 종류의 기사 포맷을 구사할 수 있었던 것은 4세대 기자의 진전이자 큰 변화였다. 안타깝게도 두 기사를 자유자재로 능숙하게 구사하는 수준에 이르렀냐는 질문에 대해서는 회의적이다. 방송의 특성을 감안하지 않은 접근으로 한계가 있었기 때문이다. 이런 한계에도 불구하고 4세대 기자들이 열어 준 융합의 지평은 여전히 무궁무진하다. 그래서 4세대가 기자의 멀티 기술multi-tasking의 서막을 열었다고 하면 5세대는 멀티 기술의 성숙 시대가 될 것이다. 방향 설정을 제대로 하지 못했거나 내부 저항 등에 의해 기성 언론이 멀티 스킬의 발전에 있어서 답보 상태를 면하지 못하는 사이 일반인뿐만 아니라 전문가, 퇴직 언론인들이 앞다퉈 멀티 스킬 영역에 진출하고 있다. 닫혀 있던 5세대 기자의 빗장을 열려고 하는 것이다. 영상 장비의 발전과 인터넷 환경의 진화 덕에 예비 5세대 기자들은 더할 나위 없이 좋은 기회를 맞이하고 있다. 영상이 일상의 문화로 자리 잡아가면서 미디어 전반에 대한 인식 변화도 5세대 기자 시대로의 발전을 촉진하고 있다.

1인 미디어의 등장

뉴스를 보고 듣기만 하던 시청자들이 뉴스 생산자로 등단했다. 주로 유튜브와 같은 인터넷 플랫폼을 통해서다. 자신들이 자체적으로 수집한 정보를 공개하기도 하고 이슈와 사안에 대해 의견 개진도 한다. 자신들이 만든 동영상물을 곁들이기도 한다. 전달 방식이 거칠고 투박하지만 뉴스 콘텐츠를 제공하는 1인 미디어임이 분명하다. 수십만 명의 구독자를 보유한 유튜버도 등장했다. 기존 매체의 콘텐츠에 식상했던 사람들에게는 신선함이 느껴졌을 것이다. 여기에 여러 분야의 전문가들도 가세한다. 방송 시사 프로에 패널로 참가했던 인물도 많다. 정치인들도 합류했다. 퇴직 언론인도 영상 제작 기술을 습득해 이 흐름에 동참했다. 다양한 형식으로 광범위한 정보들이 제공된다. 독자 그리고 시청자들의 선택의 폭이 넓어졌다. 일부 시청자독자는 방송 뉴스 대신 유튜브 등 1인 미디어를 더 신뢰한다고 말하기도 한다.

1인 미디어는 실제 사회를 뒤흔드는 뉴스를 만들어 내기도 했고 특종의 단초가 되는 정보를 제공하기도 했다. 특히 사건 현장을 촬영한 영상 또는 사건 관계자의 음성 파일 공개는 큰 반향을 불러왔다. 2013년 남양유업 막말 파문, 2016년 대한항공 오너 일가 막말 소동 등에서 그러했고 조국 사태 등 여러 정치, 사회적 사안에서는 기성 매체에서 접할 수 없는 다양한 정보와 해석을 제공했다. 그런데 부작용도 나타났다. 정보가 넘쳐나다 못해 가짜 뉴스 시비와 정치적 선동성 논란 등의 문제가 이어진 것이다. 기성 언론이 정파성 시비에 휩싸이너 공정하고 객관적이라는 신뢰를 주지 못한다는 지적이 끊이지 않고 있는 상황에서 대안으로 각광받던 1인 미디어도 똑같은 문제에 봉착한 원인은 무엇일까? 눈앞의 이익에 급급해 자극적이고 말초적인 접근 방법을 선택한 것 때문은 아닐까? 팩트를 걸러내고 균형감을 가지도록 하는 저널리즘 의식이 부족하고 이를 위한 훈련을 접해 보지 못한 탓이다. 이런 공정성 객관성 시비는 이에 대한 사회적 반응을 반복적으로 수용하는 과정을 통해 결국에는 개선되거나 완화될 것이다.

이런 부작용에도 불구하고 물꼬가 터진 1인 미디어의 등장은 큰 물결처럼 출렁이고 있다. 자유로운 형식과 다양한 장르, 다채로운 콘텐츠는 네티즌의 눈과 귀를 차지했다. 경직되고 제한적이며 때로는 양비론과 기계적 균형감에 매몰된 기존 방송에 답답함을 느낀 시청자독자가 더 많은 정보를 찾는 여정에서 발견한 오아시스였을 수도 있다. 취재부터 제작과 출력까지 같은 사람의 손을 거친 콘텐츠는 일관 공정으로 제작자의 생각이 듬뿍 묻어났고 비록 투박한 느낌을 줄지언정 내용은 진실돼 보였을 것이다. 그들의 절대적 재량권에서 나오는 주제의 자유로움은 덤이었다. 현직 기자들이 해내지 못하는 것을 이뤄낸 것이며 새로운 미디어 영역을 창출한 것이다. 많은 구독자를 가진 유튜버는 경제적 기반도 가질 수 있으니 영속성도 보장되는 셈이다. 충분히 기존 매체와 그 종사자들의 강력한 경쟁자로 여겨질 수 있다. 취재 현장에서 기성 매체의 기자보다 1인 미디어 종사자를 더 선호하는 모습이 목격*되곤 했다. 이런 영향에 위기감을

---

* 부정선거 의혹 고발 시위 현장 또는 반미, 반체제 시위 등 정치적 목적의 시위 현장에서 이런 현상이 취재 기자들에 의해 보고되곤 했다.

　　　　　특종을 쫓는 종횡무진 뉴스맨

느낀 제도권 매체들도 앞다퉈 변화에 합류하기 시작했다.

위기감 느낀 제도권

1인 미디어의 발전 속도에 미치지 못하지만 제도권 언론 매체들이 시도하는 크로스 미디어적또는 융합 변화는 과거보다 더 절실하고 전사적 차원에서 진행되고 있다. 방송 신문 온라인을 버무리려는 노력이 파일럿pilot program성 시도가 아닌 생존 전략으로 무게감 있게 접근하고 있는 것이다. 이는 미디어 융합 없이는 도태될 수 있다는 위기감의 방증일 것이다. 방송사들은 자신들이 운영하는 온라인 사이트에 재가공repurposing한 동영상 클립과 장문의 텍스트 기사까지 표출시키고 있고 신문사 역시 온라인 사이트에 갖가지 동영상을 전진배치하면서 시각적 효과를 강조한다. 여기에 그치지 않고 여러 분야의 전문가들 또는 전문 기자들의 평론과 분석을 팟캐스트 또는 비디오 클립으로 인터넷에 노출시키고 있다. 신문의 방송화, 방송의 신문화가 보다 본격적으로 진행되고 있는 셈이다. 이는 매체별 기자의 구분이 없어지고 있음을 의미한다. 온라인상의 속보 대응력 또한 기본 자질로 요구 받고 있다. 한 사람이 여러 플랫폼에 자유자재로 경쟁력 있는 콘텐츠를 제공해야 하는one source multi-use by one multi-skilled man 시대가 도래한 것이다.

그러나 불행히도 지금의 노력은 근원적 변화의 시도라 보기 힘들다. 본질적인 멀티 스킬의 개념과는 거리가 있다. 멀티 스킬이라는 형식만 추구하는 단계를 벗어나지 못하고 있기 때문이다. 영상 콘텐츠와 텍스트 콘텐츠가 톱니바퀴처럼 맞물려 돌아가면서 증폭·재생산되는 구조가 아니라 단순 나열 수준을 벗어나지 못하고 있는 느낌이다. 영상 따로 텍스트 따로의 관념에서 벗어나지 못한 탓은 아닐까? 취재 당사자가 각 매체의 특성에 맞는 뉴스 콘텐츠를 생산하면서도 영상과 텍스트를 유기적으로 배합시켜 최상의 콘텐츠를 만드는 단계가 만능 뉴스맨이 지향하는 종착지다. 모든 취재 내용촬영포함을 용기에 담아 놓고 재료가 골고루 섞이도록 잘 젓는 것과 같다. 섭취하기 좋은 맛있는 비빔밥이 완성되도록 말이다. 취재를 담당한 당사자가 이 공정을 자유자재로 구사할 줄 알아야 한다. 재료의 신선도에 따라 각각의 비율을 달리해 최적의 맛을 내도록 말이다. 경우에 따라서는 비빔밥이 아닌 전혀 다른 음식을 만들 수 있어야 한다. '따로 따로' 공정으로는 이 결과를 얻기 힘들다. 멀티 스킬을 체득하도록 하는 역량 구축이 우선돼야 할 문제인 것이다.

오감과 육감

저자는 방송에서 시작해 취재 마인드를 구축하고 텍스트 진영*으로 진입했다. 순전히 경험적인 판단으로 말하자면 멀티 스킬은 가급적이면 방송영역에서 시작해 신문영역으로 진입할 때 더 효과적인 것

---

*   신문 기사를 말한다. 방송 기사와 신문 기사는 접근 방법이 전혀 다르다.

으로 생각한다. 정반대로 생각할 수도 있다. 방송 구성 요소를 제대로 활용할 수 있는 능력이 갖춰질 수 있다면 어디서부터 시작을 하건 상관이 없다. 방송을 뒤늦게 시작한 분들이 방송 마인드를 구축하는 걸 힘들어하는 모습을 자주 본 탓에 방송을 먼저 시작하는 것이 나을 것이라고 말하는 것이다. 멀티 스킬과 관련해서는 방송 영역에서 육성돼야 할 자질 얘기를 주로 하려 한다. 먼저 영상에 대한 감각과 체계를 키우는 것이 중요하다. 방송 기사는 크게 두 가지 종류가 있다. 라디오에서 주로 들을 수 있는 신문 기사를 축약한 것 같은 기사*와 방송 기자의 목소리가 들어가 있는 리포트 기사 두 가지 형태다. 첫 번째 형식은 신문 기사와 구조가 대동소이 하지만 두 번째 리포트 기사는 신문 기사와 전혀 다르다. 리포트 기사는 글쓰기보다는 제작producing 쪽에 가깝다. 글기사은 리포트의 절반에 불과하다. 영상과 소리가 더해지고 기자의 목소리가 입혀져야 한다.

영상과 소리를 어떻게 활용하는가는 리포트의 품질에 지대한 영향을 미친다. 두 요소가 글로 쓰인 기사보다 더 중요하게 여겨질 때도 많다. 그런데 이 영상과 소리를 이용하는 능력은 취재 능력, 글쓰기 능력과 별개의 개념으로 접근해야 한다. 감각적이고 말초적일 수 있어서다. 영상과 소리를 부각시킬 줄 알아야 하고 이 두 가지를 자유자재로 주무를 줄 알아야 한다. 그래야 제대로 된 제작을 할 수 있다. 방송 기자는 이 제작 능력을 극대화하기 위해 부단히 노력해야 한다. 제작 능력은 인간의 오감五感 중 시각과 청각에다 정신적 감각

---

* 스트레이트 기사 또는 단신(3줄 또는 4줄) 기사라고 한다.

인 육감이 더해져야 구축된다. 이 감각은 후천적으로 양성될 수 있다고 본다. 그런데 일정 수준에 이르기까지의 과정이 고단할 수 있다. 속성으로 해결될 문제가 아니라는 것이다. 수많은 취재와 제작 경험의 축적으로만 생성될 수 있어서이다. 훈련을 통해야 하고 백지 상태에서 그려져야 또렷이 남고 기억된다. 갓난아이가 부모로부터 배운 삶의 양태를 평생 간직하며 살아가듯이 초기 교육이 중요하다는 말이다.

촬영과 편집이라는 절차와 과정도 숙지해야 할 사항이다. 촬영은 영상과 소리를 카메라에 담는 일이고 편집은 영상과 소리를 배열하고 여기에다 내레이션을 덧씌우는 일이다. 만능 뉴스맨이 갖춰야 하는 멀티 스킬의 한 부분으로 추후 자세히 다루겠지만 여기에서 특별히 언급하는 이유가 있다. 두 과정이 인간관계와 밀접한 상관이 있어서다. 촬영과 편집 두 가지가 무엇인지를 이해하는 것은 어렵지 않지만 두 일촬영과 편집을 함에 있어 협업하고 인내해야 하는 노력이 필요하다는 점을 간과하는 경향이 있다. 많은 기자들이 실수를 되풀이하는 사항이다. 이 일이 기자의 역량과 무슨 상관이 있느냐고 할 수 있겠지만 방송 일은 혼자 하는 일이 아니라는 것을 깨닫고 두 영역 담당자들의 협력을 최대한 도출해 내야 한다는 것을 강조하려는 것이다. 촬영과 편집은 리포트 제작 공정에서 3자의 협조 또는 장비의 힘을 빌려야만 일이 되는 구간이다. 만능 뉴스맨은 이 능력들을 독자적으로 해낼 수 있는 역량을 갖춰야 하지만 협업 요령도 알아야 한다. 그래야 전체 제작 공정을 쉽고 효율적으로 해낼 수 있다. 방송업의 팀플레이에 대한 이해이기도 하다. 화합을 위해 들여야 하는 수고가 만만치 않다는 것을 알아야 한다.

앞서 촬영과 편집 등 모든 과정에 기자의 육감이 더해져야 원하는 작품을 제대로 만들 수 있다고 강조했다. 방송 제작은 무엇인가를 만드는 창조 개념이 들어가는 만큼 예술가적 마인드가 필요하다. 물론 분업이 가져오는 효율도 있다. 사안에 따라 분업과 독자 수행을 선택적으로 하자는 것이다. 앞으로 전개될 5세대 기자 시대에 그들이 가지는 역량은 어떠할까? 능수능란한 제작 능력에다 깊이 있는 기사 생산이 가능한 다재다능한 민완 기자의 모습일 것이다. 이에 대한 이론적 기반에 대해 설명을 해보려 한다.

융합 이론 media convergence

다채널과 트위터 페이스북 등 다양한 SNS가 우리보다 일찌감치 성행했던 미국의 사례를 들여다보면 미디어 융합에 대한 이해의 폭을 넓힐 수 있다. SNS의 활성화는 미디어 소비자가 미디어 생산자 역할을 수행하는 토대로 작용했으며 기성 매체의 위상까지 위협하는 영향력을 행사하곤 한다. 이에 자극받은 신문 등 기존 매체들은 온라인online 전환을 서둘렀고 미디어 시장은 자연스레 구조조정 바람에 휩싸였다. 이 과정에 미디어 융합은 경쟁력 강화 수단으로 급부상한 것이다. 이 무렵 융합 이론도 자연스럽게 태동됐다. 미디어 융합은 여러 가지 의미로 설명될 수 있으나 여러 학자들의 설명을 참고해 5가지로 분류해 본다. 물론 학분석으로 정립된 것은 아니다.

첫째, 신문과 방송 기자 직무에 대한 융합convergence on journalism을 말한다. 기자가 신문과 방송에 맞는 콘텐츠를 자유자재로 생산할 줄 아는 직무에 관한 융합을 뜻한다. 신문이든 방송이든 매체에 맞는 최고 수준의 기사를 제공할 수 있는 능력의 구축을 말한다. 신문과 방송의 속성을 완벽하게 이해한 상태에서 각 매체의 특성에 맞는 기사를 생산해 낼 줄 알아야 한다는 것이다. 온라인 매체에 대해서도 마찬가지다. 최고의 전달력을 위해 입체적인 메시지를 창출할 줄 알아야 한다.* 이뿐만이 아니다. 멀티 테스킹multi tasking역량 습득도 의미한다. 영상물을 만들 수 있는 방송 제작 능력을 위해 촬영과 영상 편집 그래픽 활용 등 디지털 기술digital skill을 갖춰야 한다. 분량이 긴 다큐멘터리 같은 영상물까지 만들 수 있도록 역량의 지평을 넓혀야 한다. 취재와 기사 작성의 범위를 넘어 영상 제작까지 여러 능력을 겸비하는 일은 디지털 기술 발달과 장비 개량에 따라 가능해지고 있다.

둘째, 독자와 미디어 생산자의 경계가 허물어지는 문화적 융합 convergence on culture이다.** 미디어 소비자였던 시청자들이 SNS나 유튜브 등 온라인에 자신들이 만든 영상과 글을 공급해 미디어의 주체가 되는 것이다. 이들의 성장으로 여론의 창구 역할을 했던 기성 매체의 영향력은 꽤 감소했다. 정치인 평론가 여러 전문가 그룹의 온라인 활동도 이 영역에 해당된다고 할 수 있다. 미디어 수용자에서 벗어나 공급자로 나선 그들을 프로슈머prosumer, 생산소비자라는 합성어라고 부

---

*   Wilkinson, J.S.(2009).

**   Jenkins, H(2008).

르기도 하는데 깊이 있는 식견으로 고급 정보와 전문 지식을 제공하니 네티즌의 입장에서는 읽고 볼 수 있는 미디어의 선택지가 넓어지는 것이다. 기존 방송의 고발 프로 뺨치는 수준의 방송 품질을 보여주는 미디어도 있다. 1인 미디어로서의 순발력과 주제 선정의 창의력이 돋보이는 곳도 많다. 사회 지도층 인사의 갑질 파동, 악덕 행위, 비리 행각 등을 노출시켜 유력 언론 이상의 사회적 반향을 불러온 경우도 우리는 자주 목격하고 있다. 이들이 제공하는 자막 등 컴퓨터 그래픽과 음향 효과도 점점 수준이 높아지고 있다.

셋째, 신문과 방송의 겸영convergence on business을 말한다. 우리나라는 1995년 연합통신을 대주주로 하는 YTN과 매일 경제 신문사를 대주주로 하는 MBN이 출범하면서 신방 겸영의 첫발을 디뎠고 이후 2011년 종합편성채널 출범으로 신방 겸영이 본격적으로 허용됐다. 정치 지형화 논란과 여론 독점 등의 부작용 우려도 있지만 다양한 콘텐츠를 제공하고 지상파 중심 시장의 독과점을 깨뜨리며 방송 진입의 문턱을 낮추는 효과가 있다. 미국의 경우 1990년대 말 주state 단위 이상 규모의 신방 겸영은 굉장히 엄격한 조건하에 제한적으로 허용되고 있다. 가장 성공적인 케이스는 플로리다와 애리조나가 손꼽히고 있다. 신문사와 방송사, 온라인 회사를 합병한 탬파베이* 미디어 그룹과 신문과 방송사를 합병한 애리조나** 미디어 그룹 등이다. 이들은 우리나라와 달리 기존 매체를 인수·합병하는 형식

---

*   The Tampa Tribune, the NBC-affiliated WFLA-TV, Tampa Bay Online(TBO.com)
** KPNX-TV & Arizona Republic

으로 신방 겸영 지배구조를 구축했다는 차이점이 있다. 이외에 시카고를 중심으로 한 일리노이Illinois와 댈러스Dallas 지역에서도 신방 겸영을 구축한 성공 사례가 있다.

넷째, 기술적 융합technological convergence을 들 수 있다. 다양한 미디어 콘텐츠를 디지털화해 한 가지 장치device를 통해 표출하는 것을 말한다. 신문과 방송 콘텐츠가 온라인online site에 함께 제공되는 것은 기술적 융합 덕분이다. 활자 정보와 영상 정보만으로는 단조로움을 벗어날 수 없으니 시각적·청각적 자료를 함께 제공하는 것이다. 기능적 융합convergence on function은 한 기기device안에 여러 미디어적 기능이 함께 탑재돼 있는 경우를 말한다. 카메라에 촬영뿐만 아니라 편집과 출력 기능이 함께 들어가 있는 것을 말한다. 나아가 제작물을 원거리 송출까지 가능하도록 하는 등 기술은 더욱 진화했다. 기술적·기능적 융합은 모든 융합의 토대가 되고 있음은 두 말할 나위가 없다.

마지막으로 다섯째는 유기적 융합organic convergence이다. 미디어를 소비하는 시청자독자의 행동 패턴에 의미를 부여한 것인데 유튜브를 보면서 문자나 SNS를 하고 이어폰으로는 음악까지 듣는 것을 말한다. 식불언食不言이라고 했던가? 예전 어른들이 밥상 앞에서는 식사에 집중하는 것이 예의라고 했던 말이 기억난다. 그분들이 이런 장면을 목격한다면 혼쭐이 날 일이지만 복수의 미디어로 동시에 여러 디지털 활동을 하는 행위는 일상에서 흔히 볼 수 있는 일이 된지 오래다. 디지털화에 따른 융합에 대해 학자들이 오랜 관찰의 결과를 이렇게 내놓으면서 빠뜨리지 않은 말이 있다. 융합은 최적의 콘텐츠와 최고의 전달력을 위해 존재해야 하는 것이지 비용 절감과 이윤

추구의 목적이 우선돼서는 안 된다는 것이다. 공정 간 비효율을 제거하고 미디어적 마인드는 풍부해지도록 해야 한다는 취지다. 실제 5세대 기자가 지향해야 할 미지의 공간은 도전정신으로 가득 찬 기자들에 의해 좌표 설정이 이뤄져 있다고 봐야 한다. 4세대에서 이미 충분한 성공 가능성을 확인했기 때문 일 것이다.

양산되는 인력

촬영과 컴퓨터 프로그램NLE 편집기를 능수능란하게 다루는 인력은 넘쳐난다. 전국적으로 여러 대학에서 방송 전공 과정이 많이 생겨난 덕분이다. 예비 방송 인력으로 대학 1학년 때부터 맞춤형 교육을 받은 그들은 기능적으로는 매우 뛰어나다. 기본 자질이 우수하고 경험이 풍부한 교수진으로부터 폭넓은 제작 교육을 받아서 일 것이다. 하지만 현업에서 이들과 함께 일해 본 경험을 빌려 말해 보면 보완해야 할 중요한 점이 있어 보인다. 바로 저널리즘 소양이다. 이 소양을 제대로 습득할 수 있는 기반을 만들어 놓을 필요가 있다. 제작 일이 유수의 방송사에서만 이뤄지는 것은 아니다. 태반은 외주 하청 구조하에서 이뤄진다. 이윤을 남겨야 하는 풍토는 지나치게 기능적인 면만을 추구하는 방송 제작 환경의 척박함을 불러왔고 이 영향으로 바람직한 저널리즘 마인드를 갖출 수 있는 기회를 갖지 못하게 된 측면이 있다. 저널리즘 마인드를 대학 강의실에서 죄다 배울 수 있는 것도 아니다. 제대로 된 저널리즘 소양 교육이 주어지고 단계별로 적절한 경험을 쌓도록 한다면 보다 수준 높은 산물이 이들 손에서 만들어질 것이다. 그러나 현실은 녹록지 않다. 탄탄한 인력 양성 구조를 갖춘 버젓한 방송사에 정규직으로 입사하는 것은 바늘구멍을 뚫는 것과 진배없다. 정규직 채용 여부에 상관없이 소양 교육이 이뤄질 수 있는 제도적 장치 마련이 필요하다. 가령 방송 관련 기관을 통한 교육 등의 방안을 모색해 볼 수 있다. 방송 제작 참여 전에 저널리즘 교육을 이수하도록 하는 것이다. 방송사의 적극적 관심도 역량 향상에 도움이 될 것이다. 결국 방송사의 이익으로 돌아오기 때문이다.

취재와 기사 작성 이외의 제작 영역을 더 이상 기능적인 측면으로 간주해서는 안 된다. 취재는 기자만이 하는 고유 영역이라는 생각을 바꿔야 한다. 반대로 기자가 수행할 기본 업무에 제작 영역까지 포함시키는 문제를 전향적으로 생각해봐야 한다. 방송사들의 인식 전환이 필요하다. 기자들에게 촬영과 편집 등 제작 능력을 갖추도록 해야 한다는 것이다. 완벽한 콘텐츠 생산자가 되도록 해야 한다. 독자와 시청자는 각각의 플랫폼에 맞는 콘텐츠를 자유자재로 만들어 낼 수 있는 저널리스트를 강력히 원하고 있다. 1인 제작이 가능해지면 인력 운용에도 숨통이 트일 수 있다. 부수적인 효과다. 수습기자와 수습 PD를 대상으로 하는 교육 전반에 대한 재고가 필요하다. 방송사들이 이를 주저하는 사이 새로운 도전을 두려워하지 않는 신생 미디어들은 저만치 앞서갈 것이다. 이 책 3장과 5장에서는 5세대 기자들이 가져야 할 기본 역량들이 무엇이고 그 역량들을 어떻게 섭취해야 할지에 대해 설명했다.

4

방송의 토대가 된
1, 2세대

ENGElectronic News Gathering 카메라 도입 전후가 1, 2세대 방송 기자의 구분 경계점이 된다고 본다. 생동감 넘치게 현장을 담아낼 수 있었던 ENG의 도입과 더불어 방송 뉴스의 질적 변화가 확연해졌기 때문이다. 초기 방송 리포트 제작에 쓰였던 필름용 카메라를 이용한 뉴스 제작은 동시 녹음도 되지 않았을 뿐더러 자유롭게 현장 취재를 할 수 있는 여건을 제공하지 못했다. 카메라의 촬영 용량이 5분 안팎으로 굉장히 제한적이어서 충분한 취재가 가능하지 않았다.

1978년 무렵 KBS에서부터 도입되기 시작한 ENG 카메라는 과거의 취재 방식을 송두리째 바꿔 놓을 만큼 혁명

사진 7. 1980년 전후 우리나라에 처음으로 도입된 ENG 카메라

적인 장비였다. 거추장스럽게 큰 필름통이 사라지고 작은 테이프를 내장시킨 방식은 카메라의 소형화와 경량화를 가능케 했다. 휴대가 간편해져 활동성을 보장했던 것이다. 필름 현상 과정이 필요 없어 바로 방송이 가능했다. 여기에다 전기 신호를 이용한 편리한 편집기까지 갖춰지니 리포트 완제품을 만드는 데 소요되는 시간이 크게 줄어들었다. 현장의 모습을 소리와 함께 즉, 동시 녹음으로 담아낼 수 있어서 시청자에게 생생한 영상을 보여줄 수 있었던 것이다.

1980년 도입된 컬러TV와 더불어 ENG는 현재와 비슷한 형식의 메인 뉴스 시대를 여는 데 크게 기여했다. 현장성을 앞세운 탐사와 고발 뉴스의 탄생에도 혁혁한 공을 세웠다. 카메라 기자 취재 기자 2인 1조의 취재 시스템도 이때부터 시작됐다. 취재진이 현장을 자유롭게 누빌 수 있는 취재의 기반이 구축된 것이다. 기자들은 영상이 뒷받침되는 아이템, 입체감이 생겨날 수 있는 아이템 발굴에 매진했다. 화면 존재 여부에 따라 뉴스의 가치가 결정됐다. 또 기자들의 순발력이 중요했다.

88 서울올림픽을 기점으로 방송 뉴스는 최고의 전성시대를 구가했다. KBS와 MBC 9시 뉴스가 각각 30% 안팎의 시청률을 점유할 정도로 존재감이 대단했다. 이후 케이블 TV의 탄생으로 다매체체제가 되면서 시청률에 변화가 생겨났다. 1999년 두 회사의 시청률은 각각 20% 안팎으로 떨어졌고 인터넷 활성화와 맞물리면서 하락세는 이어졌다. 지금은 KBS가 10% 안팎, MBC와 SBS는 KBS의 절반 수준을 넘나든다. 인터넷이 없던 시절 방송 뉴스는 지금으로서는 상상할 수 없는 높은 시청률을 점유하며 국민의 눈과 귀 역할을

톡톡히 한 것이다. 이 시기 시스템적으로는 메인 뉴스에서 앵커제가 확립됐고 마이크로웨이브를 통한 생중계 방송이 가능해졌다. 현장 영상과 기자의 현장 모습이 합쳐진 패키지 리포트가 생겨났고 이는 방송 보도물의 규격처럼 여겨지게 됐다. 입체적이고 생동감 있는 리포트 기사 형식이 뿌리를 내리기 시작했다. 당시 방송은 독과점 시장과 비슷해 지금의 치열한 경쟁 체제와는 거리가 있었다. 그런 이유로 팩트 경쟁이 우선되기보다는 리포트 제작 역량에 더 많은 가치가 부여되는 분위기였다. 아침 조간신문이나 통신에 난 뉴스를 방송 제작의 소스source로 활용하는 일이 다반사였다. 이를 얼마나 시각적으로 잘 탈바꿈시키느냐가 관건이었다. 취재력보다는 제작력이 더 중요시되는 풍토였던 셈이다. 굳이 특종 보도를 하지 않더라도 기본 이상의 시청률이 보장되고 광고 물량도 확보되기 때문이었을 것이다. 특종보다는 기자의 촌철살인 같은 언어 구사와 특이하고 개성 있는 스탠드업 등이 사람들의 입에 더 오르내렸다.

이에 앞선 1세대 방송 기자는 라디오 세대의 계승자였다. 패키지 리포트는 시도 단계에 머물렀고 주로 아나운서의 내레이션용을 위한 기사 작성이 주된 일이었다. 그러다 기자의 육성을 녹음해 전달하는 방식이 시작됐지만 지금처럼 현장성이 있기 보다는 평면적 형태였다. 녹음 장치도 변변치 않아 눈으로 보고 수첩에 적는 것 이상의 취재 활동이 불가능했다. 초기 텔레비전 뉴스는 사진 한두 장에 내레이션이 흘러나오는 것이 전부였다. 흑백 영상이 본격적으로 보여지기 시작한 것도 70년대가 돼서다. 매체 발전과 더불어 언론 종사자들의 전직이 연쇄적으로 일어났다. 라디오가 나오자 신문 기자들이

라디오 기자로 영입됐고 TV가 나오자 라디오와 신문 종사자가 TV 기자로 영입돼 탈바꿈을 했다. 이들 이직자들에 의해 신문 저널리즘은 자연스럽게 신생 매체인 방송 영역으로 녹아들어 갔다. 1, 2세대 기자의 이러한 부단한 노력이 있었기에 3, 4세대 기자 시대가 탄생할 수 있었다. 이들이 구축한 토대는 더 나은 저널리즘으로 발전되는 밑거름이 됐던 것이다.

돌이켜 보면 매 순간이 혼신을 다한 취재였다. 지상파 시장을 비집고 들어간 후발주자의 일원으로서 새로운 뉴스를 바라는 시청자의 요구에 부응하기 위해 24시간 365일 최선을 다했던 나날들이었다. 이는 비단 나에게만 해당되는 과거는 아니다. 3세대 기자 시대를 열었던 모두의 열정이 만든 역사였다. 중계를 밥 먹듯이 했고 취재를 위해 온몸을 불살랐다. 휴일도 밤낮도 없었다. 아련했던 그 시절 몇 가지 기억 속으로 들어가 본다.

2장
혼신을 다한 취재
3세대 취재기

1
이건희 회장을
불러 세웠다

해외 유학을 마치고 1년 반 만에 회사에 복귀를 했다. 회사는 나에게 부서를 배정하지 않았다. 대신 경제부 근무 지정이라는 다소 애매한 인사 발령을 내렸다. 출입처는 물론이거니와 부서도 배정받지 못하고 있는 상황에서 이따금씩 지원 형식으로 취재 현장에 투입되고 있었다. 2011년 3월 11일, 저녁 7시에 전경련 회의가 열리니 취재 일정을 소화해 달라는 경제부장의 지시가 있었다. 통상적인 전례로 보면 전경련 회장단 취재는 별 어려움이 없는 취재였다. 기사 방향이 예상 가능한 일이 많았고 현장 취재 또한 풀로 움직이는 경우가 많아서 기사의 구성을 어떻게 가져가느냐만 고민하면 되는 것이었다. 이날도 별다른 이슈가 없었고 귀국한 지 얼마 되지 않아서 워밍업도 돼 있지 않아 리포트 한 꼭지를 만들면 되겠거니 생각하고 현장을 찾았다.

특종을 쫓는 종횡무진 뉴스맨

엔저와 고유가 등의 대외 요인으로 경제 환경이 팍팍하게 돌아가는 분위기 속에 GS의 허창수 회장이 새로 전경련 회장이 된 뒤 처음으로 열리는 회의이기도 했다. 또 중소기업과 대기업의 동반성장 문제 등이 사회적 이슈로 부각되던 때였다. 그렇다 하더라도 대기업끼리 인수합병이나 그룹 내 형제간 상속 갈등 같은 민감한 문제들이 있었던 것도 아니었다.

하지만 일을 마치는 시간이 늦어질 수 있어 썩 내키는 취재는 아니었다. 리포트 제작을 끝내면 저녁 9시가 넘을 테니 손을 들고 나서는 사람이 없었던 모양이었다. 출입기자가 이 일을 맡지 않은 이유는 선뜻 이해가 되지 않았다. 나중에 알게 된 일이지만 이는 당시한 대기업이 출입기자들을 대상으로 저녁 회식 자리를 만든 것과 관련이 있었다. 이날 전경련 회장단 모임에 이건희 회장 등 그룹 총수들이 참석하기로 했고 그들에게 언론의 시선이 몰리지 않도록 하기 위해 그 기업이 출입기자들과의 저녁 자리를 마련한 것이었다. 실제 현장에 가보니 전경련 1진 기자를 대신해 온 연차 어린 기자들이 대다수였다.

업계 기자단이 나름 큰 뉴스거리를 방치한 것이 이해가 안됐지만 뉴스 가치를 보는 판단은 같았는지 삼성, 현대, SK 등 3대 그룹 회장이 모두 참석한다는 소식에 취재진은 북새통을 이루고 있었다. 경영기획실 생활 1년 반까지 더해 3년 정도 취재 현장을 떠나 있었는데 현장에 도착해 보니 취재 분위기가 물씬 달라 보였다. 어느새 현장을 뛰는 기자로서는 최고참 반열이었고 모르는 기자들 투성이였다. 그만큼 취재현장에서 세내교제가 이뤄지고 있었던 것이다.

취재진이 수적으로 늘어났다고는 하지만 재벌 회장에 대해 인터뷰를 적극적으로 시도하려는 취재 경쟁은 과거보다 덜해 보였다. 보통 회의가 시작할 무렵이거나 끝난 뒤 즉석 인터뷰로 녹취를 따는 경우가 많았는데 이날도 예외는 아니었다. 그러나 총수 대부분이 인터뷰 요청을 사양해 그날 회의는 뉴스 가치가 떨어지는 느낌이었다. 그렇다고 애써 인터뷰를 하려는 의지를 보이는 기자들도 없었다.

과거와 다른 소극적인 취재 모습을 보고도 그냥 지나치려니 마음이 거북해지기 시작했다. 또 내 출입처의 일도 아닌 일에 열성을 보이는 것도 튀는 행동으로 보일 것 같아 면피용으로 리포트를 하나 제작하면 되겠거니 하는 생각을 가질 무렵이었다. 그러던 차에 이건희 삼성 회장이 모습을 드러냈다. 인터뷰 시도를 위해 구성된 풀단이 하얏트 호텔 입구에서 무엇인가를 질문하기 시작했다. 멀리서 보니 동반성장 정책에 대한 불편한 심정을 얘기하는 듯했다. 그런데 한 1~2분 정도 얘기를 하는 듯하더니만 발걸음을 떼는 것이었다. 이건희 회장 등 재계가 이명박 정부의 동반성장 정책에 대해 부정적인 입장을 밝힌 것이 어제 오늘의 일은 아니었다. 그러나 새 전경련 집행부가 출범하는 날 재계의 맏형격인 이건희 회장이 육성으로 재차 부정적인 언급을 한 것은 종전과는 다른 의미로 받아들여질 수 있는 일이었다.

전경련 회의 자체만으로는 기삿거리가 힘들 수도 있겠다 싶었던 차에 그나마 다행이라는 생각이 들었다. 하지만 정확한 문장을 듣지 못해 내심 추가적인 질의가 있었으면 좋겠다는 생각이 들었는데, 수행원들과 전경련 관계자의 제지 분위기로 더 이상의 질문은 이어지지 못하고 있었다. 뭔가를 먹다 만 듯한 느낌이 들었다. 추가 질문이 필요했는데도 이를 막아서는 게 퍽이나 맘에 들지 않기도 했다. 추가로 질문에 적극적이지 않은 기자들도 못마땅했다. 이렇게 패기 없이 어떻게 재벌 총수들을 상대할 수 있을까 하는 생각이 들었다.

솟구친 질주 본능

갑자기 감춰져 있던 '질주 본능'이 가슴속에서 꿈틀거렸다. 취재를 제한하려는 시도에 결단코 맞서야 한다는 생각이 솟구쳤다. 이대로 그냥 보낼 수는 없었다. 누가 기자를 통제하고 제지하려 한단 말인가? 이 사람들이 기자 알기를 우습게 아는 것 아닌가? 자연스럽게 이런 생각이 머릿속에 자리 잡으면서 결단이 서게 됐다. 수십 대의 카메라를 앞세운 취재진과 정보 요원들 그리고 호텔 관계자와 내장객들 등 백여 명의 시선이 갑자기 전혀 부담스럽지 않게 느껴졌다. 이건희 회장이 내 눈앞을 지나갈 때까지 기다렸다. 그때도 건강 상태가 안 좋았는지 양쪽에서 두 사람의 부축을 받으며 간신히 걸을 정도였다. 한 발 한 발 발걸음이 무척이나 느려 보였다.

최대한 기습적이어야 수행원의 제지를 뚫을 수 있다고 순간 판단했다. "회장님!" 어찌나 목소리가 컸던지 일시에 모든 사람들이 나를 쳐다봤다. 이건희 회장도 느닷없는 부름에 깜짝 놀란 듯 걸음을 멈췄다. 예상 밖이었는지 아주 기어들어 가는 목소리로 "네." 라고 대답하며 고개를 전전히 돌렸다. 지신을 부른 사람이 누군지 찾는 듯했다. 말을 이어갔다. "젊은 기자들이 저녁도 못 먹고 이렇게 열심히 일하고 있는데 잠시 서서 인터뷰에 응해 주시죠?" 목소리의 주인공을 찾았다는 듯 내 얼굴을 주시하더니 큰 눈동자를 몇 번 끔뻑였다. 큰소리로 불러 세우고 호통치듯 말하는 이가 누군지 자세히 살피는 듯했다. 5~6초의 짧은 시간이지만 그의 눈빛과 목소리에서 무슨 생각을 하는지를 읽을 수 있었다. 재빨리 상황을 모두 파악한 듯했다. 백전노장다운 기세가 느껴졌다. "그러시죠." 한결 여유를 되찾은 목소리였다.

밀리면 안 된다는 생각이 절로 들었다. 내가 상대해야 하는 사람은 언론사 사장, 국장, 부장들이 취재를 요청하고 인터뷰를 제안해도 죄다 거절하는 대한민국에서 가장 접근이 어려운 사람이었다. 비록 공개된 장소라 단독 보도의 기회는 사라졌다 하더라도 대한민국 최고 거물을 상대로 내 페이스대로 취재를 해야 하는 상황에 맞닥뜨린 것이다. 주위에 사람들이 몰려들기 시작했고 일순간 조용해졌다. 모두가 귀를 쫑긋하고 내 질문을 기다렸다. 고귀한 척 아는 척할 필요가 없었다. 단도직입적 직설적인 나만의 방식을 택하기로 했다.

"정부가 추진하고 있는 '동반 성장 정책' 어떻게 생각합니까?" 따지듯이 목소리를 높여 물었다. 내 억양을 숨기지도 않았다. 어차피 숨길수도 없는 것을… 잠시 뒤 그가 청천벽력 같은 말을 내뱉기 전까진 내 방식이 먹혀들지 반신반의 했었다. 다행히 결과는 적중 그이상이었다. 쑥 내뱉는 그의 말은 가히 모두를 놀라게 하는 발언이었다. "누가 만들어낸 말인지 사회주의에서 쓰는 건지 자본주의 국가에서 쓰는 건지 공산주의에 있는 건지 잘 모르겠어요." 머리를 한방 크게 맞은 듯 갑자기 멍해지는 느낌이었다. 이명박 정부가 의지를 갖고 추진하는 중소기업과의 상생 정책에 대해 정면으로 반발하고 나선 것이지 않는가? 그의 말은 느릿느릿했지만 분명하고 또렷했다. "이 정부 경제 정책은 경제학 교과서에도 없는 듣도 보도 못한 것이에요." 그는 자신의 소신을 거듭 확인하는 말을 이어갔다. 이명박 대통령에게 정면으로 반기를 드는 것을 넘어서 정부를 상대로 맞서겠다는 선전포고를 내 바로 앞에서 이건희 회장이 하고 있는 것이었다. 단지 하루 땟거리용 리포트를 위해 멘트 하나 따려고 했던 것이었는데 초대형 기사가 콸콸 쏟아지고 있는 형국으로 바뀐 것이다.

기사의 파장을 생각하니 눈앞이 캄캄했다. 조금이라도 일찍 퇴근할 가능성은 물 건너갔다. 기사 자체로만 판단하자면 몇 꼭지를 벌려도 시원치 않을 상황으로 치닫고 있었다. 정신을 가다듬고 추가로 질문을 던졌다. 무슨 자신감으로 이런 말을 쏟아 내고 있는 걸까라는 생각이 들 새도 없이 그는 나를 쳐다보며 추가 질문을 기다리고 있었다. "현 정부 경제 정책 평가 한 번 해보이소! 잘 하고 있습니까?" 이왕 판이 벌어졌으니 나도 억센 사투리로 추임새를 더 넣는 상황이 됐다. 그도 추가 질문이 단도직입적이고 명쾌하다고 생각했던 모양이다. 주저함이 없는 대답이 돌아왔다. "계속 사실 성장을 해 왔으니 낙제 점수는 아니겠죠." 정부의 경제 정책을 낙제점에 비유하다니 내 면전 바로 앞 그것도 백여 명의 취재진 등이 밀집해 있는데서 나온 대한민국 최상위 재벌 총수의 언급이었다. 대통령을 겨냥한 이판사판식의 작심 발언에 내 귀를 의심할 정도였다.

"애끼야죠"

'혹평도 이런 혹평이 있을 수 있나?' 기사가 점점 커지고 있었다. 그에게 유식해 보이거나 어려운 경제학적인 거창한 질문은 필요 없었다. 무식해 보이지만 짧고 간결하고 핵심을 찌르는 질문이면 충분했다. 사실 유식하지도 않다. 사방이 아수라장이 됐다. 한두 마디를 더 주고받은 뒤 예우를 갖추려고 그럴듯해 보이는 질문으로 인터뷰를 마무리 지으려 했다. 도발적인 질문만 계속 하기에는 미안한 생각도 들었기 때문이다. "유가도 오르고 엔도 약세인데 이런 경제 위기를 어떻게 극복해야 합니까?" 김빠진 것 같지만 나름 상황을 수습하려는 생각에서 고안해 낸 질문이었다. 그도 나의 이런 의도를 알아챈 듯 여유를 부리기 시작했다. 표정부터 밝아졌다. 이 상황을 즐기는 것 같아 보였다. 자신에게 주도권이 돌아왔다고 생각하는 듯해 살짝 위축되기 시작했다. 그의 얼굴 전체에 강력한 기운이 퍼져나가는 것도 느껴졌다. 천천히 말문을 여는데… 그런데 전혀 뜻밖의 말이 들려왔다.

"애끼야죠… 애끼고 또 애끼야죠. 덜 쓰고 허리띠 졸라매야죠." 직전까지 쏟아냈던 파격과 충격적인 발언들과는 전혀 딴판인 언급이었다. 그러면서 큰 눈으로 나를 뚫어져라 쳐다봤다. 눈을 끔뻑 끔뻑거리는가 싶더니 씨익 웃는다. 단 한마디 "애끼야죠." 우문현답인지 현문우답인지 너무나 단순한 답변이 긴장 상황을 말끔히 날려 버린다. 허탈한 웃음을 짓자 내게 씩 미소를 한 번 더 지은 뒤 그는 회의장으로 발길을 돌렸다. 뜻밖의 상황이 펼쳐졌던 취재 현장은 취재진이 보고와 기사 작성을 위해 흩어지면서 일단락됐다. 나도 호텔에 마련된 임시 기자실로 돌아오니 다들 돌발 상황을 설명하랴 기사를 작성하고 송고하느라 북새통이었다. 그때 평소 알고 지내던 한 대기업 직원이 슬쩍 다가오더니 "형님 한 건 하셨어요." 한다. 너털웃음이 나왔다.

회사에 복귀하니 8시가 훌쩍 넘었다. 늦은 시간인데도 경제부장이 자리에 앉아 있어 이상하게 생각했다. 데스킹을 직접 봐야 할 것 같으니 자리를 지킨 것 같았다. 시청률이 좋은 밤 10시 뉴스에는 무조건 집어넣고 싶었다. 내가 기사에 담을 내용을 설명하며 반드시 나가야 할 기사라고 시종 강조했다. 이 말에 부담을 느꼈는지 원고를 작성하는 내내 내 자리를 맴돌았다. 그가 모니터 뒤로 자주 기웃거리는 바람에 기사 쓰기가 부담이 들 정도였다. 삼성 그룹은 당시 YTN을 비롯한 상당수 언론사에 영향을 미칠 수 있는 막강한 광고주였다. 아마 삼성 측이 기사의 수위를 조절해 달라는 부탁이 있었을 것으로 미뤄 짐작된다. 기사*는 그의 수정 끝에 출고됐다. 이 회장 발언 외의 내용은 담고 싶지 않았지만 취재 기자 마음대로 다 할 수는 없는 노릇이었다. 어떤 보이지 않은 손이 작용했는지 다음 날 조간신문 등에는 내가 생각한 만큼의 강도로 기사들이 다뤄지지 않았다. 몇 년 뒤 삼성 측 고위 임원을 만날 기회가 있었다. 술잔이 몇 순배 돈 뒤 이 얘기를 꺼냈더니 그 질문의 주인공이 당신이냐며 살짝 화를 낸다. 그러면서 이명박 대통령이 이 뉴스에 노발대발해 삼성

---

*   당시 기사를 부록에 첨부했다.

그룹에 대해 전격적인 세무조사를 지시했고 삼성은 역대급 세금 추징을 당하는 등 혹독한 대가를 치렀다고 했다.

　2020년 10월 불과 몇 개월 전 이건희 회장의 작고 소식을 접하니 마음이 착잡했다. 그와 사적인 인연이 있었던 것도 아니고 특별한 관계를 형성했던 것도 아니었지만 나는 나름 내 취재 역사에 그 사건을 중요한 사건으로 간직하고 있었던 터였다. 짧은 순간이었지만 그와 주고받았던 눈짓과 기싸움에서 매우 강렬한 느낌을 받았다. 과거 삼성을 대상으로 고발 기사를 썼을 때와는 달리 약간의 친밀감이 느껴질 정도였다. 내 취재원 한 명이 불쑥 사라진 느낌이었다. 그에 대한 평가는 엇갈리고 함부로 의견을 말하기도 껄끄러운 것이 현재의 민심이다. 그러나 그 순간 나는 그의 속마음을 읽어 본 것 같아 연민이 남는다. 좋은 취재에 응해준 자는 나의 고객이자 손님이다. 이 공간을 빌려 그의 명복을 빈다. 삼성이 나라를 위해 좋은 일들을 계속 해 주길 바란다.

2

불타는 1톤 트럭

2000년 겨울이었다. 현대자동차와 현대건설을 가진 현대그룹을 출입처로 받았다. 경제부에서는 최고참급이 담당하던 곳인데, 새 부장이 쇄신 차원에서 소장파를 발탁하는 인사 운용을 한 덕이었다. 소떼가 북한으로 가는 큰일을 치른 이후 현대그룹은 2차 형제의 난을 맞닥뜨렸다. 현대건설을 거머쥔 정몽헌 회장 측과 현대자동차를 물려받는 것으로 된 정몽구 회장 측이 상속 주도권을 놓고 대립하던 때였다. 당시 현대그룹은 재계 서열 1, 2위를 다투는 큰 기업이었고 내가 몸담고 있는 회사에 지급하는 광고비도 상당한 규모였다. 내가 현대와 같이 큰 대기업에 대해 비판적인 기사를 쓰겠다고 해도 마음대로 보도를 할 수 있는 것은 아니었다. 부장과 보도국장이 보도할 가치가 충분하다고 판단해줘야 외압을 이겨내고 방송이 성사될 수 있는 그런 힘을 가진 회사였나. 언론이 외부 환경에 굴하지 않고 독자적인 판단에 따라 기사를 출고할 수 있어야 하는 것이 이치상으로는 맞다. 그러나 실상은 그렇지 못하다. 이는 분명 슬픈 현실일 수 있지만 그렇다고 환경 탓만 할 수야 없는 것이다.

현대자동차 한 회사만 당시 한 해에 10~20억 원의 광고비를 지불해 왔던 것으로 아는데 이를 절반 이상 깎겠다고 통보가 왔던 것으로 기억된다. 경제부장이 투덜거리며 시청률을 높여야 한다고 노래를 부르고 다녔다. 현대차에 별로 우호적이지 않을 수도 있겠다는 생각이 들어 그동안 취재해 오던 한 아이템을 발제했다. 우연히 사회부 야근 중에 현대자동차의 신형 1톤 트럭이 불이 난 것을 알아냈는데 심상치 않은 사건으로 보여 추적 취재를 며칠 동안 해 왔던 참이었다. 전국 소방서에 일일이 전화를 걸어 실태를 파악해 봤다. 몇 군데 전화를 걸지 않고서도 유사한 사건들이 빈발함을 알아냈다. 구조적 문제로 볼 수 있는 여지가 커 본격적인 심층 취재에 착수했다.

서산과 제천 그리고 서울 부산 등에서 동일한 사건을 찾았다. 피해자의 신상을 알 수 없거나 취재를 원하지 않는 곳 등을 빼고 4곳에 대해 차례로 취재를 시작했다. 불에 타는 생생한 영상이 있는 사례도 어렵게 찾을 수 있었다. 1톤 트럭에 생계를 의지하고 있던 차주들은 까닭 모를 화재로 차가 불에 타 버린 현실에 망연자실해 하고 있었다. 폐차를 미루고 자동차 회사 측 등에 이의를 제기하고 있었지만 보상 문제는 요원해 보였다. 단순 과열 사고로 간주되는 분위기 탓에 원인 규명 조사조차 이뤄질 조짐이 없어서였다.

2000년 12월 30일부터 1월 1일까지 사흘 동안 전국을 헤매고 다녔다. 피해자들의 증언을 듣고 사고차를 촬영하고 사고 원인이

특종을 쫓는 종횡무진 뉴스맨

뭔지 분석에 들어갔다. 피해자들의 말을 들을 때마다 현대차라는 회사 지명도를 믿고 샀다가 낭패를 본 사람들을 돕고 싶어졌다. 다들 보험도 제대로 들지 않은 사람들이었다. 그들은 내가 그 시골까지 찾아가니 고마워하기도 했고 날벼락을 당한 사정을 설명하며 행여 보상을 받을 수 있지 않을까 하는 기대감을 드러내기도 했다. 자동차의 결함이라면 현대차가 나서 보상을 해야 할 사안이라는 생각이 들었다. 당시엔 지금처럼 리콜이 보편화되지도 않았다. 사례들을 모두 취재하고 현대차 본사에 대해서도 입장을 듣는 방문취재를 끝냈다. 당시 'YTN 8585'라는 고발 아이템 코너가 있었는데 이 코너로 방송 준비를 했다. '불타는 1톤 트럭 비상'이라는 제목을 붙였다.

그런데 어찌된 일인지 부장과 차장이 원고 승인을 하지 않는 것이었다. 차장은 부장에게 미루고 부장은 계속 자리를 비우는 일이 이어졌다. 데스킹 요청을 거듭했다. 마지못해 승인을 내주는 기색이 역력했다. 방송 날짜는 미정인 상태로 편집에 착수했다. 카메라 기자 동료와 편집실에 앉아 온종일 편집을 했다. 법적인 문제에 휘말리지 않게끔 하려고 제작에 엄청난 공을 들였다. 3분에 달하는 긴 제작물이다 보니 꼬박 하루가 걸렸다. 그런데 이번에는 방송에 내기 위한 기사 출고를 하지 않는 것이었다. 무슨 사단이 난 듯했다. 다음 날 아침에 부장을 직접 찾아가 출고를 정중히 요청했다. 그런데도 결정이 내려지지 않았고 부장도 자리를 계속 비우는 것이었다. 예감이 좋지 않았다. 몇 시간을 기다린 끝에 자리에 돌아온 부장은 보도국장 핑계를 댄다. 국장이 리포트 출고를 하지 말라고 지시했다는 것이다. 나는 보도국장에게 바로 찾아갔다. 출고를 못하게 하는 이유가 뭔지를 따졌다. 난감해 하던 보도국장은 말을 빙빙 돌리더니 경제부장 탓으로 돌린다. 어이가 없었다. 나는 다시 부장에게 가 따졌다. 그제서야 두 사람이 심각하게 이야기를 나누는 듯하더니 이번에는 사장 핑계를 대는 것이었다. 사장이 방송을 못 나가게 했다는 것이었다. 화가 치밀어 올랐지만 애써 참으며 내가 결단을 내려야겠다는 생각을 하게 됐다. 30대 초반의 어린 기자로서 자괴감과 분노가 동시에 치밀어 올랐다. 이것으로 내 기자생활은 끝이겠구나하는 생각이 들고, 나는 직을 걸고서라도 맞서야겠다는 결심을 했다.

사장실에서 호출이 왔다

그로부터 몇 분 뒤 사장이 나를 보자는 연락이 왔다. 사장실로 경제부장과 함께 들어가면서 온갖 생각이 들었다. 무슨 말을 할까 나는 어떻게 대응해야 할까? 등등의 생각 말이다. 사장은 나를 자신의 맞은편에 앉게 한 뒤 경제부장은 나가도록 했다. 그는 먼저 어떻게 이렇게 훌륭한 기사를 발굴할 수 있었느냐며 분위기를 띄웠다. 그러면서 본론을 말하기 시작했다. 내 기사를 막으려는 눈치였다. 현대차 사장이 찾아와 1년 치 광고비를 넘는 제안을 해 왔고 회사 경영 사정을 감안하지 않을 수 없다는 요지였다. 나는 배수진을 치고 이렇게 대답했다. "전 리포트를 못 내면 이 내용을 외부에 밝힐 수밖에 없습니다." 이 말을 남기고 사장실을 그냥 나와 버렸다. 이렇게 반항을 했으니 회사는 더 이상 못 다닐 것이란 생각이 들었다. 담배를 피워 물고 거리를 걸으며 6년 차 기자로 기자직을 끝내게 되겠구나 하는 생각이 들자 울컥 설움이 북받쳐 올라왔다.

　사건은 희한하게 마무리 됐다. 나의 당돌한 의견을 들은 사장은 그 자리에서 그날 아침 10시 뉴스에 한 차례 방송을 내도록 지침을 내린 것이었다. 이후 한 시간 뒤인 11시에 방송이 한 차례 더 나갔다. 당시 PD가 이 지시를 못 들은 척하며 몰래 방송을 한 번 더 낸 것이었다. 이에 화가 난 국장은 이 리포트 테이프를 폐기하도록 지시했다. 지금으로서는 있을 수 없는 도 넘는 행동을 한 것이었다. 그 뒤 이 기사는 회사의 데이터 베이스에서도 사라지게 됐다. 현대 측과의 광고는 약속대로 처리됐고 나는 이러저러한 말없이 그냥 현업에 복귀하면서 이 일은 유야무야 없던 일처럼 처리됐다.

몽골 출장

한 주 뒤 현대차는 나와의 관계 개선을 꾀하는 작업을 시도해 왔다. 아마 후속 기사 움직임을 막기 위한 것으로 짐작된다. 정몽구 회장의 해외 출장에 동행해 달라는 제안이 왔던 것이다. 회사와의 관계 개선도 중요하던 참이라 나는 3박 4일간 정몽구 회장 몽골 동행 취재에 응했다. 당시 몽골에는 현대자동차의 중고차가 굉장히 많이 수출돼 운행되고 있었는데 현대차는 이 차들의 수리를 위해 울란바토르 현지에 대규모 정비소를 지어 완공을 했던 것이었다. 본격적인 수출의 전진 기지 역할로 삼으려 했던 것이었다. 그래서 완공식을 겸해 정몽구 회장이 방문한 것이었다. 나와 관련된 내용을 알아서인지 정몽구 회장은 해외 출장 중에 간간히 나에게 불쾌감을 드러내기도 했다. 그럴 때마다 홍보 임원이 난감해 하며 수습하곤 했다. 한번은 출장 간 현대차 임원 전체와 식사를 하던 중에 그의 환심을 사려고 영하 20~30도의 날씨에 온통 빙판길인데도 현대차들이 고장 없이 잘 다닌다며 칭찬조로 말했는데 그는 이 말이 거슬렸는지 혀를 끌끌 차며 "참내 그럼 차가 잘 달리지 이 정도도 못 달리면 차냐?"라며 퉁명스럽게 답했다. 분위기가 다소 어색해지자 지금은 고인이 된 김승년 비서실장이 나서 "기자가 현대차의 성능을 칭찬해 주는 것 같습니다."라고 해명해 주기도 했다.

분위기를 바꾸기 위해 그의 가족 얘기를 꺼냈다. "정주영 회장께서 매우 엄했다면서요?" 이 말에 식사 장소가 일순 찬물을 끼얹은 듯 조용해지더니 모두들 정몽구 회장의 눈치를 살피는 것이었다. 내가 또 눈치도 없이 엉뚱한 질문을 했구나 싶었지만 말을 도로 집어넣을 수도 없었다. 정주영 회장은 장남이었던 정몽구 회장에 대한 훈육 방식으로 유명했는데 체벌이 다반사였다는 것이었다. 그걸 모르고 민감할 수도 있는 질문을 한 것이었다. 그런데 걱정과 달리 엄한 아버지가 생각났던지 "허 참." 이란 말을 몇 번이고 되뇌이더니 "많이 맞았지. 허 참." 하며 질문에 생각보다 살갑게 응대해주는 것이었다. 그러면서 "많이 맞았는데 안 좋았지."라고 솔직한 말도 해주는 것이었다. 모두들 웃음을 터뜨렸다. 그와의 장벽이 하나 걷어지는 느낌이었다.

이튿날 취재에서는 다소 친근하게 인사도 받아주고 인터뷰에도 응해 줬다. 정몽구 회장은 특징이 있다. 말이 서툴다. 부친의 손찌검 때문일 수도 있다. 어눌하고 명석하지 않아 보여 어떻게 큰 기업을 이끌어 갈 수 있을까 의아했지만 숫자 관념은 탁월했다. 백만 단위 숫자의 수치도 정확히 알고 있었다. 현대차 1년 생산 대수, 그리고 이에 들어가는 부품 개수, 그리고 사용되는 철강량과 단가 등을 꿰뚫고 있었다. 이런 면모가 있으니 큰 기업을 이끌어 갈 수 있는 것이구나 하는 생각이 들었다. 그와는 그 이후에도 여러 차례 취재를 하게 됐고 그때마다 동네 아저씨처럼 친근하게 맞이해 줬던 기억이 난다. 그가 하는 특유의 인사말도 잊지 않는다. "밥 먹었어?" 이 한마디였다.

쑥스러운 얘기지만 현대차 기사 문제는 한두 해 뒤 엉뚱한 곳에서 불거져 나왔다. 회사 내부에서 정풍 운동이 일어나 불투명한 광고수주 관행을 조사한 일이 있었다. 광고 유치에 대한 리베이트를 다른 사람들이 나눠 가진 것이 드러난 것이었다. 나는 그런 제도가 있는지 조차 몰랐던 상태였다. 리베이트를 받은 분 중에 한 분이 전화를 해 왔다. 내가 그들의 리베이트 수수에 동의를 해 줬다는 말을 해 달라고 했다. 그렇게 했다.

3

IMF 휴버트 나이스와의
인연

1997년 10월 무렵 외환위기가 덮친 우리 경제는 일상이 암울했다. 내로라하는 기업이 연일 도산 행렬을 이어갔고 졸지에 일자리를 잃은 실직자들이 거리에 넘쳐난다는 뉴스가 온 신문과 방송을 도배했다. 경제 기사는 사건 기사가 됐고 도산한 회사의 근로자들의 비통해 하는 모습이 뉴스 영상을 타고 전국으로 퍼져나갔다. 자고 나면 파산 소식이 전해진 회사는 비단 부실기업에 국한되지 않았다. 빌려준 돈을 못 받게 된 금융기관들도 갑작스레 문을 닫기 시작했고 예금주들도 맡겨둔 돈을 졸지에 찾지 못하게 되자 망연자실해 했다. 경제 파탄은 도미노처럼 사회 곳곳에 퍼져 나갔고 불안 심리는 최악의 상황으로 치달았다.

4년 차 기자였던 내가 기동타격대원 성격으로 재정경제원으로 전격 투입됐다. 국가적 재난 상황이어서 그쪽 일손이 모자랐고 도산

특종을 쫓는 종횡무진 뉴스맨

현장을 이리저리 뛰어다닐 주니어 기자가 필요했기 때문이었다. 달 포쯤 지났을까 국가 파산 문제는 가능성이 아닌 실제 상황으로 다가왔고 매일매일 위기감은 고조되고 있었다. 11월 말 서울 날씨는 암울한 경제상황 만큼이나 회색빛으로 뒤덮인 날이 많았다. 겨울을 재촉하듯 눈발이 날리기도 했다. 재경원 출입 1진 선배가 주말 이른 아침부터 호출이 왔다. 이틀 전 11월 26일 입국했던 IMF 협상단이 우리 정부와 구제금융 협상을 시작했다며 빨리 서울 힐튼 호텔로 가 취재를 하라는 지시였다. 1진 선배의 취재력은 대단했다. 고급 정보를 바탕으로 누구보다 빠르고 정확한 기사를 쓰는 것으로 정평이 나 있던 분이었다. 정부가 극비리에 보안을 유지하며 협상을 진행 중이었던 게 확실했다.

서둘러 도착했지만 협상 중이라는 흔적을 쉽게 찾을 수 없었다. 엘리베이터를 타고 오르락내리락하던 중에 협상장을 오가는 양측 당사자들을 운 좋게 찾아냈다. 국가 기밀 사항이라는데 보안 인력이 없었던 게 나로서는 행운이었다. 매우 이른 시간에 기자가 올 것이라고 생각을 못했던 것 같았다. 멀리서 분주히 회담장을 오가는 양측 인사들을 카메라에 담을 수 있었고 IMF 측 숙소 층에서는 IMF 협상 대표자였던 휴버트 나이스와의 즉석 스탠딩 인터뷰도 따낼 수 있었다. 정부와 IMF 간에 긴급구제금융 협상이 시작돼 큰 틀에서 지원 규모와 시기 등이 합의됐다는 내용을 남들보다 한발 앞서 취재를 하게 된 것이다. 새벽부터 2시간 가까이 취재를 하다 보니 시장기가 느껴졌다. 협상이 시작됐다는 팩트를 확인했고 당사자들에 대한 싱크까지 획보해 리포트 원고까지 넘겼더니 회사에서는 고생했다며 호텔 안에서 식사를 하라고 배려를 했다. 리포트는 곧바로 방송이 됐고 이를 본 타사 기자들이 하나둘 힐튼 호텔로 몰려들기 시작했다. 카메라 기자와 나는 허둥대는 그들의 모습을 흐뭇하게 쳐다보며 의기양양하게 값비싼 1층 카페로 들어갔다.

햄버거가 준 기회

휴일 아침인지라 대부분이 빈자리였다. 홀 중간쯤 자리를 잡았다. 우리 일행 3명은 바로 식사 주문을 했다. 카메라 기자와 뒤늦게 합류한 2진 선배는 육개장과 북엇국을 각각 시켰고 나는 햄버거를 시켰다. 웬지 한 건을 했다는 심정에 여유를 부리고 싶어 주문한 메뉴였는데 이 선택이 신의 한수였다. 음식이 나올 때쯤 우리가 아침 내내 따라다녔던 뉴스의 주인공인 IMF 협상단 대표 휴버트 나이스가 우리가 앉아 있는 레스토랑으로 들어오는 것이 아닌가? 그의 뒤를 따라 30여 명의 취재진이 호텔 1층 로비를 가로지르며 따라오고 있었다. 나이스는 우리를 지나쳐 멀찌감치 떨어진 창가 한쪽에 나를 바라보고 앉았다. 서울역 쪽 도로가 내려다보이는 자리였다. 새벽부터 회의를 분주히 진행했었던 터라 그 역시 아침 식사를 못 했던 모양이었다.

　호텔 보안요원들이 카페 입구를 막아서는 바람에 그를 따라 오던 취재진은 더 이상 접근을 못하고 카페 밖 로비에서 진을 쳤다. 카페는 가림막이 쳐져 있었는데 어른 가슴 정도 높이라 안을 들여다

볼 수 있는 구조였다. 가림막을 둘러선 기자들은 나이스의 일거수일 투족을 살피다 우리를 뒤늦게 발견했다. 그러자 갑가지 웅성거리는 소리가 들렸다. 우리가 또다시 좋은 취재 기회를 독차지할지도 모른다는 그런 얘기들이었다. 그들이 내 속셈을 제대로 꿰뚫어 본 것이었다. 그와 1 대 1 대화를 시도할 수 있는, 소위 말하는 단독밥상이 차려질 수 있는 좋은 기회를 내가 놓칠 수는 없었다. 육개장과 북엇국이 먼저 나왔고 몇 분 뒤 내가 주문한 햄버거 세트가 나왔다. 지척에 있는 그에게 다가가기로 작정을 했다. 다행히 한식이 아니어서 접시를 옮기기가 쉬울 것 같았다. 새벽같이 움직인 덕에 마이크를 들이밀며 인터뷰를 한 차례 한 터였기에 그가 나를 내치지 않을 것이라는 괜한 자신감도 생겨났다. 또 며칠 전 그의 입국 때 마지막까지 남아 서로 명함을 주고받은 일도 도움이 될 것 같았다. 타사 취재진은 마치 동물원 관람객처럼 우리를 쳐다보고 있었다. 쭉 늘어서 애절하게 쳐다보고 있는 모습들을 보니 통쾌하기도 했다. 내가 관람객 같기도 했다. 무선 마이크도 챙겨 취재 준비를 한 뒤 한 치의 주저 없이 곧바로 그에게 다가갔다. 머뭇머뭇 망설이는 듯한 모습을 보이면 실패할 것 같아서였다.

예상대로 보안요원이 멀리서 달려오더니 제지를 했다. 나는 아랑곳하지 않고 나이스에게 합석이 가능하겠는지 물었다. 두 손에 쟁반과 음료수를 들고 있는 내 모습이 우스꽝스럽게 느껴졌다. 나이스는 잠시 생각하는 모습을 보였지만 별말을 하지 않았다. 보안요원이 그것 봐라는 식으로 자리에 돌아갈 것을 요구했다. 나는 한 번 더 그에게 말했다. "우린 좀 전에도 민서서 인터뷰를 하지 않았느냐 당신은 내가 누군지 알고 있지 않느냐?", "이 사람에게 허락한다고 말을 좀 해 달라"고 했다. 또 몇 초가 흘렀다. 안에 있던 손님들뿐만 아니라 로비에 있던 기자들까지 모두가 우리를 쳐다보며 상황이 어떻게 돌아가는지 유심히 살피는 모습이 역력했다. 어색한 몇 초가 몇 분처럼 느껴졌다. 하는 수 없다는 듯 그가 말없이 고개를 끄덕였다. 승낙이었다. 안도의 숨을 내쉬며 그의 맞은편에 앉았다. 카메라 기자에게는 카메라 버튼을 눌러 줄 것을 눈짓으로 알렸다. 25년 이어져 온 그와의 인연은 이렇게 시작됐다.

나는 끝없이 대화를 이어가려 했다. 처음엔 가벼운 주제부터 시작해서 구제금융과 관련된 구체적 내용까지 물었다. 이 대화는 한 시간 이상 이어졌으니 상당한 대화를 나눴다고 볼 수 있다. 어떻게든 대화를 이어가려 처음엔 중학교 영어 교과서 수준의 회화를 구사했다. "한국은 4계절이 있다. 봄, 여름, 가을, 겨울이 있고, 봄에는 따뜻하고 여름에는 덥고 가을은 천고마비의 계절이고 겨울은 매우 춥다"라는 뻔한 말들을 능청스럽게 계속 해댔다. 말문을 열고 말이 끊어지지 않는 것이 중요하다고 봤기 때문이다. 나이는 몇 살이며 내 가족은 몇 명인지 등도 자세히 이야기 했다. 사실 이런 얘기를 해도 5분 이상 말을 이어가기가 힘들었다. 더 이상의 대화 소재가 떠오르지 않아 식은땀이 날 정도였다. 그럼에도 나는 위축되지 않고 자리를 굳건히 지키며 단독 취재를 이어갔다. 다행인 것이 그는 내 말을 경청하는 모습을 보였다는 것이다. 그래서 용기가 났다. 그때부터 더듬더듬 IMF가 한국 정부에 줄 구제금융의 규모는 어느 정도이며, 그 자금들은 어떤 방식으로 들어오는 것인지, 그리고 자금지원의 전제 조건들에 대해 상세히 캐묻기 시작했다. 협상과 관련된 민감한 세부 사항들을 점차 묻기 시작했던 것이다. 나의 단독 인터뷰를 눈 뜨고 쳐다봐야 하는 타사 기자들은 애간장이 탔던 모양이었다. 여기 저기서 "저 친구가 몰래 녹취를 한다. 중요한 얘기를 하는 것 같다."는 등의 시샘과 부러움이 뒤섞인 말들이 흘러나왔다. 나는 개의치 않아 했다.

당신은 자본주의 전파자

가벼운 대화에서 핵심주제로 나아가려 하자 나이스는 단호하게 선을 그으려 했다. 나의 어떤 질문에도 더 이상 답변을 하지 않겠다며 그 이유로 자신은 언론을 동등하게 대우하고 이는 IMF의 방침이기도 하다는 것이었다. 그렇다고 굉장히 운 좋게 잡은 기회를 잡담으로 놓칠 수는 없었다. 나는 이렇게 대꾸했다. "당신은 자본주의를 전파하러 왔다. 자본주의의 원리가 무엇인가? 부지런하고 열심히 하는 사람이 그에 걸맞은 정당한 기회를 가지는 것 아닌가? 나는 새벽부터 나와서 당신 취재에 매달렸다. 그런데 어떻게 나보다 늦게 온 다른 언론사 기자들을 나와 동등하게 대하려고 하는가? 이것은 당신들이 지향하는 정책과 맞지 않다. 열심히 하는 자에게 더 많은 기회가 제공되는 것이 자본주의의 이념인데 그 이념에 반하는 행동을 하려 하는가?"라고 설득을 했다. 한술 더 떴다. "일찍 일어나는 새가 벌레worm를 더 많이 잡는 이치가 바로 지금이 아니겠는가?", "높이

나는 새가 멀리 본다. 나는 높이 날아 당신들의 정책을 잘 파악해 이를 한국 국민들에게 알리고 싶다"고 목소리를 높였다. 내 영어를 이해했든 안 했든 그것이 중요한 것이 아니라 내 진심을 전달하고 싶었다. 경쟁자들을 압도적으로 따돌리고 좋은 취재를 하고 싶은 마음이 솟구쳤기에 막무가내라도 이런 용기가 나왔던 모양이었다.

그는 아들뻘 되는 나의 도전적인 이 말에 간간이 미소를 보이기도 하고 또 가볍게 고개를 끄덕이기도 하면서 듣고 있었다. 갑자기 우리를 쳐다보던 기자들이 수군수군 거리기 시작했다. 특히 지상파 기자들이 그랬다. 워낙 진지하게 얘기를 나누는 것처럼 보이니 무슨 대단히 중요한 얘기들이 오고가는 줄 알았던 모양이었다. 큰 물을 먹을까봐¹낙종을 뜻하는 은어 전전긍긍했던 것이다. 카메라 기자가 테이프 용량이 다 됐다고 하더니 뒤이어 배터리마저도 다 됐다는 신호를 보내왔다. 그리고 난 뒤에도 얘기는 더 이어졌다. IMF와 정부와의 협상이 끝난 것이 아니어서 더 이상의 압박이 통하지 않을 것 같았다. 물러설 때였다. 유용한 얘기들을 많이 들은 데다 지금까지의 협상 상황 등에 대해 충분한 정보도 얻어 냈다. 오늘 저녁 방송 리포트를 하기에는 내용과 영상이 충분했다. 또 다음을 기약할 수 있는 교두보까지 마련했으니 연이은 큰 수확이었다. 그런데 더 큰 성과는 자리를 파하기 바로 직전에 있었던 대화에서 나왔다. 협상이 타결되면 맨 먼저 YTN과 단독 인터뷰를 해주겠다는 약속을 받아 냈던 것이다. 이 약속은 이후 나와 그의 관계를 이어주는 또 다른 결정적 계기가 됐다.

협상이 계속 진행 중이라 다음 날에도 힐튼 호텔을 또 찾았다.

임창렬 경제부총리를 만날 수 있었다. 협상 진전 여부를 묻는 내 질문에 협상이 타결됐고 곧 발표가 있을 것이라고 자신 있게 말하는 것이었다. 나중에 알게 됐지만 100% 타결이 아니라 큰 줄기의 합의를 이뤘다는 뜻이었는데 임 부총리가 한발 더 나가는 수준의 답변을 했던 것이었다. 그런데도 나는 그 말에 고무돼 나이스와의 단독 인터뷰를 곧 따내게 되겠구나 하는 확신을 가지게 됐다. 23층 그가 묵고 있던 방으로 곧장 올라갔다. 벨을 누르고 문까지 두드렸다. 인기척이 느껴지지 않아 한 번 더 문을 두드리고 그를 불렀다. 한참을 기다린 뒤에서야 문이 열리더니 용건이 뭔지를 묻는다. 나는 대뜸 협상이 타결됐다고 들었다. 약속대로 단독 인터뷰를 해 달라고 다그쳤다. 그러자 그의 반응이 신통치 않았다. 협상이 타결된 것은 아니니 기다리라며 그대로 문을 닫아 버렸다. 그의 말이 맞았던 것이었지만, 그 당시에는 그가 거짓말을 하고 있는 것으로 생각했다.

그 자리에서 그를 향해 소리쳤다. "대한민국 경제부총리가 협상이 타결됐다고 말했다. 당신은 약속대로 단독 인터뷰에 응해야 한다." 그가 아무런 반응을 보이지 않자 나는 소리를 더욱 질렀다. "당신은 거짓말쟁이다. 당신은 약속을 어겼다." 나는 씩씩거리며 그 자리를 떠났다.

며칠간의 밀고 당기는 협상 끝에 우리 정부와 IMF와의 협상은 타결되고 그로부터 얼마 뒤인 1997년 12월 초 IMF는 300억 달러가 넘는 구제금융 지원을 시작했다. 나는 그즈음 아무 일도 없었다는 듯이 그에게 전화를 걸어 우리의 약속을 다시 한 번 상기 시킨 뒤 단독 인터뷰를 받아들여줄 것을 요구했다. 약 한 달 뒤 그의 2차 한국 방문

사진 8. 2007년 휴버트 나이스 씨의 두 번째 자택 방문

때 단독 인터뷰는 기어코 성사됐다. 그는 김포공항에서 곧장 서울 수송동 YTN 사옥으로 왔다. 나와의 약속을 지킨 것이다. 그의 YTN 행은 당시 대단한 뉴스였다. IMF가 한국의 경제 정책을 좌지우지하면서 경제 사령탑 역할을 하고 있던 터라 그의 말 한마디는 큰 의미를 가지고 있었다. 톱 뉴스였던 것은 말할 것도 없었다. 환율과 금리, 조세, 금융 정책과 구조조정 계획 등 그의 발언 한마디 한마디에 온 국민이 눈과 귀를 기울였다. 주식 시장도 그의 발언 내용과 수위에 따라 큰 폭으로 출렁거리곤 했다.

그런 그가 2차 한국 방문 첫날 김포공항에서 곧바로 YTN으로 온 것이다. 나는 공항에서부터 그와 함께했다. IMF의 금융 개혁 방향과 우리 국민이 느끼는 폐해 등에 대해 허심탄회한 대담이 이뤄졌고 이는 1시간 대담물로 긴급 편성돼 방송됐다. 이 프로는 큰 반향을 불러왔다. 이 대담 프로에서 나온 내용들은 하나하나가 1면 톱감이었다. 그가 언급한 금융과 경제 정책 내용은 한동안 여러 매체

특종을 쫓는 종횡무진 뉴스맨

사진 9. 2015년 비엔나의 한 카페에서

에서 재인용될 정도로 비중 있게 다뤄졌다. 그만큼 뉴스를 선도하는 역할을 톡톡히 했던 것이다. 타사의 부러움을 샀다. 그는 재정경제원에서 제공한 관용차 대신 YTN 취재차를 타고 이동했다. 타사의 견제 등에 대응하기 위해 내가 그렇게 하자고 요청했던 것이다. 동료 기자 한 명이 동승을 했는데 차 안에서 약 40분 동안 그와 내가 나누는 대화에 실소를 금치 못했다고 한다. 대화 내용이 너무 짧은 단답식이고 중학교 영어회화 수준 정도여서 그랬다고 했다. 그런데도 대화가 끊어지지 않고 이어지던 모습이 신기했다고 한다. 이 동료와는 지금도 가끔씩 이 얘기를 나누며 그때 기억을 되살리곤 한다. 나이스와의 독점 인터뷰는 한동안 우리의 전유물이었고 자랑거리였다. 당시 회사는 경제 위기의 여파로 기자들 월급을 못 줄 정도로 경영 사정이 악화됐었는데 뉴스 메이커가 사내에 등장하자 회사 구성원들은 잠시나마 위축돼 있던 심리에서 벗어나 어깨를 꼿꼿이 펼 수 있었다.

이어진 인연

그는 나의 특별한 취재원이 됐다. 그 덕분에 나는 언론계에 일약 유명 인사가 됐다. 1999년 회사 동료 몇 분과 함께 그를 우리 집으로 초대해 저녁을 같이 했다. 대화는 자연스레 나와 그가 어떻게 친하게 됐고 왜 나를 신뢰하게 된 것인지로 이어졌다. 그는 내 모습을 흉내 내며 양어깨를 들썩이고 양팔을 휘저으며 걷는 시늉을 하면서 이렇게 대답했다. "워낙 저돌적으로 접근했고 노No라고 대답하면 다혈질처럼 화를 내 성격이 급한 내 아들을 보는 듯해서 친근감이 들었다."라고 말했다. 사실 자주 그에게 화를 냈다. 우리의 친분 관계는 20년 이상 이어졌다. 서로 간의 왕래도 몇 차례 이상 있었다. IMF 구제금융이 지원되는 동안 그는 1년에 2~3차례 한국을 찾았고 대부분 힐튼 호텔을 숙소로 잡았다. 어김없이 내가 등장해 단독 인터뷰를 해 크고 작은 특종을 이어갔다.

우리나라가 IMF 구제금융을 조기에 갚았지만 그 전까지는 IMF와의 약속에 따라 경제개혁 정책을 이행해 나가야 했다. 그래서 IMF의 입장은 모두의 관심사였다. 모든 경제 분야에 그들의 입김이 큰 영향을 미쳤다. 그에 대한 취재를 할 때 마다 IMF가 취하려는 구체적인 경제 정책이 무엇인지 알아내려 했다. 그는 공식 기자회견 등에서는 원론적인 얘기 위주로 언급을 했지만 회견이 끝나면 항상 따로 만나 우리 정부에 요구할 사항들을 내게 추가로 더 말해주곤 했다. 카메라 앞에서 말하는 것을 주저하지도 않았고 어떤 경우에는 대외비에 해당하는 서류 일체를 내게 내놓기도 했다. 인터뷰 내용이 두루

사진 10. 2018년 겨울 비엔나에서 나이스 가족과

뭉술하면 나는 목표로 하는 금리와 환율 등에 대해 구체적인 숫자를 언급해 줄 것을 요청했다. 경제 뉴스는 숫자가 중요하다는 것을 알았기에 정책 당국자인 셈인 그에게 구체적 목표치를 직접 요구했던 것이다. 이런 식이다. 내가 "No number?"라고 물으면 그는 "what number?"라고 되묻는다. 그러면 나는 "any specific number?"라고 묻고, 그러고 나면 그는 좀 더 내밀한 답변을 해주곤 했다. 그의 말은 어김없이 그날 저녁 또는 그다음 날 신문에 대서특필됐다. 한 번은 그런 식으로 단독취재를 해 뉴스를 내보냈는데 다른 언론사에서 항의 전화가 왔다. 연합뉴스 경제부장이 당시 고광남 YTN 경제부장에게 항의성 전화를 한 것이었다. 아니 우리 기자들은 기자회견장에서 나이스가 구체적인 말들을 한 적이 없다고 호소를 하는데 대체 무슨 근거로 그렇게 방송을 내보내고 있느냐는 것이었다. 그는 내가 옆에 있는 데서 이렇게 대답했다 "말씀하신 내용을 나이스가 직접 카메라 앞에 말하는 육성이 곧 디옴 뉴스에 나갈 겁니다.

그걸 들어보면 됩니다." 이런 관계는 그가 IMF를 떠나 도이치은행으로 옮겨가서도 이어졌다.

영어 공부 좀 하세요

IMF 10주년과 20주년 때마다 다큐멘터리 제작을 위해 그의 집인 오스트리아 비엔나를 방문했다. 그도 한국에 오면 꼭 우리 가족을 찾았다. 나와 그의 관계는 가족 간의 관계로 이어졌다. 나이스 부부는 초창기부터 내게 당부를 한 것이 있었다. 자녀들에 대한 영어 교육이었다. 반드시 자녀들의 영어 교육을 위해 아낌없이 투자하라는 것이었다. 세계적 공용어를 익혀야 글로벌 시대에 기회를 잡을 수 있다는 취지였다. 자기 가족의 예를 들어 조언을 한 것이었다. 그러면서 나에게도 영어 공부를 게을리하지 말 것을 권했다. 그는 모국인 오스트리아 비엔나에 있는 대학에서 경제학 석사를 마친 뒤 마침 신문에 난 IMF 채용 광고를 보고 응시해 미국행 기회를 가지게 됐다고 말했다. 좁은 오스트리아를 떠나 아메리칸 드림을 꿈꾸고 있던 차였다고 한다. 부부는 곧장 워싱턴으로 날아갔고 그 곳에서 1남 2녀를 낳고 30년 가까이 누구보다 평탄한 삶을 살게 됐다고 말했다. 워싱턴에 있는 IMF를 직장으로 가지면서 미국에 정착하게 됐고 세 자녀 모두 미국 대학을 나와 글로벌화됐고 직장 선택과 배우자 선택에 있어 다양성을 가질 수 있었다고 했다.

그의 큰 딸은 런던 중앙은행의 은행원과 결혼해 런던에 살고 있고 둘째딸은 이탈리아 남자와 결혼해 워싱턴에 살고 있다고 했다. 아들은 몬타나 주립대학을 나와 미국에서 직장생활을 하다 지금의 부인을 만나 결혼을 위해 아버지 고향으로 돌아왔다고 한다. 그의 부인 수지는 그보다 체격이 더 큰데 호방하고 적극적이다. 그녀 역시 만날 때마다 내게 영어 공부의 중요성을 설파하곤 했다. 오스트리아 비엔나보다 더 크고 넓은 세상에서 살고 싶어 했던 그들 부부의 소망을 이룬 셈이다. 지금은 은퇴해 오스트리아 비엔나 고향으로 다시 돌아가 여생을 보내고 있다.

나는 그를 만날 때마다 외환위기 당시 미국의 음모론에 대해 질문하곤 했다. 한국의 외환위기는 시장 개방을 염두에 둔 미국의 의도와 관련 있는 것이 아닌지 직설적으로 물었다. 그때마다 그는 이렇게 대답했다. 미국이 특정 목적을 정해 놓고 한국의 경제 상황을 악화시킨 것은 절대 아니고, 미국의 요구를 반영해 IMF가 한국의 금융 개방 등 경제 개혁을 강요한 것도 아니라고 했다. IMF 개혁 프로그램 규정과 절차에 따른 것이지 음모에 따른 것은 아니라는 설명이었다. 그는 IMF 개혁 프로그램을 제대로 이행한 나라는 한국이 유일하고 그 결과 몇 가지 부작용에도 불구하고 한국의 경제 기반fundamental이 튼튼해져 지금의 풍요와 성장을 이룩하고 있는 것이 아니냐며 반문하곤 했다. 그는 확신에 차 있었으며 금융개혁과 기업 구조조정 개혁 정책을 실행한 덕에 한국의 글로벌 기업들이 더 번창하고 있다고 강조했다. IMF 경제 정책에 대한 평가는 긍정적인 면과 부정적인 면 모두 존재한다. 옆에서 지켜봐 온 모습으로는 그는 시장 경제를 위해 노력해 온 행정가이자 경제 분석가 그 이상도 그 이하도 아니었다.

4

부장검사의 목소리

2003년 5월이었다. 법조 1진 선배가 부장검사의 비위 정보를 건네줬다. 알고 있던 고위 검사로부터 입수한 것이었다. ○○지검에 있는 현직 부장검사가 자신의 비위 행위를 고소한 고소인에게 돈을 주고 무마하려 한다는 내용이었다. 고소인에 대한 취재와 그가 주장하는 내용의 사실 관계를 꼼꼼히 취재한 뒤 원고 작성에 들어갔다. 마지막 단계에서 반론을 반영하고 내용을 한 번 더 확인하기 위해 그 부장검사에게 전화를 걸었다. 취재의 마지막 절차였다. 전화를 받지 않았다. 문자 메시지도 남겼지만 응답이 없었다. 방송 직전에라도 반론을 반영하기로 하고 해당 부분을 공백으로 남겨 원고 승인을 요청했다. 당시 부장은 다른 부서에서 차장으로 모시던 분인데 인품이나 성격은 남달랐지만 그다지 큰 기사 경험은 없었던 것으로 보였다. 기사를 유심히 읽더니 하시는 말씀이 이 내용이 사실이냐고 한

특종을 쫓는 종횡무진 뉴스맨

다. 나는 으레 이런 류의 기사를 발굴한 데 대해 칭찬을 할 줄 알았는데 그게 아니었다. 틀린 내용이 없는지 거듭 묻는 게 기사를 쓴 기자를 못 미더워하는 듯해 마음이 편치 않았다. 그러던 중에 부장검사가 전화가 왔다. 첫마디부터가 협박조였다. 고소인의 말은 사실이 아닌데 방송이 나간다면 가만있지 않겠다는 것이었다. 18년이 지난 지금도 그의 고압적인 목소리는 뇌 깊숙이 기억될 정도다.

　말로만 듣던 검사의 압력이 이런 것이구나 하는 생각이 들면서 법조 출입기자에게도 이럴 정도면 일반인에게는 어떨까라는 생각이 들었다. 만약의 일에 대비해 그의 통화 내용을 녹음했다. 그리고서는 반론을 받았다고 부장에게 보고를 했다. 절차를 마무리 지었다는 뜻에서였다. 그런데 뜻밖의 반응이 돌아왔다. 검사를 상대로 한 기사에 부담이 됐는지 대뜸 나에게 소리를 치는 것이었다. "이 기자, 이 기사 잘못되면 당신 수갑 차는 거야." 부장의 태도가 굉장히 당혹스러웠다. 고발성 기사는 부담이 갈 수 밖에 없다. 그러나 이는 기자의 본분이자 숙명일 수밖에 없다. 나는 내심 본분을 장려하고 오류가 없는지 살펴주며 함께 맞서자고 하는 말을 기대했던 모양이었다. 모두가 나와 생각이 같을 수는 없는 노릇이었다. 오기가 솟구쳐 호언을 했다. "걱정 마십시오. 팩트를 다 확인했고 틀릴 일이 없을 겁니다. 무슨 일이 있으면 제가 책임질 테니 방송을 내주십시오." 나의 확고한 태도에 부장은 한풀 물러서더니 알겠다며 승인 버튼을 눌렀다. 편집을 마치고 방송을 기다리는 1~2시간이 어찌나 길게 느껴지던지 온갖 생각이 머릿속에 떠올랐다. 태어나서 처음으로 들어 본 부장검사의 압박이 아무렇지 않았다고 힐 수는 없었다. 둘째를 가진 집사람이 생각나면서 괜한 호기를 부렸나 싶기도 했지만 될대로 되라는 심정이 앞섰다. 만약 문제가 돼 처벌을 받아야 되면 회피하지 않겠다고 몇 번이고 되뇌었다. 단독을 걸고 방송이 나가자 피로감이 엄습해 왔다.

방송 그 후

약하게 나오는 부장이 못마땅해 내가 모든 책임을 지겠다고 큰소리를 쳤지만 막상 방송 직전 부장검사의 압력을 받고 보니 떨리기도 했다. 만약 잘못되면 어떻게 하나 하는 생각까지 미치자 가족들 얼굴이 하나둘 떠오르기도 했다. 그렇다고 수치스럽게 마지막 순간에 방송을 포기할 수는 없었다. 모든 것을 각오하고 방송을 결행했다. 이 모든 과정에 대한 책임을 왜 내가 져야 하는가 하는 생각도 들긴 했지만 윗분일지라도 내가 져야할 책무를 떠넘기기는 싫었다. 방송은 예정대로 나갔다. 온몸에 힘이 빠지고 앞으로 닥쳐올 일이 무엇일까 하고 현실적인 생각들이 들기 시작했다. 방송이란 것이 그렇다. 기세 좋게 진행을 해 나갈 때는 다른 생각을 할 틈도 생기지 않고 어느 정도의 희열도 생기지만 막상 방송이 끝나고 반향이 바로 없으면 불안하기도 하고 실수는 없었나 하며 걱정을 하기도 한다. 이 방송의 경우에도 그러했지만 이전까지는 기껏해야 작은 권력을 가진 집단을 상대로 고발 아이템을 처리했을 뿐 검찰이나 정치권력을 상대로 한 싸움은 아직 경험하지 못한 터여서 그런 걱정을 할 수

특종을 쫓는 종횡무진 뉴스맨

밖에 없었다. 다행스럽게도 나의 걱정은 그리 오래가지 않았다. 첫 방송을 내보낸 뒤 1시간도 채 지나지 않아 그렇게 연락이 닿지 않던 부장검사가 다시 전화를 걸어 왔다. 겁이 덜컹 났지만 침착함을 유지하려 애쓰면서 전화를 받았다. 또 다른 위협이나 압박이 있을 것으로 보고 잔뜩 긴장을 했었는데 의외의 말이 전화기를 타고 들려왔다.

고압적인 말투는 간데없이 완전히 풀이 죽어 사정조의 말로 급변해 읍소를 하는 것이었다. 청운의 꿈을 품고 사법고시에 합격해 검사가 됐는데 어린 검사 시절에 지독한 피의자를 만나 자신의 처지가 이렇게 위태롭게 됐다며 한번만 봐달라고 하는 것이었다. 그러면서 더 이상 방송을 내보내지 말라고 사정사정을 했다. 그 말을 듣는 순간 온몸에 힘이 빠졌다. 강자에게는 약하고 약자에게는 강한 사람들이 있다는 말이 이 경우를 뜻하나 싶었고 내가 모든 것을 던지면서 방송을 하겠다는 각오를 다졌기에 상대가 항복을 선언한 것 같다는 생각도 들었다. 사실 이 기사의 단초는 1진 선배다. 그가 정보를 취득해 온 것이었다. 피해자 전화번호도 그에게서 받았고 나는 취재원들을 만나 팩트들이 사실에 부합하는지 등을 확인하며 구성을 탄탄히 하고 반론을 포함시키는 등의 취재를 꼼꼼히 했던 것이었다. 제작 과정보다 더 힘든 것이 압력이었다. 그것을 견디는 것은 더 힘든 일이었다. 우연인지 기사를 던져 준 선배는 휴가를 이유로 자리를 비웠었다. 내 기사가 방송되는 모든 과정에 빠져 있었다. 나 혼자 큰 경험을 고스란히 한 것이었다. 당시 기사를 부록에 첨부한다.

5

시골 아저씨 구본무 회장

1999년 여름이었다. 위기의 LG반도체를 구하기 위해 긴급 자금이 필요했던 구본무 회장은 정부의 구조조정 결정이 진행되는 긴급한 시기에 2박 3일의 일본행을 결행했다. 일본쪽 자금을 들여오기 위해 비상수단을 쓴 것이었다. 이 방문 결과에 초미의 관심이 쏠렸고 그 내용을 먼저 알아내는 것이 내 임무였다. LG반도체의 운명을 건 구본무 회장의 마지막 몸부림이었던 것이었다. 이런 중요성을 감안할 때 그의 귀국 일정은 공개되다시피 했는데도 뜻밖에 뉴스의 관심을 받지 못한 듯했다. 입국에 맞춰 김포공항에 나가 그의 도착을 기다리고 있었는데 나 이외 어떤 언론사의 취재진도 없었다.

개인적으로 재벌 총수에 대한 취재는 처음이라 긴장 반 기대 반을 하고 있었던 터였다. 대기업 총수에게 마이크를 들이대는 일이 흔하게 있는 일은 아니었기에 과연 성사를 시킬 수 있을지 긴장하고

특종을 쫓는 종횡무진 뉴스맨

있었다. 얼마 기다리지 않았는데 구본무 회장의 모습이 눈에 들어왔다. 그런데 거창한 만남을 잔뜩 기대했던 내 생각은 한순간에 무너져 내렸다. 호화까진 아니더라도 값비싼 옷차림에 어느 정도 규모의 수행원들을 대동할 것이라고 생각했었는데 그게 아니었던 것이다. 검소해 보이는 반팔 셔츠에 젊은 수행원 한 명만이 그를 뒤따르고 있었을 뿐이었다. 내가 생각했던 재벌 총수의 이미지와는 거리가 매우 멀었다. 먼저 너무도 수수한 그 차림새에 놀랐다. 수행원도 검은 서류 가방만 하나 달랑 들고 있을 뿐이었다. 정신을 가다듬고 인터뷰를 시도하기 위해 빠른 걸음으로 입국장을 나서는 그를 따라 붙었다.

　방일 성과를 묻는 내 질문에 그는 철저하게 묵묵부답으로 일관했다. 아예 무시하려는 듯한 태도를 보였다. 내 질문과 카메라 촬영을 외면했다. 취재가 무산될까 불안해지더니 화가 나기도 했다. 무안하기도 했다. 겹쳐진 여러 생각이 내 머릿속을 혼란스럽게 하더니 오기를 발동시켰다. 출구로 향하기 위해 엘리베이터를 타고 내려가던 그의 뒤에다 큰소리를 쳤다. "재벌 총수의 지위에 계신 분이 꽁무니만 빼서 어떻게 합니까? 그러니까 회사를 빼앗길 위기에 처하는 것 아닙니까!" 실제로는 이보다 더 센말을 던졌다. 지금 기준에서 보면 예의에서 어긋난 무례라고 여겨질 수 있겠지만 약간의 거친 취재 방식이 어느 정도는 용인되는 시기였다. 물론 그렇다고 내 행동이 모두 정당했다고 주장하는 것은 아니다. 열심히 하는 기자의 투지 넘치는 행위 정도로 받아주길 바라는 희망이다. 어쨌든 그는 나의 그 말이 굉장히 거슬렸던지 갑자기 고개를 확 하고 돌리더니 나를 노려보는 것이었다. 노여움과 모욕감이 묻어 나오는 것 같은 표정이었다. 풋내기 기자가 가당치 않은 행동을 한 것으로 생각하는 것 같았다. 눈초리가 무서웠다. 예사롭지 않은 기가 느껴졌고 내 기세가 한풀 꺾이는 것 같았다.

그러더니 갑자기 엘리베이터를 갈아타고 내 쪽으로 올라오는 것이었다. 순식간에 벌어진 일이었다. 내 앞에 딱하니 멈춰 서더니 "질문해 보세요?"라고 짜증 섞인 목소리로 말을 건네는 것이 아닌가? 나는 태연한 척하며 쾌재를 불렀다. 단독 인터뷰가 성사된 셈이니 기뻤다. 물론 그는 불쾌하고 기분이 상했겠지만…. 방일 성과가 있었는지 물었다. 짧은 한마디지만 나에게는 엄청나게 소중한 답변이 돌아왔다. "내가 해야 하는 일은 다 했습니다. 결과는 두고 봐야겠습니다." Thank you very much. 나는 나의 저돌성을 팔아 리포트 완결에 필요한 중요한 인터뷰를 획득했다. 그렇게 끝날 것 같던 그와의 인연은 뜻밖에도 10년이 지나 이어졌다.

2011년 나는 회사를 옮겼다. 옮긴 회사는 재계 상층부에까지 취재력이 미쳤다. 사장 등 윗분들이 여러 재계 총수들과 깊숙한 취재 네트워크를 형성하고 있는 것을 알게 됐다. 이때 가을쯤인가 어느 행사장에서 사주께서 나를 불러 구 회장에게 인사를 시켰다. 새로 영입한 인재라며 구 회장에게 인사를 하라는 것이었다. 나는 그가 혹시나 나를 알아볼까 고개를 돌리다시피 하며 어색하게 인사를 건넸다. 나를 알아챘는지 알 길이 없었다. 이듬해인가 또 다른 비슷한 행사장에서 또 한 번 그와 맞닥뜨렸다. 이번엔 발행인이 좌석으로 불러 인사를 하라는 것이었다. 나는 또 그분이 나를 알아차릴까

봐 노심초사하며 모깃소리 마냥 작은 목소리로 인사를 드렸다. 나를 몰라보시는 건지 아시면서도 모르는척 하는 건지 모르겠지만 굉장히 조마조마했다. 그렇게 건강하게 보이시던 분이 2018년 갑자기 별세하셨다. 섭섭함이 느껴졌다. 재벌 총수답지 않은 수수함과 시골 아저씨 같은 넉넉함이 느껴졌던 분이었었고 어쨌든 내게 훌륭한 취재거리를 주신 분이기 때문이었다.

뉴스맨은 24시간 뉴스를 쫓다 밤 9시 메인 뉴스 세계로 들어왔다. 리포트(기사) 품질과 스토리텔링이 강조되는 〈뉴스 9〉은 한 폭의 그림 같은 배경에 들어선 전원주택에 비유할 수 있다. 흔히 볼 수 있는 판박이 콘크리트 아파트가 아니다. 설계도 다르고 건축 공정도 다르다.

찍어 내듯 만들어서는 전원주택으로서의 풍취를 주지 못한다. 매시간 하는 뉴스가 아닌 단 한 번 뉴스를 멋지게 만들어야 했다. 리포트 내용은 풍성해야 했고 제작은 세련돼야 했다. 물론 전원주택만 있는 것은 아니다. 비슷한 모양의 아파트도 있다. 내용과 영향력으로 보자면 초고층 아파트라 해도 무방하다. 아침 뉴스인 〈뉴스퍼레이드〉, 8년째 이어지고 있는 〈신통방통〉, 낮시간 동시간대 전 채널을 통틀어 최고 시청률을 기록하는 〈핫라인〉 그리고 〈사건파일〉, 오후시간 정치뉴스의 최강자 〈이것이 정치다〉 등의 시사 뉴스 프로그램들 말이다. 그러나 〈뉴스9〉이 유일한 회사의 간판이자 대표 주자다. 사회적으로 미치는 파급력이 막강하기 때문이다. TV조선 메인 뉴스는 여러 차례 시간대를 변경한 끝에 2017년부터 9시에 자리매김을 해 성공적으로 정착했다. 지상파에서 오랜 경험을 쌓은 앵커는 신뢰감과 편안함을 주며 시청자를 유인했다. 기자들은 일사불란한 팀워크로 차별화된 콘텐츠, 볼만한 뉴스거리를 제공했다.

3장
뉴스를 만듭니다

1

뉴스의 왕 '9시 뉴스'

보도본부는 <뉴스9>의 시청률을 최상위로 유지하기 위해 인력과 자원을 총 투입하는 등 모든 힘을 쏟는다. 그런데 이 시간대는 KBS 9시 뉴스의 아성이 굳건했다. 좀처럼 비집고 들어가기 힘들었는데 2018년 드루킹 사건, 2019년 조국 사태, 2020년 미스터트롯 열풍 등에 힘입어 최고 9%의 시청률을 기록하며 메인 뉴스 양대 강자로 부상했다. TV조선의 메인 뉴스는 특징이 뚜렷하다. 한 이슈에 여러 아이템을 집중 투입하고 이슈별 단락을 만들고 경성하ㄷ 뉴스 위주로 보도한다. 하드hard 뉴스에 주안점을 두는 조선일보의 편집 경향이 자연스럽게 스며든 것이다. 조선일보 편집국 출신 인사들이 강력한 지휘력으로 이런 뉴스 문화를 만들었다. 신문 편집 마인드가 방송 뉴스에 배어든 셈인데 이런 편집이 처음에는 시청자로부터 외면을 받다 지금은 하나의 특색으로 받

경성(硬性) 뉴스
정치 경제 사회 등 공공 문제와 관련된 사실 전달 위주의 뉴스

특종을 쫓는 종횡무진 뉴스맨

아들여지는 분위기다. 최근의 시청률이 말해주듯이 고정 시청자가 생겨났고 이들은 정치 사회 이슈에 대한 궁금증을 해소하기 위해 찾아오는 것으로 보인다.

9시 뉴스의 특성에 대해 좀 더 언급을 하자면 첫째, 이슈관련 아이템은 3~6개 꼭지를 서슴없이 배치하고 여기에 기자 또는 전문가 출연을 추가해 배경 설명 등 분석을 해 준다. 이슈 처리의 집중도를 높이는 것이다. 채동욱 검찰총장 혼외아 파동 때는 12꼭지를 집중 배치한 적도 있다. 두 번째 특징은 정치와 사회 기사의 비중이 높다는 것이다. 사회 기사 중에는 법조 기사가 선호된다. 역시 3~4개 꼭지씩 몰아서 보도하는 일이 심심치 않게 일어난다. 상대적으로 경제 문화 정책 기사의 비중이 낮다. 처음엔 이런 편집 성향에 익숙하지 않았으나 10년 이상 이런 풍토 속에서 일하다 보니 정치 사회 비중이 줄어들면 허전하다는 생각이 들 정도로 이 분위기에 젖어 들었다. 셋째, 제작 개념이 반영됐다. 2분 안팎 길이의 포커스라는 이름의 리포트가 대표적인 케이스다. 한 이슈의 경과와 의미 그리고 풍자 등을 담아내는데 성우 목소리로 내레이션이 진행된다. 전담 인력이 제작을 맡는다. 넷째, 정치·사회적 문제에 대한 앵커의 생각과 견해가 들어가는 코너가 있다. 신문으로 치면 칼럼과 비슷한 형태인데 내레이션이 진행되면서 관련 영상과 사진 싱크 등이 곁들여진다. 여기에도 제작 개념이 들어간다. 마지막으로 이견이 분분한 사안에 대해 기자가 출연해 조목조목 따져보는 코너가 있다. 제작 개념이 강하게 들어간 리포트 꼭지와 출연 코너 등은 55분 분량의 뉴스가 지루하지 않도록 다채롭게 해주는 효과가 있다.

이런 편집은 신문 방송 저널리즘의 장점들이 결합된 산물이다. 지휘부 인력 구성을 보면 이런 편집이 나올 수 있는 배경을 이해할 수 있다. 지상파와 뉴스 채널 출신 인사들이 지휘부의 절반이다. 이들 방송 출신 인력은 뉴스 편집*과 제작에 깊숙이 관여하며 뉴스에 방송적 특징이 강하게 묻어나도록 했다. 지상파 출신 인사들은 세련된 진행, 깨끗한 화면, 편안한 조명, 생동감 있는 카메라 샷, 명료한 자막과 CG 시스템을 구축했다. 기존 방송에서 쌓은 경험의 농축물을 전수한 것이다. 뉴스 채널 출신 인사들은 리포트 제작 기법을 전수했다. 현장성과 역동성을 살려 전달력을 극대화하는 방식이 신속히 확립됐다. 지휘부의 나머지 반은 큰 기사를 다뤄보고 이슈를 선도해 본 경험이 있는 신문사 간부들이다. 이들은 일선 기자들이 심도 있는 취재를 하도록 보도국 분위기를 이끌었다. 신문과 방송의 화합적 결합은 쉽지 않다. 일의 특성이 매우 다르기 때문이다. 그럼에도 TV조선이 두각을 나타낼 수 있었던 것은 화학적 결합을 일궈내겠다는 보도본부 최고지휘관의 강력한 리더십에 기인했다고 볼수 있다. 다름을 인정하고 같음을 찾아내려는 지휘 철학이 양쪽의이해와 양보 그리고 협력을 이끌어 낸 것으로 보인다. 굳건한 오너십은 일관된 방향성을 유지할 수 있도록 했다.

---

* 9시 뉴스 진행(directing)을 담당하는 일. 패키지 리포트를 만드는 편집과 구별된다.

치열한 신경전 큐시트 확정

아침 9시 전후 각 부서장이 출근하고 기자들은 이보다 앞서 출근해 당일 취재할 내용을 정리해서 아침 보고를 한다. 팀장급인 차장들은 이를 가다듬어 보도정보 시스템에 입력을 하면 부서장이 최종적으로 기사로서의 가치 판단을 한 뒤 메인 뉴스 아이템 후보로 발제를 한다. 의문 사항에 대해 데스크진과 일선 기자와의 숨 가쁜 일문일답이 이어진다. 유선상으로 이뤄지던 과거와 달리 SNS 대화 위주다. 사안이 중요할 경우만 전화 통화로 자세한 얘기를 나눈다. 이때 기사의 대략적인 방향도 정해지는 만큼 언론사에서 가장 바쁜 시간 중 하나다.

각 부서에서 올라온 예비 기사가 모여지면 오전 편집 회의가 시작된다. 55분 뉴스에 필요한 리포트 개수는 앵커멘트를 포함해 1분 40초 길이 기준으로 25개 안팎이다. 편집부는 전체 리포트 꼭지를 주제별로 나눠 몇 개 단락으로 묶으려 한다. 몇 개 이슈를 중점적으로 다루려는 취지다. 25개 아이템의 내용이 각각이라면 아이템 하나하나가 다른 소식이어서 뉴스는 단절적인 느낌을 준다. 백화점식 나열이라고 하기도 하고 뉴스가 '조각조각 났다'고도 표현한다. 이런 큐시트는 시청자를 모으기가 불리하다. 동일 이슈 또는 비슷한 사안의 리포트는 단락으로 묶어 뉴스 전체의 스토리 라인이 만들어지도록 하는 것이 TV조선 큐시트 작성의 핵심이다. 가장 중요한 사항이라고 판단한 아이템을 앞 순서에 전진 배치한다. 안정적인 시청률 패턴은 종모양의 분포를 보이는데 전략적으로 힘을 주는 아이템은 종 모양의 가장 튀어나온 시간대에 배치하기도 한다. 가장 시청률이 좋을 때 배치해 많은 사람들이 보도록 하려는 것이다. 생동감을 살리기 위해 현장 중계 연결도 적극적으로 구사한다. 리포트와는 전혀 다른 느낌이 들 수 있기 때문이다. 경성 뉴스는 시청자의 긴장도를 높일 수 있어 간간히 볼거리가 있는 아이템을 배치한다. 강약 조절을 하는 것이다. 사건 기사는 CCTV 블랙박스 등의 영상 존재 여부가 아이템 채택의 제1 조건이 될 때가 많다.

9시 뉴스에 들어갈 내용을 짜는 큐시트 작성 즉, 편집 회의는 하루 세 차례 진행된다. 오전 10시 반 오후 2시 반 오후 5시 반 등이다. 오전 10시 반 아침 발제 회의가 가장 힘든 시간이다. 각 부서가 하루에 주안점을 두는 기사를 시장에 내놓을 때이기에 긴장감이 가장 높다. 전날 나간 뉴스에 대한 평가, 타사와의 비교 등도 이때 이뤄진다. 부서장은 보도본부장의 심기를 살핀다. 특종거리를 잔뜩 준비한 날에는 자신들도 모르게 목에 힘이 들어간다. 오히려 본부장이 긴장하기 시작한다. 오후 2시 반 회의에서는 변동사항 등이 감안돼 아이템이 더해지고 빠지는데 각 부서장이 자기 부서 아이템을 끝까지 살리기 위해 애를 쓴다. 상품이 잘 팔려야 공장이 잘 돌아가는 이치와 같다. 기자들이 취재한 내용이 방송으로 이어져야 부서가 활기를 띠고 대외적으로도 위상이 선다.

오전부터 취재와 제작에 매진하는 기자들은 오후 회의가 거듭되는 것을 지켜보면서 자신의 아이템이 빠지지 않을까 살짝 노심초사한다. 아이템이 빠지는 일이 잦게 되면 부서장의 지휘력이 위협받는다. 부장의 내락을 받고 힘을 쏟은 취재가 헛수고로 돌아간다면 부

특종을 쫓는 종횡무진 뉴스맨

서장의 판단 문제로 귀결될 수 있어서다. 이처럼 아이템 채택 문제는 부서장의 위신 문제와 직결되니 신경전이 벌어질 수밖에 없다. 오후 5시 반에 큐시트의 변동 폭이 커질 때는 편집부서가 비상이 걸린다. 아이템이 바뀜에 따라 화면 하단에 들어가는 리포트 제목과 배경 화면 등을 새로 마련해야 한다. 취재부서 역시 촉박해진 제작 시간 때문에 매우 예민해진다. 난이도가 있는 기사는 부차장의 데스킹 작업이 만만치 않기 때문에 모두들 잔뜩 긴장한다. 부득이한 경우가 아니면 최소한 방송 1시간 전에는 원고 승인이 이뤄져야 오디오 녹음과 리포트 편집 그리고 업로드 등이 순차적으로 이뤄지고 심각한 문제가 발생하지 않는다. 정치 경제 사회 사회정책 문화·스포츠 전국 국제 기획취재부 등 8개 부서 120명의 기자는 이처럼 메인 뉴스에 들어갈 리포트 제작을 하는 것이 주 업무다. 물론 낮 뉴스에 처리해 주는 전화 또는 중계연결 그리고 아침용 뉴스를 위한 리포트 제작 업무도 있지만 조직 모두가 최우선시하는 업무는 메인 뉴스인 9시 뉴스 아이템 제작이다.

민완 기자들

9시 뉴스를 만드는 사람들은 민완 기자들이다. 방송 기자를 꿈꾸는 사람들은 외향적이고 활동적이며 사교적인 성향을 가진 사람들이 많다. 나 또한 이런 기질이 다분하다. 이들 민완 기자들 역시 적극적이다. 사람을 만나면 빨리 마음을 나누려 한다. 대부분 처음 보는 사람들일 텐데도 말이다. 그래서인지 직선적이고 솔직한 성향을 가진 사람이 많다. 마음이 따뜻한 것은 물론이다. 그런데 이게 문제가 될 때가 있다. 인정에 이끌리지 않고 모진 기사를 써야 할 때가 많아서다. 여러 사정을 감안해 주다 보면 쓸 게 없어진다는 질책 아닌 질책도 이런 상황에 대한 설명이다. 또 생각이 많으면 기사를 못 쓴다는 말도 흔히 듣는 말이다. 인과 관계를 따져 들어가다 보면 어디에서 시작해서 어디서 끝을 내야 할지 모르는 생각의 소용돌이에 빠질 수 있어서다.

방송 뉴스라는 것이 한 사안을 깊이 있게 다루기보다는 아무래도 드러난 상태 그대로 다루는 측면이 있다. 물론 깊이In-depth가 있을수록 좋은 기사라 할 수 있겠지만 사실 영상과 소리가 큰 역할을 하는 방송 미디어의 특성상 그리고 1분 30초 안팎방송 리포트 평균 길이이라는 시간적 제약상 지면 매체에 버금가는 깊이 있는 기사를 생산한다는 것은 굉장히 어려운 일이다. 그럼에도 육감六感과 지식을 총동원해 깊이감 있는 방송 리포트를 만들어야 하는 것은 방송 기자의 사명이라고 해야 할 것이다. 방송 기자에게 있어서 이 육감만큼 중요한 것은 없다. 찰나의 상황을 담아내야 하는 것이 방송인데 취재 현장은 사색하고 분석할 시간이 없기 때문이다. 육감 이전에 기본적으로 갖춰야 할 것은 기본기다. 취재의 기본기가 잘 갖춰져야만 육감이 빛을 발한다. 취재의 기본은 팩트 확인이다. 야무지고 끈질기고 열정적으로 팩트를 확인해야 한다. 확인된 사실만으로 기사를 써야 하고, 취재 과정에 윤리 위반이 없어야 하고, 사적 이해와 부당한 목적이 담기지 않아야 한다. 이것이 취재의 기본기다. 기본기가 탄탄하면 취재력은 쑥쑥 큰다.

취재력은 한 주제에 대해 얼마만큼 정보를 정확히 그리고 신속히 알아낼 수 있느냐에 대한 능력을 말한다. 기사 작성에 반드시 필요한 기본적인 정보, 나아가 본질적이고 핵심적인 정보를 남보다 빨리 취득할 수 있는가를 따지는 역량이다. 수습기자로 첫발을 내딛는 순간부터 취재력은 축적되기 시작한다. 취재력은 선천적으로 타고나는 것이라기보다는 훈련되고 육성되는 후천적인 측면이 크다. 마음가짐도 중요하다. '팩트를 알아내고야 말겠다', '알아내야만 한다'는 불굴의 집념은 예상치 못한 돌파력을 가져올 때가 많다. 여기에 시청자의 알권리, 국민의 알권리를 위한다는 사명의식이 더해지면 더할 나위 없다. 문제는 취재라는 것이 일회성에 그치지 않는다는 것이다. 입사 순간부터 취재의 연속이다. 신물 나게 취재해야 한다. 이런 강력한 정신무장이 내재돼 있지 않으면 항상 최선을 다하는 취재력을 발휘할 수 없다.

　　취재력은 적극성에서 나온다. 취재원이 누구든지 간에 접근해보려는 자세 그리고 상대방의 지위에 주눅 들지 않는 당당함이 필요하다. 또 대담해야 한다. 완력을 행사하는 사람에게도 다가갈 수 있어야 하고 권력자 앞에서도 위축되지 않고 품격 있게 취재해야 한다. 피하기만 하려는 사람에게는 집요하게 접근해야 한다. 치밀한 전략이 필요한 경우도 있다. 주변 취재를 마친 뒤 당사자를 만난다거나 변죽만 울리며 상대가 먼저 이야기를 꺼낼 때까지 기다리기도 한다. 취재 전략에는 모범 답안이 없다. 그때그때 상황에 따라 적절한 방법을 구사해야 한다. 다양한 사람을 만나고 많은 사건을 다루다 보면 취재 노하우가 쌓인다. 기지 대부분은 초년병 시절 일선 경찰서 취재부터 시작하는데 형사과 형사들과 친분을 쌓아 보려 별의 별 수단을 다 쓴다. 늦은 밤 시간 붕어빵을 들고 가는 기자도 있고 90도 인사를 하며 들어가는 기자도 있었다. 요즘은 불가능하지만 형사계에 구치감이 있는 곳이 많았는데 구치감 안에 들어가 피의자들과 밤을 보내며 정보를 캐내는 기자도 있었다. 형사들과 큰 사건을 함께 다뤄나가기도 하고 사석에서 소주잔을 기울이기도 하다 보면 오랜 인연으로 이어지는 관계로 발전한다. 그들의 경조사를 챙길 수 있으면 친밀감을 형성할 수 있는 더없는 기회가 되기도 한다.

취재력이 하루아침에 완성되는 일은 없다. 발로 뛸수록 땀을 흘릴수록 성과는 비례한다. 그러면 자신도 모르는 사이에 성장한다. 단 정당한 취재여야 한다. 취재에 사적인 이익이 숨겨져 있다면 그 목적의 정당성을 잃는다. 그렇다면 회사의 이익을 위한 취재는 어떻게 봐야 할까? 조심스럽게 말하자면 사적 이익의 범주에 포함시켜야 한다고 본다. 회사의 이익이 100% 공익과 부합한다고 볼 수 없기 때문이다. 경우에 따라서는 공익을 저해할 수도 있다. 공정 경쟁을 해친다거나 비도덕적 행위로 비춰질 수 있다. 그 이익이 회사의 경영과 관련돼 있을 때는 더더욱 그러하다.

민완 기자가 되는 경로를 쫓아가 보자. 언론사 입사와 함께 처음 일을 시작하는 곳은 사회부다. 이후 정치와 경제부 등 여러 부서를 거치며 민완 기자로서 뉴스맨이 돼 가는 것이다. 기자의 주 종목이 기자의 희망에 따라 정해진다는 보장은 없다. 부서와 회사의 사정에 따라 주 전공이 결정되기도 하고 선후배 사이의 개인적 연이 작용해 오랫동안 일하게 되는 부서가 생긴다.

특종을 쫓는 종횡무진 뉴스맨

2

기자들의 마음의 고향
사회부

사회부는 고향처럼 모든 기자의 추억이 서려 있는 부서다. 대부분
의 기자들에게는 기자 생활의 시작이요 중간 기착지인데 나에겐 종
착지와 다름없다. 사회부 생활만 10년 이상을 했기 때문이다. 대부
분의 기자가 사회부에서 시작을 한다. 대다수 언론사의 통상적인 수
습 기간은 6개월인데 이때 생활이 가장 힘들고 어렵다. 최근 인권을
존중하는 사회 분위기가 언론사에도 불어닥쳐 기자 트레이닝의 강
도가 약해졌다고 하더라도 새내기들에게는 여전히 힘든 시기 일 것
이다.

경찰 기자

과거 얘기를 하자면야 끝이 없겠지만 6개월 수습 생활 중 5개월은 휴일 없이 주 7일 24시간 근무를 했었으니 그 기간은 인고의 시간이었다. 쉬지 못해 힘든 점도 있었지만 규율이 세고 술자리 문화가 거칠었던 것들이 더 힘들었다. 지시가 떨어지면 어디든지 가야 했고 누구든지 만나야 했다. 우리를 반기는 사람은 생각보다 많지 않았다. 문전박대를 당하거나 무작정 기다려야 할 때가 허다했다. 제대로 씻지도 못할뿐더러 냄새나고 청결하지 못한 경찰서 2진 기자실에서 잠을 잔다는 것은 나로서는 고통이었다. 주 6일 2~3시간 자는 쪽잠이 4~5개월 이어지면 정신적으로 버티기 힘든 상황으로 치닫는다. 잡상인 취급받는 형사계를 전전하는 것도 고달팠다. 취재 보고는 두려움 그 자체였다. 온갖 욕설과 압박이 귀청을 때렸다. 일부러 자존심을 자극해 절박한 상황으로 몰아 취재에 임하라는 의도였겠지만 간혹 사감私憾이 과도하게 낀 선배들도 있었다. 돌이켜 보면 그런 분과는 인간적으로 친해지기 힘들었고 좋은 관계를 끝까지 유지하지 못했던 것 같다. 그러나 전체적으로 보면 강하게 훈련시키는 방법이 나쁘다고 할 수는 없다. 기자 개인적으로 보면 한계 상황까지 이르는 고난을 이겨낸 뒤 더욱 성장하고 단련되는 것을 확실히 느끼기 때문이다. 기자 생활 중 겪게 될 온갖 역경을 극복할 수 있는 기초 체력이 탄탄해지는 것이다.

언론이 취급하는 기사는 그 결과가 가져올 파장을 감안해서라도 신중하게 다뤄져야 한다. 팩트를 확인하는 습관과 객관적이고 공

정하려는 태도는 엄격한 훈련을 거
칠 때 육성되고 굳건해진다. 언론계
는 기자 직무의 중요성 때문에 혹독
한 6개월 수습 과정을 통해 기자직의

사진 11. 사회부는 기자들의 마음의 고향이다.

엄중함을 체화시키는 훈련을 한다. 이 훈련은 철저한 도제식 교육에
의해 이뤄져 왔다. 그래서 전문직 영역에 버금가는 특수한 성격이
있다고 하는 것이다. 그런데 이런 강도 높은 훈련 모습도 더 이상 보
기 힘들어졌다. 주 52시간 제도가 들어서면서 대부분의 언론사에서
이런 문화가 단숨에 사라진 것이다. 육체적·정신적 한계 상황을 겪
게 하는 훈련이 없어지면 탄탄한 기본기에 근성까지 갖춘 민완 기자
의 탄생은 요원해질 수 있다. 결국 양질의 기사가 줄어들게 될 것이
고 그렇게 되면 국가와 국민에게 그 피해가 돌아가게 되는 것이다.

기본기를 배우는 수습 6개월을 사회부경찰 기자에서 마친 뒤 다른
부서로 배치되는데, 경찰 기자 생활을 좀 더 이어가는 것이 선호되
는 분위기가 있다. 고작 6개월로는 걸음마를 갓 디딘 수준에 불과해
서 다양한 취재 경험을 더 쌓아야 하는데 이를 위해서는 경찰 기자만
한 곳이 없다. 과거 군복무를 마쳐야 사회인으로서 남자 대우(?)를 받
는 것처럼 2~3년 정도의 경찰 기자 생활을 끝내야 통과 의례를 거친
기자 대우를 받는다. 이런 정서 때문에 경찰 기자를 짧게 하면 10년차
가 될 때까지는 인사가 날 때마다 사회부로 다시 끌려가야 하지 않나
하는 불안감에 시달린다. 2~3년 지나 다시 사회부로 가게 되면 기강
과 투지 고취 차원에서 수습처럼 2주 24시간 철야 체제로 돌입하는
데 이게 고욕이었다. 대개 특종 입빅까지 받으니 하루아침에 360도

바뀌는 근무 환경은 큰 부담이라 하지 않을 수 없었다.

경찰 기자와 비 경찰 기자 사이의 근무 조건은 천양지차인데 다른 부서에서 안락한 삶(?)을 살다 다시 일선 사건 현장을 뒹굴어야 될 때는 말한 대로 회사 초년병 시절로 돌아가는 셈이 된다. 기자의 출입처를 바꾸는 것은 이직에 버금가는 스트레스라는 말이 있다. 단순 출입처가 아니라 사생활은 없고 각종 사건 사고를 다뤄야 하는 거친 환경에 몸을 던져야 하니 오죽하겠느냐는 말이다. 해마다 수습 기자가 들어오고 그 수습을 교육하는 위치에 오르는 것이 그나마 위안이었다. 했던 대로 배웠던 대로 그대로 되갚아 준다. 그런데 군기만 잡는 것이 아니다. 평생 이어질 인연이 형성된다. 젊은 혈기로 뭉쳐진 선후배는 아낌없는 가르침과 배움을 주고받는다. 사건을 함께 다루다 보면 사선을 넘나들 때가 있고 특종의 즐거움을 만끽하기도 한다. 한 달 이상 이어지는 대형 이슈는 그들의 관계를 더욱 돈독히 한다. 타사와의 치열한 취재 경쟁을 거치게 되면 협동심과 동료애가 살아난다. 이런 문화는 정도의 차이가 있겠지만 지금도 이어지고 있다.

법조 기자

사건 기자의 또 다른 한 축은 법조 기자다. 지금은 검찰의 영향력이 줄어들고 경찰과의 수사권 조정으로 과거의 위상이 위협받고 있지만 기소권을 독점하는 상태에서 검찰은 여전히 거대 권력 기관이다. 취재 거리가 아직 많을 수밖에 없다는 얘기다. 법조 기자는 크게 검찰을 취재하는 업무와 법원판사·변호사을 취재하는 업무 투 트랙으로 나뉜진다. 법원 기자는 재판과 관련된 사건을 취재한다. 영장 전담 판사의 구속영장 발부 여부도 법원 기자가 챙긴다. 재판에는 변호사들이 관여를 하니 이들에 대한 접촉도 빼놓을 수 없다. 형사든 민사든 사건에 연루되면 변호사를 찾게 되고 이런 사실들은 변호사 사무실을 통해 파악될 수 있으니 평소에 많은 변호사를 알아 둘수록 정보 취득이 쉽다. 대법원과 헌법재판소 취재도 해야 한다.

법조 기자의 또 다른 축은 검찰 기자다. 일선 경찰에서 수사하는 내용은 경찰의 구속영장 신청서와 수사 결과를 담은 검찰 송치 서류를 보면 사건 내용을 현미경 들여다보듯이 파악할 수 있다. 두 가지 서류에 경찰의 수사 활동과 그 결과가 집약돼 있다. 그 처리 권한은 검찰청의 검사가 쥐고 있다. 검찰 형사부를 통해 경찰의 수사 상황을 들여다 볼 수 있다는 얘기다. 검경 수사권 조정으로 경찰의 자체 수사 개시와 종결 권한을 인정해 주면서 예전처럼 수사 초기부터 경찰의 수사 상황을 알 수는 없게 됐지만 검찰은 여전히 경찰의 움직임을 파악할 수 있는 상급기관이다. 사건을 검찰에 송치하고 나면 기소를 위한 검찰의 경찰 지휘는 여전히 가능하다. 이 길목에서 취재 정보를 취득할 수도 있다. 검찰이 직접 하는 수사를 취재하는 것은 검찰 기자의 핵심 업무다. 이른바 특수 수사 같은 것들이다. 조국 법무부 장관 수사라든지 이재용 삼성 부회장의 상속 관련 수사 등 유력 인사들의 비리를 캐는 수사를 말한다. 이런 검찰의 직접 수사는 기사의 파괴력이 크기에 기자들은 촉각을 곤두세우며 정보를 빼내려 한다. 검찰을 견제하기 위해 만들어신 고위공직자범죄수사처와 법무부도 검찰 기자가 맡는다.

　법조 기자는 법조 뉴스의 폭발력 등 중요도를 감안해 민완 기자들이 배치된다. 기자로서의 경험과 능력을 키우려면 이 출입처를 자청해볼 만하다. 사회적 위상이 높고 일상에서 흔히 만날 수 없는 검사와 판사를 상대해야 하는 만큼 그에 걸맞는 자신감과 배짱이 필요하다. 판검사들이 내리는 결정은 지위고하를 막론하고 한 사람의 신병身柄과 운명을 좌우하고 국가 정책에도 지대한 영향을 줄 수 있다. 이들 앞에서 주눅 들지 않고 당당할 수 있어야 견제자로서의 역할을 해낼 수 있는 것이다. 법률가 수준에 이르지는 않더라도 어느 정도의 법률 지식을 갖추려 노력해야 한다. 수사관 구치소나 교도소의 교도관 법무부 공무원들도 판검사 못지않게 중요하다. 통상적 경로로 취득하지 못하는 알짜 정보를 취득할 수 있어 이들도 취재원이 될 수 있도록 여러 방법을 동원해야 한다.

　그렇다면 어떤 사람이 사회부 기자로서 적임자일까? 내 경험상 사람을 존중할 줄 알고 가슴이 뜨거우면서도 따뜻하고 불의를 참지 못하고 악에 기꺼이 맞서려 하고 사회를 위해 희생할 자세가 돼 있으면서 소신을 지키려는 강단이 있는 사람이 적임자라고 생각한다. 그러면서도 민첩하고 책임감이 넘치고 인내심이 뛰어나고 두뇌 회전이 빨라야 한다. 마지막으로 추가 하자면 맑은 정신의 소유자이면 더할 나위 없다. 기자의 복은 다양한 사건을 많이 접하는 것이다. 좋은 선배로부터 기초 소양교육과 건전한 정신자세를 배우는 것도 행운이 따라야 한다. 직업의식이 투철한 선배는 엄격할 수 있다. 이런 선배를 만나야 한다. 바른 정신자세와 올바른 몸가짐이 뿌리 깊게 갖춰져야 반듯한 기자로 성장할 수 있는 것이다. 기자는 여러 로비에 쉽게 노출될 수 있는데 정신 자세가 제대로 갖춰져 있으면 쉽게 흔들리지 않는다. 그래서 입사 뒤 제일 처음 만나는 1진 선배가 가장 중요하다. 가장 큰 영향력을 미치기 때문이다. 직업 정신이 해이하고 로비에 취약하고 사적 이익을 밝히는 사람을 만나게 되면 직업관이 느슨하게 확립될 수 있다. 보고 배운 게 도둑질이 될 수 있다는 말이다. 그래서 기본기에 대한 중요성은 백 번 천 번을 말해도 잔소리가 아니다.

이들 이외에 사회부에는 환경 복지 교육 노동 문제를 담당하는 기자들이 있다. 정부 행정부처와 관련 업무를 취재한다. '사회부 상원' 또는 '사회 정책팀'으로 불린다. 10년 차 이상의 고참 기자들이 주로 맡는다. 정부 정책의 허점을 꿰뚫어 볼 줄 알아야 하고 관련 분야의 사회적 현상과 변화를 잘 읽어 낼 줄 알아야 한다. 모두 전문성이 필요한 영역이어서 해당 영역에서 꽤 오랫동안 취재를 한 전문 기자나 전문 인력㊟을 두는 경우도 있다.

현장

기자들은 후배들에게 방송 뉴스는 현장이 중요하다는 말을 밥 먹듯이 한다. 취재와 관련된 말이기도 하고 제작과 관련된 말이기도 하다. 뉴스가 일어나는 그 장소를 직접 찾아가 보고 그 현장에서 들은 것을 기사에 생생하게 반영하는 것이 중요하다는 말이다. 그런데 이게 물리적으로 힘들 때가 많다. 이동에 시간이 걸리거나 당사자가 잘 만나주지 않을 때가 그렇다. 이동하지 않아도 되는 전화 취재는 달콤한 유혹이다. 단언컨대 현장을 직접 방문해서 무언가 하나라도 건지지 못할 때는 없다. 그래서 항상 현장을 직접 찾는 습관을 들여야 한다. 신기하게도 사건 사고 현장이든 기자회견장이든 직접 방문해서 눈으로 보고 귀로 듣다보면 새로운 내용을 포착하게 된다. 그래서 현장에 답이 있다는 말은 기자직에도 통용된다. 방송 기사는 영상을 담아야 하는데 현장의 따끈따끈한 모습을 얼마나 잘 담아내느냐에 따라 리포트의 품질이 좌우된다. 생생한 영상은 생동감을 주고 영상과 일치하는 기사는 전달력을 높여준다. 영상이 풍부할수록 알찬 기사가 된다. 임팩트 있는 효과음은 덤이다. 그날 찍은 영상 가운데 최고의 현장 영상을 리포트 기사의 가장 앞부분에 배치하는 것이 제작의 절대 기본이다. 그렇기에 현장 방문이 더더욱 중요한 것이다. 기자가 현장을 방문했다는 표징을 기사에 남기는 것도 좋다. 기자의 취재 활동을 영상에 담거나 현장에서 기자가 말하는 스탠드업stand-up 촬영을 하는 방식으로 말이다. 시청자들은 취재 당사자의 자신감 넘치는 모습을 볼 수 있는 기사리포트를 더 신뢰할 것이다.

시경 캡

2004년부터 2005년까지 16개월 동안 캡을 했다. 기자 인생 최고의 시간이었다. 하고 싶은 보도를 원 없이 했다. 어떤 압력도 외압도 없었다. 훌륭한 상관들을 둔 덕분이었다. 단 하나 과오가 있었다면 바로 밑 후배 등과의 마찰이었다. 단독과 특종을 위해 지나치게 독려한 탓일 것이다. 경찰 기자 1년 반과 검찰 기자 1년 반 등 총 3년 정도의 사건 기자 경력을 바탕으로 10여 명의 경찰 기자들을 지휘하는 캡틴으로 부임했다. 비교적 경찰 기자 경력이 길었던 것은 아니다. 보통 경찰 기자를 '좀 했다' 하려면 3~4년은 해야 하는데 그렇지 못했다. 대신 중간중간에 굵직굵직한 사건의 현장 취재를 자원해 부족한 사건 실무 경험을 메꿔나갔다. 대구 지하철 가스 폭발 사고와 지하철 방화 사건 그리고 태풍 매미 수해현장, 강릉 북한 잠수함 침투 사건 등 대형 사건이 터지면 취재를 자청했다. 여기에 사회부가 아니더라도 어떤 부서에 있든 고발 아이템을 많이 보도한 점이 감안돼 캡이 됐던 것 같다. 수습기자 9명과 1진 기자 6명 등 모두 15명으로 팀을 꾸렸다. 아이템을 보는 눈과 팀플레이에 자신이 있었기에 거침없이 취재 활동을 해나가기 시작했다. 단독 기사 발굴을 최우선 목표로 삼았다. 그저 그런 발표기사는 배제하고 기자들이 직접 취재해 온 내용 위주로 발제했다.

누구든지 만나라고 했고 누구를 만나든지 수첩에 적어서 가져오도록 시켰다. 그리고서는 그들이 취재해 온 내용에서 기삿거리를 뽑아줬다. 무심결에 들었던 말이지만 나의 판단을 거치고 나면 의미 있는 기사로 탈바꿈하니 믿고 따르는 분위기가 자연스럽게 형성됐다. 조직력이 확립됐고 기자들은 자신감이 붙기 시작했다. 의미 있는 단독 기사 양산으로 이어졌다. 사건팀을 이런 조직으로 만드는 것이 캡의 역할이나. 이린 상호 작용을 통해 초년생 기자들은 무엇이 기사가 되고 어떤 것이 특종이 되는지를 배우는 것이다. 나 또한 이런 과정을 거쳤고 나의 캡도 그의 캡을 통해 교육을 받아 훌륭한 캡과 기자가 된 것이었다. 언론사 고유의 문화다. 모시는 캡이 엄할수록 더 많은 배움을 얻게 된다. 기사에 생사가 걸리기도 하는 만큼 실수나 오류가 없도록 해야 한다. 그래서 혹독한 교육이 필요할지도 모른다. 팩트를 다루는데 있어 얼마나 심사숙고의 과정이 필요하고 엄격한 기준을 적용해야 하는지를 이때 몸소 체득해야 하는 것이다.

사건팀 슬로건을 정했다 '1보로 앞서가고 2보로 제압하고 3보로 압도한다.' 천하무적의 팀이었다. 모든 후배 기자들이 캡을 믿고 따라와 줬다. 특종 보도를 이어가니 전화와 인터넷 제보가 이어졌다. 단독보도가 더 많은 단독보도를 낳는 구조가 됐다. 이달의 기자상도 받고 여기자상도 수상했다. 무엇보다 모두가 보람을 느끼니 살판나던 시기였다. 앞만 보고 달리고 타협은 꿈도 꾸지 않았다. 일 욕심에 채찍질이 심했을 수 있고 후배들이 많이 힘들어 했을 수도 있다. 무조건 기사가 된다며 현장에서 취재에 몰입하도록 강하게 몰아붙였으니 힘들지 않을 수 없었을 것이다. 그러나 조그마한 단서만 가져와도 모든 정신을 집중해 훌륭한 기사로 변모시켜줬다. 혼자 취재로는 완결이 힘들 것 같으면 그의 동료들을 투입할 때도 많았다. 협업이 자연스러운 현상이 됐다.

고층아파트 빈집털이가 심심치 않게 일어나기 시작했다. 흔적도 없이 드나든 정황이 너무나 의아해 범죄 수법을 찾도록 몇날 며칠을 사건 현장을 취재시켰다. 며칠 동안 현장에서 살다시피 한 기자들이 전자 도어락 문제임을 알아내 왔다. 전자 도어락에 강한 전류를 흐르게 하면 오작동으로 순간적으로 문이 열린다는 사실을 밝혀낸 것이다. 수습기자 2명이 숨겨진 전자 도어락의 허점을 파헤친 것이다. 이 기사로 업계가 난리가 났다. 추종 보도도 이어졌다. 고급 수입차가 왜 경기도 등 특정 자치단체에 몰리는지도 발로 뛰어 알아냈다. 구청 바닥을 헤집고 다니며 등록하러 온 차들을 직접 탐문해 각 자치단체별로 수입차 등록세에 편차가 있고 이를 악용하는 차주들이 있다는 것을 알아내 실태를 폭로했다. 대부분 렌트나 리스차 업자들이 껴 있었다. 한강에 투신한 주검을 병원 영안실에서 웃돈을 주고 유치 경쟁을 벌이는 충격적인 시신 장사도 찾아냈다. 소형 이어폰과 무선 통신 장치를 동원해 문제를 대신 풀어주는 토익 비리 일당도 찾아내 폭로했다. 현직 청와대 행정관이 부인을 무참히 살해했는데 수사기관이 이를 숨기려던 사실도 알아내 보도했다. 국내 유수 자동차 회사의 신차 불량문제를 여러 외압을 무릅쓰고 방송을 해내기도 했다. 이루 말할 수 없이 많은 크고 작은 단독들을 일궈냈다. 같이 했던 모든 기자들과 아직까지도 이 기억들을 함께 나눈다.

캡은 사회부 사건 기자의 정신적 지주 역할을 하며 그 기자의 기자상을 확립하는 데 방향타 역할도 한다. 자세와 태도, 건전한 관점과 취재 요령 등 기본기를 가르치고 훌륭한 롤모델이 돼 주는 것이다. 웬만한 부서의 부원들보다 많은 인원을 거느리다보니 회사의 분위기 형성에 영향을 주고 활력을 돋우기도 한다. 캡은 부장이 되기 전에 조직을 거느리고 인력을 운용하는 법을 배우니 말 그대로 보도국 간부로 가는 경로에 있는 중요한 자리다. 캡을 하면서 느낀 것은 방송은 한 사람의 개인기로 이루는 성과보다는 협업을 통해 기사를 생산해 낼 때 더 큰 성과를 낸다는 것이다. 그로 인해 회사의 경쟁력이 더 높아지는 것은 당연하다. 그리고 기자별로 잘하는 분야가 서로 달라 그들 각각의 장점을 살리는 지휘를 해야 한다. 서로의 장점을 배우려 하는 분위기도 만들어진다. 또 외부의 외풍을 막아내는 역할도 해야 한다. 부서장들도 외압에 흔들릴 수 있고 국장도 그러하다. 필드의 최후 저지선은 캡이라는 사명감으로 기사 수정과 삭제 요구에 대항했다. 다소 무례하다는 느낌을 줄 수도 있었다. 그런데 싸워 본 선배는 이런 태도를 인정해 줬다. 직속 차장과 나를 뽑아 준 보도국장이 그러했다. 마음껏 취재를 지휘하고 차별화된 방송을 할 수 있었던 것도 좋은 지휘관을 만난 덕분이다.

마찰도 있었다. 취재와 근태에 엄격한 기준을 적용했기 때문이다. 그들의 마음 하나하나를 살피지 못했던 것은 지금의 심정으로 죄송하고 미안할 따름이다. 그러나 어느 기자 하나 뒤쳐진 이가 없었다. 모두들 무에서 유를 창출해 냈다. 과거 열심히 한 경험이 토대가 돼 제대로 지휘를 할 수 있었던 같다. 나 또한 엄격한 선배들로부터 값진 노하우들을 전수받은 덕분이다. 언론계에 계승돼 온 좋은 문화다.

3

선거를 치러야
정치부 기자다

정치부 기자는 정당을 취재하는 정당 기자와 총리실 국방 외교 통일을 담당하는 부처 담당 기자, 그리고 청와대를 취재하는 청와대 출입기자 등으로 나뉜다. 정부의 정보 통제가 강화되면서 정치부 기자의 역할이 더욱 커지고 있다. 각 부처를 관할하는 상임위 국회의원을 통한 정보 수집이 활발하게 이뤄지고 있어서다. 취재할 내용을 의원실을 통해 관련 부처에 문의하면 돌아오는 답변으로 기사를 쓰는 것이다. 정당 기자는 여당 출입과 야당 출입으로 나뉘고 이들을 총괄 지휘하는 국회 반장이 있다. 정치부 기자는 총선이든 대선이든 선거를 경험해야 부쩍 성장한다. 정치라는 것이 결국은 자기편을 만드는 것이고 자기편이라는 것은 득표로 결정되는 것이니 이 선거전이야 말로 정치인들의 민낯을 고스란히 들여다볼 수 있는 좋은 기회인 것이다. 공천과 각종 후보 선성 과정 중에 벌이는 치열한 정치 행위도 속속들이 들여다볼 수 있다. 세력 다툼의 양상과 각 세력 간 역학 구조를 재빨리 파악해야 한다. 정당이 어떤 사람과 어떤 세력에 의해 주도적으로 돌아가는지를 알고 있어야 제대로 흐름을 짚고 기사를 쓸 수 있는 것이다.

객관적인 자세를 유지하는 것도 중요하다. 출입하는 당의 대변인 역할로 전락하는 것을 경계해야 한다. 선거철에는 더더욱 그렇다. 정치인들은 기자들마저 자기편으로 끌어들이려 한다. 그들에게 윤리의식을 생각하라고 할 수 없다 기자들이 지켜야 하는 것이다. 그렇다고 너무 거리를 두면 내밀한 정보를 받을 수 없으니 적절한 줄타기를 해야 한다. 한 중앙 일간지에서는 대선 이후 여야 담당 기자들끼리 주먹다짐을 벌인 일이 있다. 본인들이 각 당의 이익을 대변하는 정치인으로 전락한 까닭이다. 여론에 영향을 미칠 수 있는 기자는 후보들에게는 매력적인 친교 대상이다. 제 편으로 끌어들이면 우호적인 기사가 나올 뿐 아니라 상대편 정보와 정치 행보에 대한 조언도 받을 수 있어서다. 공짜가 있겠는가? 우리는 한자리 꿰차는 기자들을 많이 보지 않았는가? 그들이야 상생한 것일 수 있겠지만 공정한 언론을 바라는 국민들에게는 피해다.

국회의원뿐만 아니라 보좌관과도 평소 잘 지내둬야 한다. 의원실 동향을 꿰뚫어 볼 수 있게 도움을 받을 수 있고 의정활동 정보도 입수할 수 있어서다. 국회회기 중에는 입법 관련 정보와 각 부처 동향 자료들이 의원실에 다수 존재한다. 국정감사 기간 중에는 자신의 이름을 언론에 노출시키기 위한 의원들의 사투가 시작된다. 자기들이 입수한 자료가 크게 다뤄지고 의미를 잘 살려 부각시켜 줄 수 있는

특종을 쫓는 종횡무진 뉴스맨

언론을 선택해 은밀히 정보를 흘리기도 한다. 이때 언론사 사세도 중요하지만 평소 관계를 잘 맺어 둬야 기회를 잡을 수 있다.

기자의 제왕? 청와대 출입

정당 기자 이상의 상징적인 의미를 갖는 기자는 청와대 담당 기자이다. 언론사마다 이 자리에 누구를 배치하느냐가 초미의 관심사이다. 기자 본인으로서도 영광스러운 자리다. 권력 최상층부에서 나라를 바라볼 수 있는 값진 취재 기회는 아무한테나 주어지는 것이 아니다. 청와대 출입기자는 기자의 제왕이라는 우스갯소리도 있다. 최고 권력자와 통할 수 있는 기자가 주로 선정된다. 대선 캠프에서부터 활동을 이어간 기자 중에 선발되는 경우가 많다. 캠프 취재를 활발하게 한 사람이면 청와대에 포진한 인맥에도 정통하다. 청와대 기자가 기사만 쓰는 것은 아니기 때문이다. 정보 활동과 언론사 관련 로비 활동도 무시할 수 없다. 최고 권력기관에서 나온 정보는 모든 부서 기자들에게 취재 정보로 활용될 수 있다. 정보 배급이 활발할수록 보도국 전체에서도 좋은 기사들이 생산된다. 이 정보 활동이 사적인 영역에 치우치지 않도록 스스로 관리해야 한다. 윤리 의식이 몸에 배 있어야 가능한 일일 것이다. 그러나 불행히도 몇몇 언론사에서는 공적 영역을 벗어난 활동의 결과로 지탄을 받거나 여러 시비에 휩싸이는 경우가 왕왕 있었다. 기자라기보다는 정치브로커 취급을 받았다. 이렇게 되면 대부분 낙인이 찍혀 불명예스럽게 말년을 보낸다.

국회의원 등 정치인과 국무총리 장관급 인사들을 상대해야 하는 정치부는 많은 기자들에게 선망의 대상이다. 정당 취재는 팀원 간 호흡이 맞아야 해서 호불호를 따져 뽑는 경우가 허다하다. 사회부 초년병 시절부터 눈여겨본 친구들을 낙점해 가기가 일쑤다. 성실하고 열정적이고 적극적인 기자를 낚아채 가는 것이다. 법조 기자 중에서 두각을 드러내는 친구들이 자주 정치부 정당 기자로 선발돼 간다. 말 한마디를 듣고도 기사를 쓸 수 있어야 하고 무작정 기다려 취재원을 만나야 하는 등 법조와 정당 취재 방식이 비슷해서다. 법조에서 두각을 드러내는 기자가 정치부에서도 능력을 발휘하는 경우가 많으니 이런 관행이 자연스럽게 생겨나는 것이기도 하다.

4
방송 경제부는 다르다

경제부는 경제 정책을 다루는 경제팀과 산업현장을 다루는 산업팀으로 크게 나눌 수 있다. 경제팀 영역인 경제정책 증권 금융 등은 실체가 없어 영상 만들기에 애를 먹는다. 경제 뉴스는 경제 정책이나 각종 지표를 제대로 진단하고 의미를 해석해 주는 것이 핵심 업무 영역이다. 청년 실업률과 같은 고용 문제 그리고 비정규직 문제 등도 국민들이 궁금해 하는 뉴스다. 환율이나 금리 등의 문제를 다룰 때는 수출 기업이나 가계가 겪는 실제 상황을 시각적으로 접근해냄으로써 경제에 미치는 영향이 피부에 와닿도록 쉽게 풀어나가야 한다. 경제 뉴스는 영상 만들기가 관건이다. 그래서 방송 경제부는 다르다고 말한다. 기사 가치는 높아도 내용이 정책과 숫자로 채워져야 하면 메인 뉴스 아이템으로 채택이 안 되는 경우가 종종 있다. 내용이 복잡하고 볼거리가 상대직으로 약해 시청자 반응이 신통치 않기 때문이다. 시각적 효과를 내기위해 컴퓨터 그래픽 활용이 많은데 가독성 있도록 내용을 명료하게 해야 한다. 요령이 필요한 일이라 고민을 많이 해야 한다.

산업 영역에서는 자동차 조선 반도체 중소기업 등은 실체가 있어 영상 뉴스적 성격이 있다. 소비자 유통과 부동산 등이 핫한 분야다. 생활 기사를 발굴할 여지가 크다. 역시 산업 영역에서도 사건성으로 접근하면 시청자의 눈길을 끌 수 있다. 자동차의 결함 은폐, 불합리한 프랜차이즈 계약, 소비자 기만 상술 등은 사건 성격으로 좋은 소재가 될 수 있다. 경제 기사의 요체는 현장성을 얼마나 부각시킬 수 있느냐다. 산업과 소비 등 현장을 누비다보면 살아 있는 생생한 경제 뉴스를 만들어 낼 수 있다. 그런 관점에서 보면 경제정보를 시각적으로 만들어 낼 수 있는 베테랑급 인력이 필요한지도 모른다.

또 각 기업과 기관에서는 홍보실을 운영하고 있는데 비판적인 기사는 나가지 않게 하려 하고 우호적 기사는 내보내려는 로비가 치열하다. 연차가 낮은 기자일수록 균형감각을 유지하기 쉽지 않기 때문에 이를 감안해 인력 배치가 이뤄지는 것이 바람직하다. 또 취재 협조에 너무 의존하다보면 자신도 모르게 소위 앉은뱅이 기자가 될 수도 있기에 최대한 발로 뛰고 핵심 취재원에 근접하려 애를 써야 한다. 정부 부처나 정부 기관의 경우 고위직 인사들에게 접근하기 위해 힘을 기울여야 하고 기업의 경우도 홍보실 간부 이외의 고위 경영진에 접근할 취재 네트워크를 만들 수 있어야 차별화된 기자가 될 수 있다.

사건 기사처럼

경제뉴스는 앞서 말했듯이 시청률 문제에 봉착한다는 난점이 있다. 그래서 나는 고발성 아이템으로 접근해 사건성으로 기사를 풀어나가는 방법으로 이를 극복하려 했다. 최근 들어 이슈가 되고 있는 암호 화폐의 실체와 거품 여부 등을 다룰 때도 이런 접근 방법이 도움이 된다. 옵티머스나 라임과 같은 펀드의 권력형 비리 의혹도 사건적으로 접근하기에 좋은 소재다. 비정규직 근로자의 과로사와 공사 현장에서의 고질적인 안전사고 등 경제 산업 현장에서 일어나는 현상도 사회적 사건으로 확장할 수 있다. 소비자 유통 먹거리는 방송사의 단골 고발 아이템이다. 현장과 피해자가 있어 생동감 있는 영상을 만들기에 유리하다. 모든 경제 아이템을 사건성으로 처리할 수는 없으나 현장성과 고발성을 살리는 아이템은 경제산업부의 기사 선택의 폭을 넓혀주고 시청자에게는 역동적인 경제 뉴스를 제공하는 이점이 있다. 기자들도 고발성 기사로 긴장감을 가질 수 있으니 세 마리 토끼를 잡을 수 있는 셈이다.

준 보도국 전국부

전국뉴스를 다루는 전국부는 사실상 준 보도국이다. 굵직한 정치 사회 뉴스를 수시로 양산하는 현상을 빗댄 표현이다. 사건 사고는 물론이거니와 태풍과 홍수 폭설 등 자연재해는 중요한 뉴스다. 태풍이

휩쓸거나 폭설이 내리면 사회부 사건 기자들이 지원 투입된다. 지방 검찰청과 법원 기사도 취급해야 하니 전국부 기자는 안 다루는 기사가 없다시피하다. 요즘은 정치인 특히 대권에 도전하는 지방자치단체장이 많아 이들의 발언도 신경을 써야 하니 정치적 감각도 발휘해야 한다. 전국부 기자들에게는 부서 구분이 필요가 없는 것이다.

그밖에 보도국에는 국제부와 기획취재부 등이 있다. 국제뉴스를 다루는 국제부는 특파원 관리를 하고 AP 로이터 CNN 등으로 들어오는 뉴스를 처리하는 업무를 한다. 외신으로 전해지는 뉴스는 영상으로도 제공되기에 이 영상들을 보면서 기사 처리를 하는 것이다. 기획취재부는 말 그대로 출입처나 담당에 얽매이지 않고 고발성 아이템을 시간적 여유를 갖고 다루는 곳이다. 여러 경로로 들어오는 제보와 SNS상에서 노출되는 사회 문제 등을 취재 재료로 쓴다. 보도국이 뉴스만 다루는 시대는 점점 사라져 가는 안타까움이 있다. 미디어 시장이 포화 상태가 되면서 각 매체는 포럼 개최 등 수익 사업을 벌여 나가는데 보도본부가 직·간접 지원을 해야 하는 일이 생기는 것이다. 평기자들의 관여는 매우 제한적이지만 간부급 기자들은 매체의 경영 사정에 따라 개입 정도가 달라질 것이다. 기사만 다루는 것이 얼마나 행복한지 모른다.

5

깨지면서 배운다

기사記事는 사실을 적는 것이다. 유용한 여러 정보를 전달하고 지식을 넓혀주는 데 이바지한다. 경제 정보는 시장경제 활성화에 도움을 줘 자본주의 체제가 잘 돌아가도록 도움을 준다. 언론의 권력에 대한 견제 관점에서 보면 권력자나 위선자들이 감추려는 비리를 밝혀내 사회가 깨끗해지도록 한다. 그럼으로써 사회가 합리적인 시스템을 구축하는 데도 도움을 준다. 시청자讀者들은 방송의 비판적인 기사에 속시원해 한다. 그러나 기사가 사실과 다를 때 그리고 주관성이 개입되거나 특정한 목적을 가지고 방향성을 가질 때는 엄청난 폐해를 불러올 수 있다. 흉기 이상이 될 수 있는 것이다. 그래서 기자 교육은 기능적 교육이 아니라 마인드 즉, 정신과 철학 윤리적 측면에서의 교육이 돼야 한다.

방송 기사는 크게 3가지 종류로 나눌 수 있다. 앵커가 읽는 30초 안팎 분량의 3~4줄 짜리 단신 기사와 중계방송 원고 같은 10여 줄 길이의 기사 그리고 리포트 기사 등이다. 먼저 가장 핵심인 리포트 기사 작성에 대해 설명한다. 리포트report의 원래의 뜻은 조사 보고서이다. 방송 뉴스에서 기자의 보도 내용물을 리포트라 칭한다. 기자가 조사한 내용을 보고하는 의미로 쓰인 것으로 보인다. 이 리포트는 2세대 방송 기자 시대에 탄생한 전통적인 방송 기사의 전형이다. 아나운서의 내레이션만으로 전달되는 단순 방식을 탈피해 영상과 오디오 동시 녹음이라는 입체적인 방식을 채택했다. 전달력을 높이기 위해 취재 현장에서 찍은 영상에 기자의 오디오가 더해진 형태다. 기자의 얼굴과 멘트를 촬영한 스탠드업stand-up 영상이 포함된다. 영상과 오디오를 혼합하기에 제작 개념이 들어간다. 1분 30초 길이가 많이 쓰이나 1분 미만, 긴 것은 2분을 넘는 것도 있다. 정해진 시간 안에 많은 뉴스를 소화하려다 보니 리포트 길이가 짧아지는 경향인데, 이런 현상은 참을성 없는 시청자의 시청 패턴이 반영된 측면도 있다.

리포트 제작은 취재 현장에서 주로 도제식으로 진행된다. 취재 현장을 함께 뒹구는 바로 위 선배로부터 혼나면서 배우는 것이다. 설계와 밑그림을 그려주는 선배와 리포트의 방향성을 정해주고 오류를 봐주는 캡, 그리고 최종 승인을 내는 데스크들이 영향을 미친다. 수습기자는 이들의 제작 방식을 배우게 되고 그 방식이 자신의 특징으로 굳어진다. 많은 수정을 받을수록 제작역량이 늘어난다. 머리가 말랑말랑할 때 좋은 선배들을 만나 많은 가르침을 받아야 기사가 좋아지고 제작 기법도 출중해진다.

리포트는 작은 편집구성안

리포트는 기사이지만 제작의 의미로 보면 작은 편집 구성안이라고도 할 수 있다. 편집 구성안의 개념에 대해서는 5장에서 자세히 설명하겠지만 리포트 구성을 얼마나 짜임새 있게 하느냐에 따라 기사의 질이 좌우된다. 리포트 기사원고의 기본은 단신 기사에서 출발한다. 단신 기사를 일목요연하게 쓸 수 있게 되면 리포트 기사를 쓸 기초가 습득됐다고 본다. 기사에 담겨야 할 내용들이 무엇인지를 아는 수준에 달한 것으로 간주되기 때문이다. 또 어떤 내용을 전달해야겠다는 취사선택 능력이 갖춰져 있는 것으로 본다. 간혹 리포트 원고는 제대로 쓰는데 단신 기사 작성이 서툰 경우가 있다. 체계적으로 훈련을 받지 못해서다. 라디오 방송 등이 있는 곳은 반드시 단신 기사를 먼저 쓰도록 가르친다. 그런데 이것이 리포트 원고를 쓰는 데도 큰 도움이 된다. 자기가 다룰 기사에 대한 개념이 분명히 서는 것이다. 이 개념의 연장선상에서 리포트 원고를 쓰는 셈이니 더욱 풍성한 느낌으로 원고를 쓸 수 있게 된다. 이에 앞서 해야 하는 일이 있다. 취재를 마치고 돌아와서는 반드시 촬영한 영상을 봐야 한다. 취재 수첩에 기록된 내용만으로 현장에서 보고 느꼈던 모든 기억과 감각을 그대로 유지하지 못한다. 불과 몇 시간 전의 일이었다 하더라도 말이다. 촬영된 영상도 팩트의 일종이다. 눈으로 본 뒤 머릿속에 남겨진 취재 현장을 촬영 영상으로 한 번 더 확인해 기억을 또렷이 해야 한다. 취재 수첩에 그 내용을 기록하면서 보면 더 도움이 된다. 그런 다음 원고를 작성해 보자. 확연한 차이를 느끼게 될 것이다.

방송사 메인 뉴스에서 중요하게 생각하는 리포트 쓰는 법을 알아보자.

〈리포트의 구성 요소〉

리포트 작성법을 알기 전에 리포트에 대한 개념을 파악하는 것이 좋다. 제작에 대한 이해를 돕기 위한 취지다. 그러려면 리포트를 구성하는 요소들에 대한 개념 숙지가 선행될 필요가 있다. 리포트는 앵커멘트와 기사 본문으로 이뤄져 있는데 기사 본문은 영상과 인터뷰 현장음 기자 더빙 등 요소들의 묶음패키지으로 구성된다. 각각의 요소들은 그 자체로 뉴스와 정보를 담고 있기에 엄연한 팩트의 일종이다. 소홀히 다뤄져서는 안 된다는 뜻이다.

리포트 패키지 항목
• 영상(영상 자료 포함)
• 기자 오디오 더빙(기사 본문)
• 인터뷰
• 기자 스탠드 업
• 현장음(이펙트)
• 그래픽과 자막

패키지 리포트의 구성 요소를 살펴보면 다음과 같다. 기자 더빙 기사 본문 인터뷰 현장음 영상화면 기자 스탠드업 그래픽 자막 등으로 이뤄져 있다. 이 요소들을 어떤 순서로 배치하느냐에 따라 리포트의

내용이 달라지며 시청자에게 주는 느낌도 차이가 난다. 그래서 이 요소들을 어떤 조합으로 어떻게 구성하느냐가 창작의 영역으로 볼 수 있다. 기자의 오감과 육감이 작용하는 영역이다. 이 요소들을 버무리는 영상 편집 과정을 거치면 리포트는 완성된다. 영상과 소리에 대한 이해를 바탕으로 패키지 구성 요소들을 자유자재로 다루는 능력이 있어야 입체적인 리포트 제작리포트 기사 작성이 가능하다. 기사 본문이 품고 있는 팩트의 파괴력 또한 크다면 리포트 전체의 풍성함은 말할 나위가 없을 것이다. 큰 팩트를 발굴하면 제작과정이 신명나게 된다. 특종을 보도한다는 생각에 창의력이 솟구치고 의욕이 맹렬해진다. 더 많은 공을 들이게 되고 성과와 보람은 더 커진다. 앞서 서술한대로의 주안점만 숙지하면 리포트 제작의 기본기를 갖추는 데는 문제될 것이 없다.

이제 단계별 작업에 대해 언급을 해보겠다. 주제는 단순할수록 전달력이 뛰어나다. 1분 30초 안팎의 분량에 담아낼 수 있는 메시지는 매우 한정돼 있다.* 일반적인 시청자들은 편안한 상태로 뉴스를 듣는다는 것을 명심해야 한다. 재밌는 말 한마디, 충격적인 한 장면만 기억하곤 한다.

앵커멘트는 리포트 전체 내용이 요약되도록 하거나 궁금증을 유발할 수 있도록 하는 등 그때그때 효과적인 방법을 선택한다. 두 문장을 기본으로 하되 앵커의 의도에 따라 탄력적으로 길이를 조절한

---

* 2016년 국정교과서 보도와 관련된 방송 리포트 길이를 분석한 결과 KBS 1분 44초, SBS 1분 45초, TV조선 1분 51초, JTBC 1분 40초로 나타났다. 이 가운데 앵커멘트의 길이는 KBS는 17초, SBS는 16초, TV조선은 21초, JTBC는 22초였다.

다. 앵커멘트는 기사의 한 부분이라 생각하고 앵커멘트부터 작성한 뒤 리포트 본문 쓰기에 들어가야 일관성이 있고 중복을 피할 수 있다. 기자들이 앵커멘트를 자신의 내레이션이 아니라는 생각에 리포트 본문부터 작성하는 경향이 있는데 이는 잘못된 생각이다. 리포트 본문을 부각시키는 역할을 앵커멘트가 하고 앵커멘트와 리포트 본문이 전체로 묶일 때 더 알찬 메시지가 된다는 생각을 반드시 가져야 한다. 대단히 중요한 내용이라면 앵커멘트와 기사 본문이 겹칠 수 있다. 간혹 앵커 자신을 더 부각시키려 본문의 핵심 내용 상당량을 끌고 오는 문제로 마찰을 빚기도 하는데, 프로그램 전체의 효과적인 구성을 생각하는 운영의 묘가 필요할 것이다.

첫 문장이 중요

리포트 본문은 첫 문장이 가장 중요하다. 촬영본 중에 가장 임팩트 있는 영상을 제일 첫 문장에 배치하고 이 화면과 호응하도록 하면서 기사를 전개한다. 가급적 영상과 기사 내용이 일치하도록 시각화에 주안점을 둔다. 영상과 원고가 일치해야 전달력이 높다는 학문적 연구 결과도 있다. 본문 시작 20~30초 안에 현장음이나 인터뷰 또는 기자의 스탠드업stand-up이 나오도록 한다. 도입부 이후부터는 가장 중요한 내용 순으로역삼각형 구조 전개한다. 리포트에 담고자 하는 내용에 맞는 화면이 취재돼 있는지 적어도 영상으로 뒷받침할 수 있는지를 미리 파악해 놓아야 한다. 기사는 단문으로 말하듯이 써내려가고 인터뷰 앞 문장에서는 궁금증을 유발하도록 서술하는 방식이 좋다. 너무 많은 정보를 담으려 하지 말고 단순명료하게 핵심 정보만을 제공하려고 노력하자. 과다한 정보는 오히려 이해를 어렵게 할 수 있다.

항상 머릿속에 기사에 녹일 정보를 시각적으로 어떻게 표현할 수 있을지 즉, 시각화하는 습관을 들이도록 해야 한다. 이때 시각화란 기사 내용을 시각적으로 표현하는 것을 말하는데 영상과 기사의 일치 그리고 좋은 영상을 기사로 연계표출시키는 것 등을 포함한다. 인터뷰는 7~15초 범위 안에서 생생한 목소리를 담아내야 한다. 간략하고 간결한 인터뷰를 할 수 있어야 한다. 그렇다고 인위적으로 하려 해서는 안 된다. 가장 자연스러운 말이 나올 수 있도록 인터뷰를 시도해야 한다. 리포트에는 두 개 이상의 인터뷰와 1~2개의 현장음이 나오도록 하는 것을 권한다. 인터뷰는 완결체로 끝나도록 한다. 유능한 기자일수록 단문으로 끝나는 인터뷰를 잘 유도해 낸다. 인터뷰를 끼워 맞추는 짜깁기는 지양한다. 요령 있게 질문해야 자연스럽고 간단명료한 답변을 얻을 수 있다. 자막도 팩트의 일부임을 명심해야 한다. 이상의 몇 가지 전제들을 숙지하면서 원고를 써내려가면 되는데 가급적 앞에 있는 사람에게 말하듯이 구어체로 쓴다. 도입문을 시작으로 해서 앞뒤 문장이 상호 호응, 연결되도록 신경쓰도록 하자. 영상 흐름도 이에 맞도록 한다. 쓴 원고는 한두 번 소리내며 읽어 자연스러운지 확인한다.

마지막으로 덧붙이자면 좋은 영상은 치열한 현장 취재에서 비롯된다. 저지와 거부에도 악착같이 찍으려 하고, 집요하게 덤벼들어야 생동감 있는 영상과 인터뷰를 확보할 수 있다. 1인 취재가 됐든 카메라 기자와의 협업이 됐든 맹렬하게 취재에 임해야 얻을 수 있는 결과들이다. 지금까지 말한 부분들을 아래의 표로 정리해 봤다.

Editing note | 리포트 작성 요령

1. 원고를 쓰기 전에 항상 촬영한 영상을 반드시 먼저 본다.
2. 10자 내외의 제목을 정한다. 제목이 리포트의 뼈대를 만들어 준다.
3. 취재한 내용 중에 꼭 들어가야 할 항목을 정리한다. 일종의 체크리스트다. 이 항목들이 빠지지 않도록 살피면서 리포트 작성을 해 나간다.
4. 앵커멘트도 기사의 일부라고 생각하고 중요한 정보를 담는다. 기사 본문과 중복되지 않도록 한다.
5. 기사 본문 첫 문장이 가장 중요하다. 촬영본 중에 가장 임팩트 있는 영상을 제일 첫 문장에 배치하고 이에 들어맞는 원고를 쓴다.
6. 가급적 영상 내용과 기사 본문 내용 전체가 들어맞도록 시각화에 주안점을 둔다. 영상과 원고가 일치해야 전달력이 높다는 학문적 연구 결과도 있다.
7. 본문 시작 20~30초 안에 현장음이나 인터뷰 또는 기자의 스탠드 업stand-up이 나오도록 한다. 다채롭게 보이도록 하기 위해서다.
8. 생생한 현장음이 군데군데 들어가도록 한다.
9. 역동성 있는 스탠드 업stand-up을 반드시 포함시켜 현장성을 높인다.
10. 전체적 영상의 흐름 즉, 영상 스토리 라인을 만든다. 클로징 부분에도 전체를 완결하는 느낌을 줄 수 있도록 하는 영상을 미리 고민해 둔다.

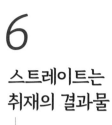

6
스트레이트는
취재의 결과물

스트레이트는 단신 기사라고도 불리는데 뉴스에서 앵커가 직접 읽는 기사를 말한다. 스트레이트 기사는 취재한 내용을 일목요연하게 담아내는 글이다. 그런 관점에서 보면 스트레이트 기사는 취재의 최종 결과물이다. 취재를 얼마나 잘했는지 취재를 얼마나 열심히 했는지를 보여주는 평가물이기도 하다. 취재한 분량만큼만 기사로 담아내면 경제적으로 이상적인 기사가 될 것이다. 그러나 취재한 내용이 더 많거나 적은 경우가 보통이다. 그래서 취사선택의 판단이 작용한다. 취재한 내용이 많을 때가 문제다. 가장 중요한 내용부터 써 내려가 덜 중요한 내용은 빼야한다. 취재한 내용이 적으면 추가 취재를 하면 된다. 리포트보다 기사 길이가 분량이 짧다는 의미로 '단신短信'이라고 불리지만 현재 방송 환경에서는 반은 맞고 반은 틀린 말이다. 메인 뉴스 등에서는 짧은 기사의 의미로 쓰이지만 온라인 등에 노출돼야 할 때는 신문 기사 분량만큼으로 늘어나니 말이다.

스트레이트는 통상적으로 리드와 본문으로 구성된다. 짧은 리드를 포함해 4줄 정도, 30초 안팎의 분량이다. 리드란 도입문을 말하며 전체 기사의 방향과 내용을 가늠하게 하는 문장이다. 잘 쓰여진 리드는 본문에 대해 대략적인 정보를 주면서 궁금증을 유발한다. 리드는 간단명료해야한다. 방송 기사는 눈으로 보는 활자가 아니라 듣고 보는 것이니 전달력을 높이기 위해 짧고 간결하게 써야 한다. 육하원칙에 의거해 언제 누가 어디서 무엇을 어떻게 왜 등 정확한 사실관계를 담아야 하고 문장과 문장 사이 흐름이 자연스러워야 하며 전개가 논리적이어야 한다. 중요도 순서에 따라 기사를 써내려 가는 역피라미드 형태의 구조를 띤다. 가장 중요한 내용부터 방송되도록 하고 맨 마지막 문장부터 역순으로 우선 삭제할 수 있다는 의미에서 그렇다. 스트레이트 기사는 리포트 원고와 전혀 다른 전개 방식인데 앞서 말했듯이 리포트를 스트레이트 기사로 소화할 수 있는 글 능력을 갖춰야 한다.

휴일 스케치 같은 리포트 기사일지라도 스트레이트 기사로 표현해 낼 수 있어야 한다. 어떤 내용이든지 기사의 기본이 되는 스트레이트로 처리할 수 있는 능력을 갖춰야 한다. 이는 훈련을 통해 습득 가능하다. 최근 방송 영역이 인터넷으로 확대되면서 스트레이트^{단신} 기사 길이도 길어지고 더 많은 정보를 담는 추세를 보이고 있다. 단신 작성이 중요한 이유는 취재한 내용을 머릿속에서 정리할 수 있고 어떤 내용을 취재해야 하는지를 자연스럽게 알게된다는 것이다. 기사란 보고 들은 수많은 내용 중에 필요한 내용을 취사선택한 결과로 나타난 것이니만큼 취재 내용을 어떤 관점에서든 자유자재로 구사할 수 있어야 기본기가 탄탄한 기자로 평가 받을 수 있다. 취재를 많이 하게 되면 취재한 내용을 스트레이트 기사로 쓰고자 하는 욕구가 자연스럽게 생기게 된다.

Editing note | 가치 있는 기사로 보는 기준

근접성
일어난 일이 시청자 또는 독자와 살고 있는 곳과 가까울수록 기사의 가치는 커진다. 외국사건보다는 국내사건이, 국내사건 중에서도 타지방보다 자기가 거주하는 곳의 사건 가치가 더 크다.

시의성
현시점의 뉴스가 더 큰 가치를 갖는다. 현재 일어나고 있는 정치 경제 사회 문화적인 것들과 연관성이 있을수록 좋다.

영향력
더 많은 사람에게 영향을 미칠수록 기사의 가치는 높다

저명성
직위나 지명도가 높은 사람과 관련된 기사일수록 가치가 커진다.

흥미
시청자들이 큰 관심을 나타내는 것이 중요한 뉴스다. 교육 건강 재테크 등이다.

기이함(진기)
일상의 경험과는 전혀 다른 진기한 내용일수록 가치가 크다. 개가 사람을 물면 기사가 되지 않지만 사람이 개를 물면 재밌는 기사가 된다.

7

중계

마이크로 웨이브와
SNG 그리고 인터넷

중계에는 마이크로 웨이브 파를 사용하는 중계와 위성을 사용하는 중계SNG가 있다. 최근에는 인터넷 무선 신호를 이용하는 중계가 늘어나고 있다. 중계는 현장의 모습을 보여줘야 하거나 현장에서 기사를 전달해야 할 정도로 중요한 상황에서 이용되는 방송 뉴스의 형태이다. 현장의 생생함을 전달하기 위해 현장 분위기를 기사에 반영하는 것이 좋다. 중계 기사 역시 앵커멘트와 기사 본문으로 구성되는데 기사 본문은 단신 기사를 길게 늘려 쓴 형식으로 생각하면 되지만 차이점이 있다. 전달력을 높이기 위해 현장 상황을 생생하게 묘사하는 것이 좋다. 2~3문장 이상 들어가도 무난하다. 재난 방송의 경우에는 현장 모습을 자세히 묘사할수록 현장성이 살아난다. 문장은 가급적 단문으로 쉽게 쓰는 것이 듣기에 편하다. 전체 길이는 1분 40초 안팎이고 앵커의 질문 수에 따라 분량이 늘어날 수 있다.

특종을 쫓는 종횡무진 뉴스맨

기술적으로 중계 원고 사이에 사전에 제작한 리포트를 삽입할 수도 있다. 인터뷰를 반영하고 진행된 뉴스 상황을 전체적으로 담아내려 할 때 주로 쓰인다. 이 경우 첫 한두 문장과 마지막 한 문장을 현장 연결로 처리한다. 이를 진행 현장에서는 '반작'이라고 부른다. 기사 작성은 기사 작성 요령에 관한 책을 통독한다고 능숙해지는 것이 아니다. 실전을 통한 경험과 부단한 노력이 결합돼야 능수능란하게 쓰는 경지에 이른다. 누구나 좋은 기사를 쓸 수 있다. 단 취재한 내용을 일목요연하게 담아낼 수 있는 능력을 키워야 한다. 취재를 하고 이를 기사로 마무리 짓는데 흥미를 느껴야 한다. 혼신의 정성을 기울여야 한다.

중계와 비슷한 보도 형식이 전화 연결이다. 단신 기사를 길게 쓴 것과 같은 형식이지만 미리 찍어 온 현장 화면이 배경으로 방송되는 만큼 현장의 모습을 묘사한 멘트도 쓰이도록 하는 것이 좋다. 전체 길이는 중계와 대동소이하고 형식도 같다. 다소 정적인 포맷이라 아주 긴박한 상황 또는 기술적 오류로 중계가 불가능할 경우에 쓰인다고 보면 된다. 원래는 라디오 방송에서 활성화된 보도 유형이다.

애드리브가 중요하다

사전 원고 없이 즉흥적으로 멘트를 하는 상황도 있다. 이 능력이 중요한 자질로 간주된다. 미처 원고를 쓸 시간이 없을 정도의 급박한 중계 상황에서는 기자의 즉흥적인 말 실력에 의존할 수밖에 없다.

이를 애드리브adlib라고 하는데 이 능력의 중요성이 더욱 강조되고 있다. 급박한 상황에서 기자의 순발력으로 하는 애드리브는 자연스러운 뉴스 느낌이 나도록 하는 효과가 있다. 앵커는 기자의 원고가 궁금증을 모두 해소해 주지 못한다고 생각하면 즉흥적인 질문을 할수도 있다. 기자는 이에 대한 대비도 해야 하고 이를 위해 평소에 연습을 해두는 것도 필요하다. 9시 뉴스 같은 메인 뉴스는 보통 짜여진 원고대로 진행하지만 급박한 상황에서 연결하는 중계는 기자의 애드리브에 기댈 수밖에 없다. 기자는 당황하지 않고 위기의 순간에서 존재감을 드러낼 수 있어야 한다. 뜻밖에도 가감 없는 멘트들이 전달력을 더 높이고 더 좋은 반응을 불러올 때가 왕왕 있다. 애드리브가 강한 기자가 평상시 중계에도 재능을 보인다. 단 예민한 상황을 전달해야 하는 아이템의 경우는 단어 하나에도 오류가 있으면 안되니 신중한 전개가 필요하다. 혹 실수가 있게 되면 반드시 곧바로 정정하는 것이 좋다.

8
리포트의 꽃 스탠드 업
stand-up, on-mic

취재 현장에서 기자가 말하는 부분이다. 스탠드업 역시 원고의 일부이니 맥락을 가늠해 적절한 문장으로 촬영해야 한다. 전체 원고가 완성되기 전에 촬영해야 하는 경우가 많은 만큼 꼭 들어가야 할 팩트 중 한 부분을 스탠드업으로 처리할 수 있어야 한다. 노련한 기자일수록 현장 상황과 맞아떨어지는 멘트를 하는데 가령 홍수 피해 현장에서 "이곳 개천의 수위는 지금도 제방 턱까지 다다르고 있습니다." 등으로 처리하는 식이다. 몇 걸음 움직이거나 손동작을 가미하는 등 역동적인 동작을 곁들이는 스탠드업이 권장되고 있다. 그러나 배경이 좋으면 기자의 움직임이 없어도 메시지 전달에 무리가 없는 만큼 무조건 움직임을 추구할 필요는 없다. 또 취재 대상을 준엄하게 꾸짖거나 사안을 중후하게 분석하는 경우는 동작없는 샷으로 안정감을 주는 것이 더 나을 수 있다. 카메라 상하좌우 움직임, 렌즈의 심도 조절 등으로도 역동성을 만들 수 있다. 넓은 현장에서는 몇 걸음 걸으면서 카메라를 줌아웃zoom out하며 광활함을 보여주는 것도 방법이다. 스탠드업 역시 자신의 스타일에 맞는 여러 시도를 해보는 것이 좋다.

스탠드업은 방송 기자의 특권이자 리포트의 꽃이다. 시청자에게 기자 본인의 존재를 각인시켜 주는 좋은 소재이다. 기자 본인을 상품화하면서도 시청자에게 공신력을 줄 수 있는 부분이기도 하다. 기자에 대한 호감과 신뢰가 쌓이게 되면 리포트의 전달력을 높이는데 도움을 줄 것이다. 스타 기자로 탄생할 수도 있다. 스타 기자는 진지한 취재와 진솔한 내용이 담보되는 한 프로그램 전체의 깨소금 역할까지 한다. 그런 기자에게 다양한 정보제보가 모여드는 경우를 많이 봤다. 유무선 마이크에 따라 담기는 목소리 느낌도 달라지니 상황에 맞는 방식을 선택하는 것이 좋다. 유선 마이크는 안정감과 중후함을 주기 때문에 정치 뉴스와 법조 뉴스 등에서 주로 쓰인다. 무선 마이크는 역동성과 긴박감을 주므로 사건 사고 현장과 르포 등에 적절하다. 요즘은 드론을 이용한 촬영 기법도 적극적으로 쓰이고 있다. 화면에 비칠 모습을 생각해 간단한 분장 또는 화장을 하는 것이 좋다. 시청자들에게 좋은 모습으로 비춰지는 것도 나쁘지 않기 때문이다. 용모를 단정히 하는 것은 기본이다. NLE 편집기를 활용하면 난이도 있는 스탠드업 구사도 가능하니 창조적인 시도를 계속해 보자. 현장에서 촬영을 하게 되면 오디오가 문제될 수 있는데, 현장 녹음 오디오와 부스에서 더빙하는 오디오의 톤이 비슷하도록 주의를 기울일 필요가 있다.

오디오 더빙

방송 리포트 원고가 확정되면 기자는 오디오를 입히는 더빙 작업을 한다. 발음이 명확해야하고 장단 발음을 지켜야 한다. 아나운서처럼 읽기 교육을 제대로 받는 것도 좋지만 나는 자신만의 방법으로 읽기를 권한다. 방송 리포트는 기자의 개성이 강하게 묻어나야 한다. 같은 기사라도 목소리의 성량과 음색에 따라 다른 느낌을 준다.

내가 부장으로서 후배들에게 권했던 원칙은 다음과 같다. 첫째, 자신감 있게 읽어야 한다는 것이다. 내가 자신감을 가지지 못하면 듣는 시청자가 기사를 전적으로 신뢰할 수 없다. 둘째, 또박또박 강하게 읽어야 한다. 발음이 분명하지 않으면 무슨 말인지 알아들을 수가 없다. 한 자 한 자에 힘을 줘야 강한 느낌을 줄 수 있다. 특히 고발성 아이템일 경우 강하게 힘을 줘서 읽으면 긴박감이 살아난다. 셋째, 빠르기 즉 템포를 조절해야 한다. 속도 조절을 통해 내용의 느낌이 살아나도록 한다. 속도가 빠르면 시청자도 숨이 가빠지는 느낌이 들고 불안해 한다. 넷째, 강약을 조절한다. 힘을 줄 부분과 힘을 뺄 부분을 선택해 시청자들이 듣기에 지루하지 않으면서도 의미 파악이 쉽게 되도록 한다. 마지막으로 자신만의 방법을 찾아내자. 본인의 성량을 유지하면서 차분하게 읽어도 강한 느낌을 줄 때가 있다. 음조와 음색 때문일 것이다. 반대로 강한 톤인데도 편안한 느낌을 줄 때가 있다.

방송 기자의 오디오에는 정답이 없다. 자신만의 특징을 살려 자신감을 가지고 읽는다면 전달력이 높아지고 목소리에 대한 인지도도 높아진다. 마음이 담기고 정성이 들어가면 목소리에 묻어나는 법이다. 시청자는 그 진정성을 반드시 알아챈다.

4세대를 대표하는 TV조선 기자들은 유독 사건에 강했다. 지난 10년 동안 정치·사회적으로 지대한 영향을 미친 특종을 양산했다. 발품을 팔지 않고 획득한 정보들은 없다. 혼신의 힘을 기울이고 열정을 쏟아부어 만들어 낸 성과였다. 언론 역사상 신생회사가 이토록 초대형급의 특종들을 양산한 적은 결코 없었다. 거대 권력을 견제하는 감시견으로서의 역할을 톡톡히 수행해 낸 것이다. 일선 기자 선후배 모두의 피와 땀의 대가다. 흥미진진한 그 이야기들을 하나하나 풀어본다.

4장

사건에 강했다
4세대 취재기

1

별장 성접대 사건

2013년 2월 말 국회 안팎에서 검사장급이 연루된 성행위 동영상이 나돈다는 첩보를 입수했다. 어떻게 하든 내용을 파악하고 싶었다. 막역하게 지내던 사정기관 고위 간부에게 연락을 했다. 알 듯 모를 듯한 애매한 답변이 돌아왔다. 발이 넓은 그가 모를 리 없다는 생각에서 포기하지 않고 몇 차례 더 전화를 했다. 정권 초 실세 검사장이 연루된 사건이다 보니 정보 유출에 부담을 가진다는 느낌이 역력했다. 포기하지 않고 매달렸다. 전화 통화를 할 때마다 읍소를 하고 설득을 했다. 찾아가서 무작정 기다리기도 했다.

그러던 중인 3월 1일 전후 그가 드디어 말문을 열었다. 보안 유지를 각별히 부탁했으며 정보 유출자로 지목되면 자신의 신변도 보장할 수 없다는 비장한 어조로 거듭 입단속을 하는 것이었다. 정보 제공자를 추적할 수 없도록 기사를 기술적으로 취급해 달라고 나에게

특종을 쫓는 종횡무진 뉴스맨

신신당부를 했다. 몇 번이나 그 약속을 했는지 모르겠다. 그런 뒤 그의 입에서 나온 말은 전율을 느끼게 할 정도였다. 서초경찰서에 접수된 건설업자의 성범죄 등 폭행 고소건에 대한 수사를 진행하던 중에 피고발인윤○○ 씨의 물건 안에서 문제의 별장 성행위 동영상이 발견됐고, 고위 검사 등이 사건에 연루돼 있다는 초특급 정보였던 것이다. 정가를 떠돌던 소문이 사실이었던 것이다. 문제는 취재원을 드러내지 않고 기사화하는 것이었다. 사안이 사안인 만큼 확실한 취재 근거를 확보해 놓지 않으면 오히려 소송 등의 역공이 우려됐다. 기사화가 가능할 3자 증언 확보만 하면 일은 손쉽게 풀릴 것 같았다. 정보를 기사화할 만큼 확인 취재를 할 수 있느냐가 기자 경쟁력의 척도인데 이는 평상시에 여러 취재원을 확보해 놓아야 되는 일이었다. 정보원의 안위가 위태로울 수 있을 정도의 사건은 여간 깊이 있는 신뢰관계가 형성돼 있지 않으면 원하는 정보를 얻기가 쉽지 않다.

당장 취재진을 꾸렸다. 민완 기자 3명으로 팀을 꾸려 서초경찰서 쪽 취재부터 시켰다. 그런데 쉽사리 취재 성과가 나오지 않았다. 그도 그럴 것이 이 문제는 검찰과 경찰이라는 두 권력 기관의 권력 다툼 성격도 있어서 정보를 쥔 쪽에서 섣불리 움직이려 하지 않았고 입단속도 철저히 해 놓은 상태였던 것이다. 게다가 해당 경찰서는 수사 일체를 상급 기관에 넘기고 수사를 중단한 상태라 수사 내용을 탐지하기 어려운 실정이었다. 사건이 불거져 나올 무렵은 경찰과 검찰이 수사권 조정 문제로 긴장 국면을 보이고 있을 때였다. 경찰은 내심 검찰 간부의 부도덕한 일탈 행위는 수사권 조정 여론전에서 불리하지 않다는 입장이었지만 정보 누설자로 의심받게 되면 일을

사진 12. 사건의 현장인 문제의 별장

그르칠 수 있다며 조심해 했다. 검찰 역시 조직의 약점이 될 내용이
드러나도록 할 것 같지 않아 보여 보통의 취재력으로는 돌파가 쉽지
않을 것 같았다.

그렇다고 안전장치 없이 출고를 강행할 수도 없는 노릇이었다.
벌써부터 이 기사로 피해를 볼 수 있는 쪽에서 정보 유출의 가능성
을 관찰하고 있는 흔적들이 포착되고 있었다. 당시 정보의 흐름은
서초서-경찰청-청와대 정무수석실로 이어지고 있을 때였다. 피해자
접촉도 쉽지 않았다. 우회로를 통한 기사 작성에 애로를 겪을 무렵
이었다. 법조팀 일원이었던 한 기자가 이 사건을 다루고 싶다고 자
청하고 나섰다. 특별취재팀 일원이 되도록 해달라는 것이었다. 투지
가 넘치고 취재력이 뛰어난 기자여서 내가 법조팀에 발탁한 친구였
는데 결과적으로 천군만마였다. 며칠 만에 기사화가 가능하도록 확
인 취재를 해 왔다. 정보를 쥐고 있던 또다른 한 당사자와 오랜 친분
관계를 유지해 오고 있었던 모양이었다. 이중 삼중으로 사실 관계

확인이 자연스럽게 된 데다 후속 기사로 이슈를 끌고 갈 여러 팩트 수집이 마무리돼 B 보도본부장에게 정식으로 기사 출고를 요청했다. 특종 보도를 반길 줄 알았는데 바로 즉답을 해 주지 않았다. 한 이틀 고심에 고심을 한다. 쉽사리 결정을 못 내리는 것 같았다. 대신 확인에 확인을 요구했다. 신중한 그의 업무 스타일 같았지만 위험을 감수하며 팩트 확인을 마친 나로서는 그의 신중함이 약간 야속하기도 했다. 검찰 고위 인사이면서 법무부 차관으로 거론되는 거물급 인사와의 싸움이 실제 이뤄질 수 있을지 의아했다. 정권 초 실세 검사장으로 꼽히던 인사를 정조준하는 기사인데 회사가 어떤 강단을 보여줄지도 내심 궁금했다. 점점 조바심이 나기 시작했다.

지금은 법무부 장관, 검찰총장 등이 수사망에 오르고 수사를 받기도 하지만 당시는 검찰 권력이 최고조 시점일 때라 웬만해서는 검찰 최고위급 인사를 겨냥하는 기사를 다루는 것은 쉽지 않았다. 사세가 있는 언론사라도 쉽게 결정할 수 없는 문제였다. 조금의 실수도 큰 패착으로 되돌아올 수 있기 때문일 것이다. 그러던 차 그가 결심을 한 듯 출고를 결행하자고 했다. 기사의 수위를 점차 높이는 전략으로 시작하자고 한다. 상대의 반응을 보면서 실명을 공개하는 선으로 기사 수위를 조절해 나가자는 것이었다. 위험도를 줄이되 파급력을 키워 나가는 전략이었다. 치밀함과 함께 리더로서의 강단이 느껴졌다. 2013년 3월 14일 첫 보도를 했다. 경찰 "사회지도층 인사 성접대 동영상 확인", "사회 지도층 성접대, 피해 여성 고소로 불거져" 등 두 꼭지를 내보냈다. 상대방 측에서 바로 반응이 왔다. 여러 경로로 후속으로 실명 보도를 할 기냐고 문의해 왔다.

우리 보도에도 불구하고 다음날 김학의 씨는 법무부 차관에 임명 됐다. 상당한 압박으로 느껴졌지만 하루 두세 꼭지씩 보도를 이어갔다. 첫 일주일 동안은 우리 혼자만의 외로운 싸움이었다. 다른 언론 사들이 추종 보도를 할 낌새를 보이지 않는 것이었다. 나도 불안하기는 했다. 이런 파문에도 법무부 차관 임명을 강행한 것이 심상치 않게 보였다. 청와대 내부에서 동영상 속 당사자가 김학의 검사장일 수 있다는 의견이 분분했는데도 어떻게 이런 인사가 가능했는지 굉장히 의아했다. 기사의 파장이 사그라드는 것 아닌가 하는 우려가 커지고 있는 상황에서 8일째 되는 날 타사들이 보도에 가세하기 시작하면서 국면은 반전됐다. 채널A가 용감하게 김학의 실명을 첫 공개했으며 늦었지만 30분 뒤 우리 방송도 그의 이름을 공개했다.

모회사인 조선일보도 그다음 날 그의 이름을 공개하면서 보도 행렬에 동참했고 그날 오후 김학의 씨는 법무차관 자리에서 물러났다. 그 사건은 그런 식으로 일단락되는 듯했다. 우리 취재진은 이달의 기자상을 받았다. 피해 여성의 고소 등이 이어져 후속 보도가 한동안 이어졌다. 이 사건은 몇 년 간격으로 언론의 주목을 받았다. 그때마다 나는 마음이 편치 않았다. 직간접으로 연루된 당사자들의 고통이 이어지고 있는 것 같아서였다. 얼마 전에는 김학의 씨에 대한 출국 금지 과정을 둘러싼 불법 의혹 등으로 현직 검사들에 대해서도 수사가 진행되는 모습을 봤다. 8년 이상 이어지는 저 시련들이 여러 사람들을 늪으로 빠져들게 하는 것 같아서 씁쓸했다. 별장 사건에 휘말려 20대 초반 꽃다운 나이에 스스로 목숨을 거둔 한 여성의 사연은 이런 범죄가 얼마나 사회에 폐해를 끼치는지를 절감하게 했다.

전혀 영문을 몰랐던 그녀의 부모는 우리 취재에 몹시 당황해 했다고 한다.

　이 사건은 좋은 후배를 만나는 인연이 됐다. 압박과 견제를 뚫고 마침표를 잘 찍은 기사였다. 그 기자는 다른 유력 신문에서 시작해 방송으로 옮겨왔다. 취재력이 남달랐고 투지가 넘쳤다. 이 사건이 이슈가 될 때마다 그의 모습을 떠올리고 그 후배만큼 큰 그림을 그리지 못하는 나의 부족함을 깨닫는다. 결과적으로 부실 수사 의혹부터 부실 인사 검증 등까지 전체적인 사건의 실체를 끝까지 파고들지 못했다.

큰 싸움의 경험

조선일보 그룹으로 옮겨온 지 3년째가 되면서 다룬 첫 대형 특종이었다. 그것도 권력의 정점에 서 있는 검찰 인사를 상대로 한 기사였다. 개인적으로 조선일보의 힘을 실감할 수 있는 첫 기회였다. 지난 2년 동안 크고 작은 단독 보도를 했었지만 일종의 게이트성 대형 기사는 처음 경험해 본 터였었다. B 보도본부장은 배짱이 있었고 정치 권력도 무서워하지 않았다. 과거 직장에서 경험한 경우와 확연히 달랐다. 확실히 다른 힘을 느낄 수 있었다. 실명 공개가 다소 늦긴 했지만 그의 판단이 틀리지 않았다고 생각한다. 그만큼 신중했고 권력의 역공을 피하는 법을 알고 있었다. 우리가 단독으로 일주일여 동안 기사를 매일 끌고 나가는 그런 바탕이 있었기에 타시의 추종 보도가 있었다고 본다. 우리의 1보성 보도를 만회하고자 하는 타사들의 각고의 노력이 더해져 사건의 실체에 한 발 한 발 더 다가갈 수 있었다.

약 한 달 가까이 이어진 일련의 과정들, 즉 예비 취재와 본 취재까지 갖가지 고생을 했었지만 나름 결과가 있었기에 좋은 경험이 됐다. 기사 작성뿐 아니라 그 이후까지 취재에 도움을 준 피해 여성을 물심양면으로 돕고자 했는데 미진했을 수 있다. 죄송스러운 마음이다. 고생한 취재진이 취재에 많은 도움을 준 한 인사와 저녁 자리를 가진다기에 나의 고마움도 전하려 작은 마음을 담은 술 한 병과 회식비를 건네줬다. 가해자는 가해자대로 잘못에 대한 큰 대가를 치르고 있고, 피해자는 피해자대로 과거의 잔상에 사로잡혀 살아간다. 언론으로서의 역할을 한 것이라고 자위하지만 관련된 모든 이들의 불행의 끝이 보이지 않는 것 같아 마음 구석이 편치 않은 것은 사실이다.

2

모두가 깜짝 놀란
전두환 특보방송

2013년 5월 21일, 취임한 지 두 달 남짓 지난 채동욱 검찰총장의 입에서 '전두환'이 처음 언급됐다. '비자금 추정 만료 시효가 얼마 안 남았으니 특단의 대책을 마련하라'는 주문이었다. 대대적인 수사가 예고된 것. 기자 3명으로 '전두환·노태우 전담팀'을 꾸렸다. 그들은 먼저 전두환 전 대통령 측의 부동산 거래에 집중했다. 네 자녀를 포함해 처남 이창석 씨 명의까지 등기부 등본을 통해 그들의 부동산 거래 내역을 추적했다. 이창석 씨와 전 전前 대통령 자녀들의 수상한 거래를 파악했다. 부동산의 흐름을 정리한 뒤엔 현장 취재를 이어갔다. 전 전 대통령 일가와 관련된 오산과 안양, 이천, 용인을 다니며 동네 사람들을 만났다. 이 과정에서 경기도 이천의 이창석 부부의 '숨은 땅'을 찾아냈다. 전 전 대통령 일가는 신탁 거래로 드러나지 않게 부동산을 사고팔았는데 이 내역도 파악이 됐다.

그리고 6월 27일 전두환법이 국회 소위를 통과했다. 미납 추징금 시효가 10년으로 연장됐고, 추징대상을 제3자로 확대한다는 내용이었다. 전 전 대통령 자택 압류는 물론, 그 가족들의 집까지 압수수색할 수 있게 된 것이었다. 전담팀은 2달 가까이 진행된 잠행 취재를 통해 그동안 드러나지 않았던 많은 팩트들을 찾아냈다. 재산을 숨기는 방법 그리고 교묘하게 거래하는 수법도 알아냈다. 1~2시간 특보 방송을 할 수 있을 만큼의 방대한 취재를 해낸 것이었다. 마치 7월 16일 특종 보도를 미리 알고 준비를 해 왔다는 듯이 말이다.

7월 16일, 법조팀에서 서울중앙지검 지하주차장에서 스타렉스 등 차량 10여 대가 잇따라 나가는 모습이 목격됐다고 보고를 해 왔다. 법조팀 전 기자가 달라붙어 여기저기 취재에 들어갔다. 오전 10시쯤 전두환 전 대통령 연희동 사저와 가족의 자택과 사무실 10여 곳에 대한 압수수색이 진행 중임을 최종 확인했다. 긴급자막으로 처리해 1보 특종을 할지 고민했다. 그러나 다른 선택을 했다. 특보 방송을 제안했던 것이다. 사전 취재가 충분했고 기민하게 대응하면 큰 성과를 낼 수 있을 것이라는 생각이 들었다. 득실을 따져 보니 1보 특종을 뺏겼을 때 잃는 것보다는 완벽한 특보 방송으로 얻게 되는 소득이 더 클 것이라는 생각이 들었다. B 보도본부장에게 구상을 밝히고 2시간 정도 여유를 줄 것을 요청했다. 받아들여졌다. 즉시 11시 반 1시간 특보 방송이 편성됐다.

곧바로 사회부를 총동원해 압수수색 장소에 기자들을 배치했다. 모든 기자들이 일사분란하게 움직였다. 검찰에 있던 기자는 연희동 사저로, 폭우 중계를 위해 잠수교에 있던 기자와 중계진은 서초동

특종을 쫓는 종횡무진 뉴스맨

시공사로, 연천 비 피해를 취재하던 기자와 중계차는 연천 허브빌리지로 보냈다. 이창석 부부의 숨은 땅과 신탁 거래 등 2개의 특종 리포트는 서둘러 편집을 마치

TV조선이 '전두환 전 대통령 일가 전격 압수 수색'을 특종 보도하면서 16~17일 '뉴스특보' 시청률이 동 시간대 지상파까지 압도했다.

TV조선은 또 17일, 개국 이후 최초로 1.5%가 넘는 일일 시청률을 기록하며, 일부 지상파의 절반에 가까운 수준으로 유료 채널 1위에 올랐다.

TV조선의 16일 '뉴스특보'(낮 12시 52분~2시 23분)는 시청률 2.982%(이하 수도권 유료 가구 기준)로 동 시간대 SBS(2.145%)·KBS1(1.998%)·KBS2(1.578%)·MBC(0.760%)를 앞섰다고 닐슨코리아가 18일 밝혔다.

자료 1. 2013년 7월 당시 조선일보 기사

도록 했다. 사전에 만들어 놓은 리포트에다 추가로 급히 제작한 꼭지 그리고 3곳의 압수수색 장소 중계 연결, 특별취재팀의 출연까지 완벽한 준비를 마쳐놓고 11시 30분까지 압수수색 정보가 다른 매체로부터 나오지 않기를 기다리고 있었다. 11시 30분 특보 타이틀이 돌 때까지 보안은 그대로 유지됐다. 특종 보도를 이뤄낸 것이다. 검찰 인사들과 기자 그리고 온 국민의 눈이 TV조선으로 쏠렸다. 단순히 한 줄짜리 속보 보도가 아니라 3시간에 가까운 마라톤 보도를 하면서 사상 초유의 전 전 대통령 일가 압수수색 장면을 영화처럼 생생하게 시청자들에게 전달할 수 있었다.

한 압수수색 장소에서는 검찰 수사관들이 수많은 미술품을 들고 나오는 장면이 그대로 중계 카메라에 포착돼 흥미진진함을 더했다. 모든 방송사들이 3시간 동안 속수무책으로 당할 수밖에 없었다. 결과적으로 전국 3.2% 시청률을 기록했는데 전 방송을 통틀어 동시간대 최고 시청률이었고 당시 TV조선으로서는 전무후무한 기록을 세웠다. 전 국민적인 관심을 증명했다. 검찰의 압수수색이 마무리될 무렵, 우리는 검찰이 전두환 씨 측으로부터 확보한 미술품 목록을 단독 입수했다. 검찰이 모두 280개 품목을 압수했고 여기에는 천경

자, 김종학, 배병우, 프랜시스 베이컨 등 유명 화가의 작품도 포함됐다는 내용이었다. 또다시 사회부 전 기자가 달라붙었다. 문서를 분석하고 취재해 7월 19일 오전 11시 한 차례 더 특보 방송을 했다.

전 전 대통령의 추징금과 더불어 노태우 전 대통령 추징금 문제에도 집중했다. 그 결과 노태우·노재우·사돈인 신명수 전 신동방그룹 회장 사이에 얽혀있는 관계를 규명하며 그들이 교차 소유하는 형식으로 보유하고 있던 재산을 추징금으로 내놓도록 하는 추적 보도를 이어갔다. 이 역사적인 사건의 한가운데에서 정확하고 빠르게 보도했고, 추징금 환수에 미력하나마 도움이 됐을 것으로 자평한다. 역사적 사명감을 갖고 전두환 일가에 대한 철저한 분석과 취재를 바탕으로 이 사건에 접근했다. 아무도 몰랐던 전 전 대통령 일가의 숨은 땅을 찾아냈고, 노태우 전 대통령 측의 내밀한 집안 문제도 추징금과 연계시켜 보도했다.

3

검찰총장과 가사도우미

2013년 9월 중순 은밀히 특별취재팀을 꾸렸다. 입이 무겁고 민첩한 기자들 2~3명에게 일을 맡겼다. 조선일보가 보도한 채동욱 검찰총장의 혼외자 사건 후속 취재였다. 혼외아의 존재를 두고 총장 측과 신문 측이 공방을 벌이고 있던 중이었다. 많은 언론이 이 사건을 다루기 시작하니 우리도 취재를 시작했다. 그러던 차 한 기자의 제보 접촉이 시작됐다. 그런데 그 접촉이 수수께끼 같았다는 것이다. 어렵사리 통화가 이뤄져도 알 듯 모를 듯한 말만 늘어놓고 끊는다는 것이었다. 인내를 가지고 포기하지 말고 접촉하도록 당부했다. 며칠째 신호음이 가도 끊기를 반복하더니 한 번은 전화를 받더라는 것이었다. 대뜸 신분을 보장해 주고 자신의 안전을 책임져 줄 수 있느냐는 말을 되풀이 하더란다. 그녀가 바로 핵심 증언자였던 채 총장 내연녀의 가사도우미였다. 집요한 기자의 노력으로 대화를 하기 시작했다. 혼외자 내용을 잘 안다고 했다. 만나기로는 했는데 더 이상의 진전을 쉽게 이뤄내지 못했다. 내가 나섰다. 그 이유가 이렇다. 이 가사도우미는 제대로 교육을 받은 적이 없어 말을 조리 있게 잘하지 못했다. 서울 지리에도 어두워 자신이 어디에서 거주하고 있는지 설명을 못했다. 이 일을 맡았던 기자 역시 지방에서 올라와 대학을 서울에서 보낸 사회 초년생이라 서울 지리에 밝지 않아 대화가 겉돌기만 했던 것이었다. 그래서 전화기를 건네받았다.

스무고개 같은 질문과 답변이 이어졌다. 먼저 한강이 보이냐고 물었더니 보이지 않지만 한강 옆이라는 답변이 돌아왔다. 첫 질문이 잘된 셈이었다. 아파트 이름이 뭐냐고 물었더니 전체 명칭은 알지 못하고 '롯데'란 말이 돌아왔다. 한강이 보이고 롯데 브랜드의 아파트라? 강남인 듯한데 그녀는 사는 동네 이름을 몰랐다. 강남·북 조차 몰랐다. 직감적으로 내가 살았던 동네일 수 있겠다는 느낌이 들어 부근 지형을 묻기 시작했다. "아파트 단지 입구에 사우나 탕이 있나요?" "있습니다." "그 사우나 탕 이름이 ○○ 사우나 인가요?"라고 묻자 그런 것 같다고 한다. 사우나 탕 옆에 도너츠 가게가 있냐고 묻자 있다고 한다. 내가 전에 살던 곳이 맞다는 확신이 들어 마지막으로 한 가지를 더 물었다 사우나 탕 옆 사거리 모퉁이에 빵집이 있냐고 물었더니 있다고 했다. 그 빵집은 그 당시 유행하던 굽는 즉시 저렴하게 파는 집이었는데 용케 그 가게의 존재를 알고 있는 것이었다. 장소가 특정됐다. 내가 한동안 살던 아파트 근처였다. 그 일대 지리는 내가 훤했다. 근처에 조그마한 소공원이 있었는데 그 곳에서 만나자고 했다. 민완 기자 2명을 데리고 현장으로 달려갔다. 보안 문제 등을 고려해 기자 한 명은 그녀가 거주하는 아파트 단지에서 지하철역으로 이어지는 뒤쪽 출입구를 지키도록 했고 다른 한 명은 정문에서 공원 반대쪽을 주시하도록 했다. 가사도우미가 마음을 바꿀 것에 대한 대비였다.

내가 살던 잠원동이었다

그런데 시간이 지났지만 가정부가 나타나지 않았다. 자신이 제보할 내용이 어마어마한 내용임을 아는지 굉장히 겁을 먹고 있어서 취재가 성사될지 확신이 들지 않았다. 마음이 급해졌다. 공원 주위를 왔다 갔다 하는데 퇴근 시간과 겹쳐서인지 보행자들이 꽤 있었다. 이들을 유심히 살피는데 멀리서 자신 없이 걸어오는 한 여성이 눈에 띄었다. 뭔가 들키지 않으려는 듯 고개를 숙이고 얼굴을 내 반대쪽으로 향한 채 걸어오고 있었다. 그녀라는 느낌이 바로 들었다. 내 옆을 지나가길 기다리다, 순간 "아주머니죠?" 하고 불쑥 말을 걸었다. 동시에 아주머니의 팔을 붙잡았다. 깜짝 놀란 아주머니는 부인하며 팔을 뿌리쳤지만 놓지 않았다. "제가 이재홍 부장입니다." "걱정 안 하셔도 됩니다." 잠시 나를 쳐다보던 그녀는 어떻게 자기인 줄 알았냐고 되묻는 것으로 취재에 응할 뜻을 내비쳤다.

공원 한 편에 자리를 잡고 얘기를 시작했다. 아주머니의 마음을 풀어주고 신뢰감을 얻으려 했다. 아주머니는 한 손에 조그마한 쇼핑백을 꼭 쥐고 있었는데 한참을 얘기한 뒤인데도 내용물을 꺼내 놓을 생각을 않고 있었다. 참던 내가 먼저 말을 꺼냈다. 내연녀 ○○○의 가사도우미였던 것을 어떻게 입증할 수 있냐? 그 혼외자 아버지가 어떻게 채동욱 총장임을 입증하느냐? 등의 핵심 질문들을 단도직입적으로 물었다. 그제서야 조심스럽게 내연녀 ○○○과의 돈거래 통장 그리고 채동욱 총장으로부터 받았다는 감사 연하장을 내보였다. 모든 자료를 꼼꼼히 분석한 뒤 뉴스 가치를 확인할 수 있었다. 입주 가사도우미 일을 하는 아주머니의 일정 등을 감안해 토요일 오후 가장 한적한 시간에 회사에서 인터뷰를 진행했다. 이 아주머니는 원래 내연녀 ○○○와 사이가 무척 좋았다고 한다. 그런데 돈거래가 시작되고 상환이 차일피일 밀리는 일이 발생하며 갈등이 생겨나기 시작했고 이 문제가 해결되지 않아 혼외자 문제를 폭로하기로 결심했다는 것이다. 입주해 있던 주인집이 TV조선 애청자였고 이분이 진실을 밝히도록 용기를 주고 접촉 포인트를 안내해 줬던 것이었다. 2013년 9월 30일 그녀가 말한 내용을 토대로 보도를 했다. 채 총장이 자기가 가사도우미로 있던 내연녀 ○○○ 집을 찾아왔다는 증언 등으로 10여 개 아이템을 만들어 보도했다. 우리 보도 내용은 다음 날 아침 전 언론에 대서특필 됐다. 타사는 가사도우미에 대한 직접 취재가 불가능했음에도 당사자의 모습과 육성을 그대로 인용해 추종 보도를 했다.

검사다웠던 총장님

문제의 발단이 됐던 2013년 9월 6일 아침 조선일보 1면 보도는 굉장히 충격적이었다. '검찰총장 혼외아 있다'라는 내용이었는데 이 기사는 큰 파문을 불러왔다. 채동욱 총장의 사퇴로 이어졌으니 말이다. 채동욱 총장 체제의 검찰이 박근혜 정부에 불리할 수 있는 국정원 댓글 사건 수사를 한창 진행하던 때라 이 기사는 검찰총장의 거취에 큰 영향을 미칠 것으로 직감했다. 채 총장은 이 사건이 있기 불과 한 달여 전 검찰청 한 인사의 상갓집에서 조우를 했고 동석해 30분 정도 얘기를 나눴다. 과거 검찰청을 출입하면서 그와 많은 사건을 공유해 친분이 있었던 터였다. 그는 활기차게 수사를 했고 나는 그가 수사하는 사건들을 집요하게 파고드는 기자였다. 2003년 서울 중앙지검의 특수수사는 그가 맡았던 특수2부에서 유독 많이 진행됐다. 노무현 정부 출범 초기에 세상을 떠들썩하게 했던 굿모닝시티 사기 사건부터 삼성 애버랜드 전환사채 편법 증여 사건 등 굵직굵직한 사건들이었다. 굿모닝시티 사기 사건은 정권을 재탄생시킨 민주당 당대표였던 정대철 의원 구속으로 이어지는 초대형 파문을 불러왔다. 이 사건들을 취재하면서 그를 수 없이 접촉하게 됐었다. 열심히 취재 활동을 하다 보니 그와 단둘이 만나는 일도 간혹 있었다. 그는 시원시원하고 명석한 스타일이었다. 취재를 열심히 하는 기자에게 친절했다. 수사도 잘해 모두에게 인기가 있었다. 나도 그런 그를 특별히 훌륭한 취재원으로 여겼다.

마냥 좋은 관계였던 것만은 아니다. 굿모닝 수사가 정점을 치달고 있을 때 특수2부 수사를 받던 한 참고인이 숨지는 일이 발생했다. 그는 신장 투석을 받는 환자였는데 검찰 수사를 받다 병세가 갑자기 악화돼 숨진 것이었다. 나는 무리한 검찰 수사로 참고인이 숨지는 일이 일어났다고 보도를 했고 몇 시간 지나지 않아 그는 전화를 걸어와 이 사건이 계속 보도되면 수사에 차질을 빚을 것이라며 기사에 불만을 토로하기도 했다. 적당한 선에서 그의 요구를 수용하는 것으로 일을 매듭지었지만 그때 약간의 긴장관계가 형성되기도 했었다. 이런 인연이 있었는데 검찰총장이 된 그를 상갓집에서 만나게 된 것이었다. 나는 그의 옆에 앉아 인사를 하고 술잔도 기울였다. 총장이 된 이후 사회부장인 나의 면담 요청을 왜 거절하는지 그리고 독대 기회를 줄 것 등을 요구했었다. 그리고 총장이 야심차게 시작한 전두환 전 대통령 재산 환수 수사에 대한 시청자의 반응 등을 화제로 삼아 이야기를 나눴다. 그는 윤석열 검사를 동석시켜 소개시켜주기도 했다. 윤석열 검사는 우직한 모습으로 채 총장을 깍듯이 대하면서도 격의는 없어 보였다. 두 사람 모두 소탈하게 대화를 주고받았다. 윤 검사는 진행 중이던 사건 수사국정원 댓글 사건 수사 얘기였던 것으로 기억하고 있다에 대해 의견을 말하기도 했고 총장은 애정 어린 말투로 그의 말을 경청했다.

나로서는 내심 존경하던 검사에 대한 기사를 다루게 돼 인간적으로 굉장히 미안했다. 편치 않는 마음을 보도본부장에게 토로하기도 했다. 내 재량으로 취재된 내용 중 핵심적인 몇 가지를 빼는 것으로 인간적으로 죄송한 마음을 갖으려 했다.

특종을 쫓는 종횡무진 뉴스맨

4

드루킹 사건

2018년 4월 4일 다시 사회부장으로 갑작스레 옮겨왔다. 전임 부장이 갑자기 회사를 그만둔 데 따른 결과다. 부서원 파악도 채 끝나지 않았을 때였다. 4월 초순쯤 각별한 친분관계가 있는 A로부터 급히 연락이 왔다. 지난 대선에서 인터넷 댓글 조작이 있었다는 제보였다. 관련 사건에 대한 수사가 진행 중인데 수사 당국이 이를 쉬쉬한다는 것이었다. 게다가 여기에는 대통령의 최측근 인사인 김경수 의원이 관여돼 있다는 아주 폭발력이 강한 정보였다. 취재에 착수한다면 갓 출범한 정권을 상대로 싸워야 하는 그런 성격의 정보였다. 취재가 가능할까 방송이 가능할까 등등을 가늠해 봤다. 방송이 될 가능성은 C 보도본부장을 상대로 대화를 나눠봐야 알 것 같았다. 큰 권력을 상대로 하는 초대형 기사의 경우 정보를 접하는 순간은 겁이 나기도 하지만 대형 특종이라는 생각에 덤벼보고 싶은 묘한 도전

의식도 생겨난다. 그리고 기사를 내보낸 뒤 생겨날 반향 등을 상상해보는데 걱정과 기대 등의 여러 감정들이 교차한다. 그 감정들은 여러 느낌을 동반하는데 부정적인 것보다는 심한 흥분과 설렘이 느껴질 때 등골에 전해지는 전율 같은 것들이다. 이런 감정은 대형 기사를 다루는 기자들만이 누릴 수 있는 일종의 특권 같다는 생각도 해본다.

그러던 차에 C 보도본부장이 긴급회의를 하자고 연락이 왔다. 마주 앉아 하는 얘기가 내가 접한 여론 조작 사건을 다루자는 것이었다. 나보다 먼저 정보를 입수해 있었던 것이었다. 본부장은 내 보고를 들은 뒤 자신이 취재한 내용을 더해 전체적인 정보의 신빙성과 사실관계 등을 판단하려 했다. 아마 취재원의 신뢰성 그리고 팩트의 사실 여부를 더 따져 보았을 것이다. 얼마간 고민을 하더니 보도를 하자는 지시가 떨어졌다. 곧바로 취재가 시작됐다. 드루킹김동현이라는 인사가 주도한 대규모 여론 조작 사건이 있었고, 드루킹이 다른 건으로 경찰에 붙잡혀 조사를 받다 구속된 사실까지 파악이 끝났다. 제공받은 정보를 확인하는데 그리 오랜 시간이 걸리지 않았다. 보도 내용과 타이밍이 남았다. 두세 수 앞을 내다보며 수위 조절을 해나가야 하는 문제인데 큰 기사를 다뤄본 C 보도본부장의 경험을 믿었다.

첫날 1보 특종에서는 김경수 의원이 관여했다는 내용은 뺐다. 반향을 살펴가면서 기사를 전개해 나가기 위해서였다. 다섯 개 꼭지 기사를 조심스럽게 써내려 갔다. 신중에 신중을 기했다. 첫 번째 꼭지 원고는 직접 작성했다. 책임 소재를 분명히 하기 위해서였다. 만일 일이 잘못돼도 리포트를 읽고 편집한 기자에게 책임을 물을 수는 없는 일이다. 4월 13일 다섯 꼭지를 단독으로 보도하자 반향이 상당했다. 정치권에서부터 각 사정기관 그리고 다른 언론사들까지 여러 경로로 내용 확인 요청과 후속 보도 여부 등 각종 문의들이 쇄도했다. 둘째 날이 됐다. 경쟁사들도 정보를 입수하고 따라붙기 시작했다는 첩보와 정보 보고가 이어졌다. 특히나 경쟁 매체인 한 회사의 움직임이 심상치 않다는 소식이 전해졌다. 이 사건에서 가장 중요한 것은 드루킹과 관련된 정치권 인사가 누구냐는 것이었다. 우린 이미 김경수 의원의 개입 정도를 파악하고 있었는데 기사화를 언제 할 것이냐가 관건이었다. 우린 서두르기로 했다. C 보도본부장의 결단이 필요했는데 돌아가는 사정을 보고하니 그 자리에서 결단을 내렸다

김경수를 적시하다

이틀째 보도부터 바로 당장 김경수 의원을 직접 거론하기로 최종 판단이 내려졌다. C 보도본부장이 뒤를 지켜 주니 우리는 앞만 보고 달리면 됐다. '네이버 댓글 '공작팀', 더민주 김경수 의원과 수백 차례 비밀문자' 제목의 기사를 직접 작성해 근무자 중 한 명에게 제작을 시켰다. 소송 등의 문제는 내가 감수하겠다고 공개적으로 말하고 책임소재 걱정은 말라고 거듭 안심시켰다. 제작에 임하는 기자들이 불안해하지 않도록 한 조치였다. 드루킹이 주도한 경공모경제적공진화모임의 아지트였던 파주 느릅나무 사무실 취재도 진행했다. 당시 캡이 발빠르게 현장 위치를 파악한 덕분에 단독 취재가 가능했다. 첫 방송

에서 여론 조작의 현장을 제일 먼저 보도했을 뿐 아니라 수습 과정으로 보이는 그들의 움직임까지 포착해 후속 보도에 반영했다. 현장에 출동한 경찰 기자들이 민첩하게 취재를 완수했다. 집권당 인사가 개입한 여론 조작 사건 내용과 일당들의 아지트 모습까지 더해지니 기사 단락이 풍성하고 짜임새까지 생겨났다. 타사들은 다음 날부터 추종 보도를 시작했다. 김경수 의원은 대선 당시 문재인 후보의 복심으로 불리며 문 후보의 입 역할을 했었던 핵심 중의 핵심 인사였다. 권력의 핵심을 향해 칼을 겨눈 보도였던 것이다.

압수수색 그리고 저항

사건 기자들이 드루킹 일당들의 움직임이 이어지고 있던 느릅나무 사무실 철야 취재를 시작했다. 증거 인멸 시도 등을 취재하기 위해서였다. 그런데 의욕이 넘친 수습기자 한 명이 자칭 해당 건물 관리인이라는 사람과 함께 경공모 사무실을 심야에 무단으로 진입을 시도한 일이 있었다. 두 사람은 경공모와 관련된 얘기를 주고받다 사무실을 뒤져보자는 쪽으로 결론지었던 모양이다. 건물 관리인이라고 해서 입주사 사무실에 함부로 들어갈 수는 없다. 그런데도 두 사람은 모종의 음모를 밝혀내야 한다는 과도한 의협심으로 문을 강제로 열고 들어갔던 것이다. 경공모 회원들의 사무실이었던 그곳에는 경찰이 압수수색을 한 뒤였는데도 각종 서류와 빈 핸드폰 그리고 USB 등이 책상 서랍 등에 남겨져 있었다. 수습기자는 독자적인

특종을 쫓는 종횡무진 뉴스맨

사진 13. 경찰의 압수수색 시도를 막아서는 TV조선 기자들

판단으로 그중에 USB 하나를 가지고 나왔다. 아침에 이 얘기를 듣고 C 본부장에게 즉시 보고했고 C 본부장은 USB를 어서 제자리에 갖다 놓도록 지시했다. 수습기자의 순수한 의도와 달리 무단 절취로 간주될 여지가 있는 만큼 우리 보도의 정당성을 훼손시키는 빌미가 될 수 있다는 생각에서였다. 내심 걱정이 됐다. 우려했던 일은 다음 날 터졌다. 관리인이라는 인사가 이튿날 혼자 그 사무실에 잠입해 양주 등을 들고 나오다 경찰에 잡힌 것이다.

　바로 다음 날 경찰은 그 수습기자에게 연락을 했고 그래서 수사가 시작됐음을 알게 됐다. 해당 사건을 수사하던 파주경찰서는 수습기자가 습득했던 USB에서 자료를 빼갔을 수 있다며 보도본부에 대한 압수수색 방침을 나에게 알려왔다. 회사와 기자들은 이는 과잉 수사로 언론 탄압에 해당된다며 재고해 줄 것을 정중히 요청했다. 이유는 USB를 습득한 뒤 본사 사무실로 가지고 들어온 적이 없고 전송한 적도 없어서였다. 또 수습 기간 동안 경찰서에서 숙식을 해결하던 그 기자의 알리바이는 경찰서 CCTV로 확인이 가능하고 문제의 USB를 조사하면 빈 것이라는 것을 쉽게 알 수 있는 상황이었다.

그럼에도 경찰은 강제 수색을 시도했고 기자들은 이를 언론 자유를 제한하는 행위로 간주하고 저항했다. 기자들의 반발에 물러선 경찰은 대신 수습기자의 물품 일체와 자택에 대해 압수수색을 했다. 경찰 수사 결과 그 수습기자가 말한 대로 USB에서 파일을 추출한 적이 없고, 혼자의 일탈 행위로 드러나 기소 유예 처분을 받고 이 사건은 일단락됐다. 투지가 너무 넘쳤던 그 수습기자는 마음고생을 많이 했지만 큰 경험을 했다. 회사에 폐를 끼쳤다는 생각에 노심초사 했다고 한다. 그의 선배들이 위로를 많이 해줬고 법적인 문제 처리도 발 벗고 나서 도왔다. 수사기관이 사실 관계를 제대로 파악하고 합당하게 처리해 줘 다행스런 결과가 나왔다. 그 기자는 지금 TV조선의 민완 기자로 열심히 일하고 있다. 수많은 특종을 남기면서….

경찰의 언론사 압수수색은 언론자유를 침해할 수 있는 중차대한 일이다. 취재진의 실수도 있었다. 취재에 조금의 과오가 없도록 했어야 했는데 취재에만 몰두한 나머지 실정법 저촉 행위가 있었던 것이었다. 입사한 지 두 달 남짓한 수습기자의 과도한 행위를 제대로 관리하지 못했던 것이다. 그러나 단언컨대 회사 차원의 지시는 절대 없었다. 그럴 필요성도 없었다. 일선 기자들의 윗선인 내가 직접 취재에 나서 핵심 정보들을 알아내고 있었기 때문이다. 이런 문제 등에도 우리는 특검이 도입되기 전까지 세 달 가까이 되는 동안 특종 보도를 이어갔다. 제3의 취재원이 등장해 후속 보도를 이어갈 수 있도록 해줬다. 그는 경공모 핵심 회원이었다.

황금 목걸이

2018년 4월 중순 어느 날 오후였다. 잔뜩 긴장한 상태로 그를 기다렸다. 10여 분이 지났지만 좀처럼 모습을 드러내 보이지 않았다. 강을 끼고 있는 공원은 봄 분위기가 완연했지만 갈색 기운을 완전히 벗어나지는 못했다. 만나기로 한 장소는 사람이 붐비지 않았고 넓은 시야가 맘에 들었다. 이런 곳에도 카페가 있구나 싶은 생각이 들 정도로 한적했다. 비밀스러운 경공모 회원답게 보안에 신경을 써서 장소를 잡았구나라는 생각이 들었다. 어떤 모습의 사람일까 궁금했다. 전화기 너머로 들려온 목소리로 판단했을 때는 사기성이 있을 것 같지는 않았다. 그가 가지고 있는 증거물 일부도 봤기 때문이다. 이러저러한 생각을 하고 있는데 큰 키에 검은색 반팔 상의를 입은 남성이 출입문을 열고 들어왔다. 그였다. 아직은 봄바람의 냉기가 남아 있는데도 한여름 옷차림이다. 억세 보이는 말투와는 달리 외모에 상당히 신경을 쓰는 것 같았다. 진짜처럼 보이지 않는데도 과감하게도 황금색 목걸이로 치장을 했다.

창가에 자리를 잡고 본론부터 바로 얘기를 해 나갔다. 그가 보여주는 경공모 대화방 전체 내용과 경공모 집행부 관련 자료들을 직접 확인했다. 십여 일 이상 아니 길게는 한 달 가까이 기사를 이어갈 수 있는 내용들이었다. 자료 확보에 욕심이 생기기 시작했다. 문제는 그의 요구를 맞춰 줄 수 있겠는가였다. 서울에서 그의 제보 전화를 접한 것은 며칠 전이었다. 경공모 초창기 멤버였던 그가 사진 몇 장을 보내줄 때부터 상당히 가치 있는 정보라고 판단이 섰지만 대가성

금전 요구가 맘에 걸렸다. 만나서 얘기하자며 답변을 미뤄 둔 상황이었다. 사건이 한창 진행 중인데 주무부장이 지방으로까지 직접 내려가겠다는 말에 C 본부장은 내키지 않은 반응을 보였지만 수확이 있을 것 같다고 말씀 드리고 직접 현장으로 내려온 것이다. 더 이상 쓸 기삿거리도 메말라 가고 있어서 추가 정보가 절실하던 참이었다.

돈을 줄 수는 없습니다

자료가치가 있다고 솔직히 얘기하자 천만 원 이상을 달라고 요구한다. 나는 내 생각을 직설적으로 말하기 시작했다. 돈을 주는 것은 문제가 아니지만 취재 윤리 문제에 봉착할 수 있고 이 경우 공익 목적의 보도마저 의미가 왜곡되고 폄하된다고 말했다. 윤리적 문제 외에 법적인 문제가 발생할 수 있다고도 덧붙였다. 실망한 기색이 역력했다. 하지만 어쩔 수 없었다. 돈이 개입되면 특종 보도의 의미와 순수한 의도까지 한순간에 잃게 될 수 있다는 것을 알고 있어서였다. 대신 설득을 해 나가기 시작했다. 문제가 발생되면 제보자의 정의로운 의도마저 의심받을 수 있다며 설득을 거듭했다. 그럼에도 좀처럼 접점을 찾을 수 없어 다시 만나기로 하고 서울로 되돌아 왔다. 그가 맛보기로 제공한 경공모의 SNS 단체 대화방 내용은 절대 방송에 쓰지 않는다는 약속을 다시 한 번 해주고였다. 서울로 돌아온 다음날부터 기사를 이어가기가 쉽지 않았다. 아이템 부족에 시달린 것이다. 정보라는 것은 시의성이 중요하다. 때를 놓치면 아무리 가치 있는 정보도

무의미해 질 수 있다. 우리 업계에서는 이를 '똥된다'라고 표현한다. 그가 말해 준 정보를 국민에게 알리지 않는 것은 책임 방기라는 생각도 들었다. 고민에 고민을 거듭했다. 그랬더니 묘수가 떠올랐다. 결과적으로 내게는 묘수, 그에게는 꼼수로 평가 절하됐지만 말이다. 내가 이미 알고 있던 내용과 그가 말한 내용을 적절하게 버무려서 방송을 했던 것이다. 이 조차도 굉장히 의미 있는 보도로 평가됐다. 다른 언론사들도 추종 보도를 했다.

그렇게 단독 방송을 이어가던 사흘째 그로부터 항의성 전화가 왔다. 다짜고짜 이런 경우가 어딨냐며 자신이 제공한 취재소스를 활용해 보도하는 것은 약속 위반이라며 강하게 항의를 했다. 나도 피하지 않았다. 이미 내가 알고 있던 내용이 대부분이고 "당신이 제공한 정보는 맥락을 더해주지 않으면 무슨 의미인지 알 수 없다"고 했다. 엄밀한 의미에서 맥락을 갖게 한 것이 약속 위반은 아니라고도 했다. 그러면서 나의 행동은 국민의 알권리를 위해 최소한의 선택 사항이었다고 물러서지 않았다. 그리고 다음 날 같은 장소에서 그와 다시 만났다. 다행히 화는 많이 가라앉아 있었다. 미안하다고 하면서도 공익적 제보의 가치를 돈으로 바꾸려고 해서야 되겠냐고 설득을 했다. 그러면서 돈이 오갈 경우 만에 하나 밖으로 새 나가게 되면 제보 내용의 신빙성마저 타격을 받는다고 또다시 설득을 거듭했다. 그러면서 회사 규정에 의거해 최대한 줄 수 있는 영상 제보비 금액을 제시했다.

몇 분 생각하더니 너털웃음과 함께 "이 부장님 참 너무 하십니다. 저도 좋은 일 하는 셈 치겠습니다." "보도에 활용하시고 제보비는 규정대로 하시든 말든 맘대로 하십시오." 이렇게 말한다. 어찌나 기쁘던지 고맙다는 말을 몇 번이나 하고 헤어졌다. 며칠 뒤 다시 한 번 방문해 그에게 제보 사례비를 주고 영수증 처리를 했다. 그가 처음 요구한 금액의 1/10 수준에도 턱없이 못 미쳤다. 원칙을 최대한 지키고 사실대로 상대에게 말하고 그에 따른 판단을 구한 것이 통했던 것 같았다. 이 덕에 나는 그가 준 자료를 소중하게 활용하면서 하루에 2~3개 꼭지를 소화해 냈다. 타사의 단독 보도 공세를 버티는 데 도움이 됐던 것이었다. 두 달여 간의 대장정이었던 드루킹 연속 보도를 거의 매일 이어갈 수 있었던 밑거름이 됐다. 그는 끝까지 이름도 휴대폰 번호도 알려주지 않았다. 그를 만난 세 차례 모두 황금색 목걸이를 걸고 나왔기에 나는 그를 '황금 목걸이'로 부른다. 아주 오래 전부터 경공모 회원이었던 그는 경공모의 실체적 모습을 파악할 수 있는 많은 얘기를 들려줬다. 지금은 고인이 된 한 정치인의 자금수수 등의 내용도 사건이 표면화되기 훨씬 전인 2018년 4월 중순 두 번째 만남에서 알려 줄 정도로 그의 얘기는 신빙성 있는 정보들이었다.

특종을 쫓는 종횡무진 뉴스맨

5

최순실의 국정 농단

4세대 기자들의 실력은 쌓여 갔다. 굵직굵직한 기사를 겪으면서 담력이 커지고 배짱도 두둑해졌다. 취재력은 대한민국 최고 수준이었고 방송 실력도 짱짱해졌다. 회사의 자산이자 사회의 보배들이었다. 갖가지 언론상도 수상했다. 4세대 대표 기자들로 손색이 없었다. 여기에 그치지 않았다. 이들 팔방미인들 앞에 더욱 더 큰 사건이 기다리고 있을 줄 그 시절에 알았겠는가? 바로 국정농단 사건이었다.

TV조선은 최순실이 주도한 미르재단의 불법 행위에 대한 폭로 보도를 2016년 7월 말부터 8월 중순까지 20여 일 동안 했다. 국정농단 사건이 드러나는 단초가 된 기사였다. 내가 지휘한 사건은 아니었지만 4세대 민완 기자들의 활약은 대단했다. 권력 핵심과 싸우는 일을 두려워하지 않았다. 활자매체에서 잔뼈가 굵은 당시 사회부장의 출중한 리드에 맞춰 젊은 영건young gun들은 신들린 듯 취재 현장을 누비고 다녔다. 날카로운 직관을 바탕으로 한 뛰어난 취재력과 그동안 갈고닦은 방송능력이 맞아 떨어진 결과였다. 저널리즘 융합을 넘어서는 취재의 화학적 결합이 초대형 특종으로 연결된 것이다. 이십여 일 동안 매일 같이 융단폭격식의 큐시트가 만들어졌고 기자들은 혼신의 힘을 담아 리포트를 만들었다. 이 사건은 불행히도 현직 대통령의 탄핵으로 이어지는 안타까운 결과를 가져왔지만 언론은 언론으로서의 역할을 수행하지 않을 수 없다는 가르침을 확인시켜 줬다.

　이 기사를 지휘했던 분은 내 후임 사회부장이었지만 언론계 선배였다. 서울시경 캡 시절 처음 만난 적이 있지만 그는 대형 특종을 터뜨려 온 언론계의 유명 인사였고 나는 그에 비하면 변방의 장수였다. 캡이 아닌 조선일보 사회부 특별 취재요원으로 내 옆자리를 왔다 갔다 하던 그가 2005년 국정원 미림팀의 삼성그룹 도청 사건을 터뜨리는 모습을 보면서 대단한 기자라고 생각이 들었다. 삼성과 국정원이라는 두 거대 조직을 상대로 일격을 가하는 기자와 그런 기사를 취급할 수 있는 해당 신문사는 마치 먼 하늘에 닿을 수 없는 북두칠성처럼 보였다. 이직 뒤에 그런 선배를 만나게 된 것은 영광이었다. 그럼에도 그와 나는 다른 점이 있었다. 나는 방송적인 방법으로의 접근을 원했고 그는 팩트와 깊이를 추구하는 고전적인 방식에 능숙했던 것 같았다. 그는 또 굉장히 집요했고 나는 그러하지 못했다. 그는 매우 치밀했고 나는 그러지 못하다. 쉽게 말하면 나는 방송기자였고 그는 신문 기자였다. 접근 방법이 달랐고 해결 방법이 달랐다. 그럼에도 그 선배는 방송을 이해하려 했을 것이고 그의 취재

노하우를 방송에 접목시키려 했었을 것이다. 그것이 이러한 큰 특종으로 이어진 것이었다. 그의 취재 방식과 일을 풀어 나가는 방법을 옆에서 지켜볼 수 있어서 좋았다. 다행인 것은 그와 상하 관계로 만나지 않은 것이었다. 그런 엄격한 선배의 지휘를 받는다는 것은 너무 힘들 것 같다는 생각에서다. 약 3개월 뒤 여러 매체가 최순실의 국정농단 후속 보도에 가세하기 시작했을 때 선배에게 축하 인사를 건넸다. 사건 기자로서 의당 해야 할 일을 한 것에 대한 존경심이었다. 권력을 상대로 한 싸움이 쉽지 않다는 것을 알았기에 3개월 동안 추종 보도 등의 반향이 없어 마음고생을 했을 것 같아 그에 대해 위로를 해주고 싶었다.

산 권력이든 죽은 권력이든 좌든 우든 지형에 상관없이 기사가 되면 덤벼드는 것은 그와 나의 공통점이 아닐까 하고 감히 생각해 본다. 그 선배를 보면서 지금도 드는 생각이 있다. 나는 기사를 위해 그처럼 온몸을 던질 수 있을까? 아닐 것 같다는 생각이 든다. 나의 모든 특종과 단독은 운이 많이 작용했었고 선후배들의 도움이 컸다. 그의 개인기는 너무 출중해 보였다. 가벼운 얘기를 하자면 그 선배가 굉장히 좋아 보일 때가 있었는데 그것은 바로 운동을 함께할 때였다. 인정하지 않겠지만 그는 나와 비슷하다고 느껴졌다. 성격이 급했고 그래서 그 성격이 고스란히 경기에 나왔던 것 같았다. 그러면 분에 못 이겨 더욱 급해지고 더더욱 엉망이 돼갔다. 사건을 다룰 때는 치밀하지만 운동을 할 때는 어떤 꾸밈도 없어 보였다. 그 선배의 특종팀은 내가 가르친 후배들이 주축이었다. 그 후배들은 우리 두 사람을 통해 많은 것을 배웠을 것으로 믿는다. 융·합된 저널리즘을 배웠을 것이고 그래서 지금은 만능 뉴스맨이 돼 있을 것이다. 내가 훌륭한 선배들부터 배움을 받아 이 글을 쓰듯이 그들 중 누군가는 더 진화된 글을 남길 것이다. 언론계는 이렇게 발전해 나가나 보다.

특종을 쫓는 종횡무진 뉴스맨

나는 방송 일에 욕심이 많아 이것저것 닥치는 대로 일을 배우려 들었다. 취재를 동행한 카메라 기자의 카메라를 만지작거리길 좋아했고 CG팀의 그래픽 장비를 어깨너머로 배워보는 것도 흥미로운 일로 여겼다. 부조종실의 각종 장비를 곁눈질로 깨우치기도 했고 영상 편집기 다루는 법도 기초적인 수준에서 터득하기도 했다. 호기심 많은 사회 초년생에게 방송국에서 벌어지는 일은 모두가 흥미롭고 재미난 것들이었다. 그래서인지 융합convergent skill에 나도 모르게 눈길이 가게 됐다. 다큐멘터리를 혼자 만들기도 했고 틈날 때마다 영상물을 만들어 식구들과 보곤 했다. 1인 제작에서부터 정규 편성 프로그램 지휘까지 해 본 제작 경험을 바탕으로 제작 얘기를 조심스럽게 해 보려 한다. 나는 방송 기자에서 시작해 제작 영역을 넘나들었다. PD 영역에서 줄곧 성장하고 활동해 온 분들과 견해가 다를 수 있다. 그러나 영역 파괴 그리고 융합의 관점에서 접근한 제작 얘기는 흔치 않은 일일 것이다. 1인 미디어가 성행하는 미디어 환경에서 융합 관점을 기반으로 한 제작 얘기는 그 나름으로 의미를 가질 수 있다고 본다.

5장

뉴스맨의
제작 이야기

1

난공불락 같았던
60분 다큐

NEWS

방송 기자로서 하게 되는 업무를 보면 다음과 같은 분류가 가능하다. 첫째, 뉴스에 내보낼 방송 리포트를 만드는 것 둘째, 스튜디오에 출연해 앵커와 얘기를 주고받는 대담을 하는 것 셋째, 뉴스 앵커가 되는 것 넷째, 긴 호흡의 다큐멘터리를 만드는 것 다섯째, 뉴스 PD 로서 뉴스를 진행하는 것 마지막으로 프로그램을 맡는, 즉 PD 또는 CPchief producer 일 등이 있을 수 있다. 신생회사는 기자와 PD 간의 경계가 그렇게 엄격하지 않았다. 7~8년 차 되던 무렵 1시간 분량의 다큐멘터리를 만드는 기회를 가지게 됐다. 다큐 PD 역할을 해내야 했던 것이었다. 뉴스 리포트 기사의 두 배 분량 되는 3분 길이의 제작물도 구색을 갖춰 만들려면 사나흘 이상이 소요되는 부담이 있었는데 1시간짜리 다큐멘터리를 만드는 일은 7년 차 기자에게는 난공불락의 요새를 만났다는 느낌으로 다가왔다.

특종을 쫓는 종횡무진 뉴스맨

좌고우면할 시간이 많지 않았다. 3~4분 길이의 리포트를 만든 경험을 활용했다. 먼저 편집구성안을 4~5등분 해 만들기로 했다. 씬 scene 별로 쪼갠 뒤 나중에 전체로 묶을 궁리를 한 것이다. 현장성을 최대한 살리고 주제와 동떨어지더라도 해외출장에서 촬영해 온 스케치 영상을 중간중간에 삽입해 볼거리를 더했다. 사전에 섭외한 내용대로만 촬영하는 수동적인 취재를 지양하고 현장에서 일어나는 것들을 적극적으로 담아내 역동성을 최대한 반영하려 했다. 카메라 기자들에게 출발과 동시에 카메라를 돌려달라고 당부를 했다. 이 판단은 큰 도움이 됐고 석 달 동안 고생해서 만든 작품이 재밌고 생동감 넘친다며 사내에서 후한 평가를 받았다. 시청률도 그동안 방송됐던 다큐멘터리 중에서 가장 높은 기록을 세웠다.

이후 3편의 다큐멘터리를 더 만들었는데 그러다보니 긴 호흡의 다큐멘터리 제작이 익숙해지고 더 이상 다큐 제작에 두려움도 느껴지지 않게 됐다. 그리고 이후 3편의 방송 프로그램 기획과 CP 역할을 해냈다. 여기에는 1년 4개월 동안의 탐사보도 프로그램 지휘도 포함된다. 방송 기자와 시사 PD의 영역까지 두 가지 업무를 다 경험해 본 것이다. 방송 기자가 필드 취재를 많이 하면서도 이런 제작 영역까지 뛰어들어 연출까지 하는 일은 흔치 않다. 분량이 긴 영상물을 만드는 일은 개인의 방송 역량을 한 단계 끌어올리는 아주 소중한 기회가 된다. 다양한 장르를 소화해 낼 수 있게 되니 여러 부서에서 함께 일하자고 찾는다.

PD로 입사를 하지 않는 이상 제작을 체계적으로 배울 기회는 없다. 모든 방송 기자가 자신의 직무 범위를 넓힐 수 있는 이런 귀한 경험을 가질 수는 없다는 것이다. 제작 역량을 극대화하고 싶어 작가와 조연출 없이 모든 일을 손수하기로 결심했다.

솜사탕 만들 듯

다큐멘터리를 만들 때는 PD가 된다. 촬영과 편집을 지휘하고 구성안을 잡고 취재를 하고 원고를 직접 작성한다. 대게는 PD들이 편집을 직접 하는데 나는 방송 기자로서 PD 역을 수행하다보니 촬영 감독 대신 카메라 기자가 동행을 했고 이 카메라 기자가 영상편집을 도맡아 하게 됐다. 조연출과 작가 없이 섭외와 취재 그리고 원고 작성, 제작비 처리 등을 맡는 1인 3역을 했다. 첫 편의 경우 해외 출장을 포함한 섭외에 한 달이 걸렸고 이후 해외 취재와 국내 취재를 포함해 4주 가량의 시간이 소요됐다. 원고 작성과 종편까지 2주 정도의 시간이 걸렸으니 전체적으로 두 달 반이 걸린 셈이었다.

　혼자 일을 처리하게 되면 장점은 제작 전반을 내 생각대로 신속하고 일관성 있게 진행할 수 있다는 것이다. 통상적으로는 다큐 제작진은 PD AD 촬영감독 작가 등 4명이 한 팀을 이루지만 각 회사의 운영 방식에 따라 PD AD가 촬영을 수행하며 작가를 지원하는 서브sub작가를 두기도 한다. 기자였던 내가 연출과 작가 역을 동시에 수행했듯이 당사자들이 어느 영역까지 일을 해내겠다는 의지에 따라 팀 구성은 달라진다. 멀티기능 시대가 되면서 1인 또는 2인만으로도 훌륭한 제작물을 만드는 경우도 많다. 일회성인 다큐멘터리 제작과 정규 프로그램 책임 PDcP 일은 상당히 차이가 난다. 정규 편성물 제작은 팀을 여러 개 거느리고 일을 하는 경우다. 일 단위 또는 주 단위 편성이냐에 따라 전체 제작 인원수가 달라진다. PD로서 일을 할 때는 자기 작품 하나만 책임지고 일을 하면 되지만 CP는 6~8개 팀을 지휘해야 한다. PD가 소대장 정도라면 CP는 대대장 정도 급이라고 생각하면 된다.

시사 PD는 여러 가지 역량이 함께 갖춰야 한다. 취재 역량과 제작 역량, 지도력leadership 등이다. 제작력은 기본이고 기자 못지않은 취재력 그리고 많은 인원을 문제없이 끌고 갈 수 있는 지도력 삼박자를 갖춰야 한다. 신문 기자와 방송 기자 그리고 시사 PD 세 부류를 내 나름의 방식으로 비교를 해보면 신문 기자는 기사를 만드는 사람, 방송 기자는 기사를 이야기처럼 만드는 사람, 시사 PD는 이야기를 입체적으로 그리고 맛깔스럽게 만드는 사람으로 정의할 수 있을 것 같다. 그렇다면 세 부류 중에 가장 여러 가지 기제를 작동시켜야 하는 부류는 누구일까? 바로 시사 PD라고 말할 수 있다

PD는 연출자라고 말한다. 연출의 백과사전에 나와 있는 정의는 "하나의 공연을 전체적으로 설계하고 연기·장치·의상·분장·소도구·조명·음악·효과 등의 여러 요소를 종합하여 공연의 총체적인 효과를 창출創出하는 활동"이라고 돼 있다. 내가 특별히 말하고 싶은 탐사 프로그램의 시사PD 역시 이 범주 안에 있다. 취재가 중요시돼야 하지만 그렇다고 다른 요소들이 간과돼서는 안 된다. CP 초기 시절 취재를 너무 중요하게 여겨 밸런스가 맞지 않게 된 적도 있다. 여러 요소들을 어떻게, 그리고 어떤 비중으로 작용시킬지는 PD의 머릿속

에서 결정되는데 이 과정이 아마도 굉장히 복잡다단한 공정일 것이다. 번뜩이는 재치도 있어야 하고 머리를 싸맬 정도의 고민도 있어야 하고 논리적인 연산도 있어야 한다. 여러 요소들을 더하고 빼는 작업은 널따란 배합기에 갖가지 재료들을 넣어 뒤섞는 작업으로 표현할 수 있을 것이다.

여기에 가장 중요한 팩트사실인 정보를 어느 정도 분량과 어떤 방식으로 반영해 부각시킬지도 판단해야 한다. 내레이션으로 갈 건지 인터뷰만으로 갈 건지 둘을 적절하게 섞어서 갈 건지 그리고 현장음을 어떻게 살릴 건지 어떤 효과음을 사용할 건지 등도 결정해야 한다.

제작이란 마치 허공에서 솜사탕을 만들면서 색깔을 입히고 모양을 만드는 일이라고 할 수 있을 것 같다. 분홍빛을 띠게 할지 새파란 색으로 만들 건지를 결정하면서 무게도 생각해야 한다. 솜사탕이라는 것이 너무 무거우면 쉽게 낙하하고 너무 가벼우면 바람에 쉬이 날려간다. 수많은 결정을 순간순간 내리면서 최적의 결과물을 만드는 과정인 것이다. 어떤 순서로 어떻게 이야기를 풀어갈지를 결정하는 구성에 대해서도 고민을 많이 해야 한다. 건물의 설계도에 해당하는 구성안은 앞서 서술한 여러 판단 작용의 결과물인 것이다. 그런데 취재를 하면서 이 구성안은 수시로 변한다. 새로운 내용이 추가되기도 하고 더 좋은 흐름이 계속 머릿속에서 떠오르기 때문이다.

2

시사 제작의 백미
탐사보도 〈세븐〉

〈세븐〉은 TV조선이 2017년 8월 방송을 시작한 프로그램이다. 사회 곳곳에 도사린 문제점을 파고들어 고발하는 탐사 프로그램이었다. 2020년 12월, 전임자의 갑작스런 사직으로 이 프로를 맡게 됐다. 뉴스 쇼 성격의 프로그램을 두 차례 맡은 적이 있고 고발성 기사를 많이 다루는 사회부장이라는 내 이력이 감안돼 내려진 인사 조치로 보였다.

PD적 자질이 있긴 했어도 탐사 바닥에서 잔뼈가 굵지 않은 나로서는 하나의 새로운 도전이었다. 내게는 또 다른 문제가 있었다. 10년 동안 신생회사 보직 부장을 맡으며 굉장히

사진 14. 3년 동안 〈세븐〉 MC를 맡았던 유오선 씨와 함께

부대낀 터라 상당히 지쳐 있었다는 것이다. 기력이 쇠진했다고 해도 과언이 아닐 만큼 창사 때부터 여러 보직 부장을 맡으며 쉼 없이 달려왔기 때문이다. 여유를 가져야 할 시점에 오히려 더 큰 업무를 맡게 된 것이다. 다시 최전선으로 나가는 심정이었다. 좋은 기회일수도 있다고 긍정적인 마음을 먹고 최선을 다하기로 했다. 그렇게 해서 35명에 달하는 PD 작가 기자들과의 16개월 일이 시작됐다.

<세븐>은 기자와 PD 작가들이 함께 일하는 구조였다. 삼두마차인 셈인데 서로 비슷한 역할을 하는 세 사람의 의견을 조화롭게 모으는 일이 중요했다. 개성이 강한 사람들끼리 모인만큼 티격태격하기도 했지만 한 작품을 향해 두 달간의 항해를 해야 하는 그들은 어떻게든 양보를 하면서 방송을 해 나갔다. 작가 기자 PD 등 5명이 한 팀을 이루며 7주 동안 한 작품을 만들었다. 모두 7개 팀이 있었으니 1팀이 7주마다 1개의 아이템을 만드는 체제로 보면 된다. 제작을 마친 시점을 기준으로 하면 첫째 주는 휴식을 취하고 둘째 주는 아이템 발제와 확정 그리고 사전 조사를 한다. 셋째 주~다섯째 주는 본격 취재를 하고 여섯째 주는 보완 취재와 예비 편집에 착수한다. 일곱째 주는 최종 편집과 방송을 하는 순서다. 물론 시급한 취잿거리가 있으면 이 주기에 구애받지 않고 제작에 돌입한다. 다소 여유로워 보이지만 탐사보도 일이란 것이 항상 일정하지 않고 들쭉날쭉이다 보니 규칙적인 생활과는 거리가 있었다. 특히 편집 마지막 주는 업무 강도가 세고 방송에 대한 압박감이 굉장히 고조되는 시기라 밤을 새우며 일하기가 일쑤다.

다른 회사와 달리 기자가 투입된 것은 취재력 보완 차원이었는

특종을 쫓는 종횡무진 뉴스맨

데 기자가 얼마나 역량을 발휘하느냐에 따라 아이템의 품질이 영향을 받았다. 전체 구도를 잡는 PD의 역할이 컸지만 PD와 작가가 보지 못하고 놓치는 부분을 잡아주자는 목적이었다. 서로의 약점을 보완하자는 취지인데 이 취지를 잘 살리는 팀과 그렇지 못한 팀이 당연히 있게 마련이었다. 의견 충돌은 대부분 대화와 타협으로 문제를 풀었는데 간혹 갈등이 일어나기도 했다. 주도권 다툼으로까지 이어지며 봉합이 힘든 적도 있었는데 그럴 때는 팀 이동으로 문제를 풀려고 했다. PD들의 특성에 따라 적절한 장점을 지닌 기자를 배치하는 운영의 묘를 살리려 했다. 제작 주기가 7주가 되다보니 긴급한 아이템의 처리가 문제가 될 때가 있었는데 이때는 제작진에게 사전 양해를 구해 제작 주기를 앞당기기도 했다. 이후 제작 주기를 조정해주는 배려로 피로가 쌓이지 않도록 관리했다.

탐사 프로의 승패는 특종 보도 여부에 달려 있기도 하지만 시청자들이 관심을 가지는 아이템을 발굴하는 것도 이에 못지않게 중요하다. 초고령화 시대에 노령층의 로맨스(?)로 파생되는 재산상의 문제 등을 다룬 '황혼의 로맨스냐 꽃뱀이냐'는 생각보다 시청자 반응이 뜨거웠다. 이처럼 시청자들이 좋아할 수 있으면서도 탐사적 느낌이 나는 아이템을 찾아내는 것이 제작진의 고민거리다. 선발 회사들이야 고정 시청자들이 있으니 시청률 변동 폭이 크지 않지만 후발 주자인 우리로서는 어떻게든 고정 시청자를 빠른 시간 안에 확보하는 데 모든 역량을 투입할 수밖에 없었다. 그래서 제작진이 의미 있다고 생각하는 아이템보다는 시청자들이 선호할 만한 아이템이 무엇인지 따져가며 방송 소재를 선택했다. 과거 방송의 시청률 결과를 참고했다. 그러나 간간이 파괴력 있는 고발 아이템을 생산해야 탐사 프로그램의 정체성이 유지된다는 점을 명심해야 한다. 21대 총선을 앞두고 이낙연, 황교안 두 국무총리 출신 정치인의 선거 대결을 다룬 '종로 빅매치'부터 추미애 법무장관과 윤석열 검찰총장과의 충돌을 다룬 법조 전쟁 아이템까지 정치 사회 이슈 등 다양한 소재들을 총 50여 편 제작했다. 탐사 프로 제작 얘기를 본격적으로 다뤄본다.

끝나지 않은 강호순 사건 _{탐사 프로 제작 절차}

1시간 기준 탐사 프로그램을 제작하는 절차는 다음과 같이 정리할 수 있다. 주제 선정이 일의 절반 이상을 차지한다. 주제가 파괴력이 있으면 일이 일사천리로 진행되고 취재와 구성안을 짜는 것도 순조롭다. 그래서 어떤 내용을 다룰 건지 주제를 잡는 것이 일의 첫 순서이자 가장 중요하다. 제보를 통해 아이템을 잡기도 하고 큰 사건의 이면 또는 후속 얘기에 주목해 주제를 선정할 수도 있다. 취재원을 만나는 등 취재 활동을 통해 아이디어를 찾을 수도 있다. 아이템 선정을 위한 아이디어 회의를 수시로 개최하고 사전 취재를 통해 아이

Editing note | 탐사 프로 제작 절차

1. 1시간 분량의 VCR물에 대해 주제를 잡는다.
2. 기승전결 구도를 생각하며 소주제를 잡는다. 주주제에서 파생된 소주제에서 얼마나 색다르고 흥미로운 얘깃거리를 도출해 내느냐가 핵심이다.

특종을 쫓는 종횡무진 뉴스맨

3. 통상적으로 1시간 물의 경우 3개 장영역으로 나눠 제작을 진행한다. 3개 영역을 나눠 제작한 뒤 이를 결합시킨다고 생각하면 된다.

4. 각 영역별로 취재를 진행한다. 현장 영상이 많이 확보될수록 내용이 풍부해진다. 무엇을 취재해야 하고 누구를 어떤 방식으로 만나야 하는지를 꼼꼼히 생각해 결정한다. 팀 회의를 거듭할수록 시행착오를 줄일 수 있다.

5. 취재된 내용을 바탕으로 어떤 점을 궁금해할지 시청자 입장에서 끊임없이 고민한다. 사건의 본질을 파헤치기 위해 물음표를 던지며 내용을 채워 나간다.

6. 방송 10일에서 일주일 전 편집 구성안 확정을 위한 회의를 1~2차례 한다

7. 편집 구성안을 확정한다. 55분 길이의 경우 A4 용지 25장 안팎 분량이 나온다.

8. 이를 토대로 영상 편집을 마무리하면 시사회를 개최한다. 제작진 전원과 CP 등이 참석해 치열하게 의견을 나눈다. 여기에서 마지막 수정 사항을 결정한다.

9. 시사회의에서 나온 내용을 반영하기 위해 추가 취재를 진행하면서 최종 영상 편집 작업에 돌입한다.

10. 더빙 원고와 스튜디오 촬영용 원고대본를 확정한다.

11. 더빙과 종합편집 뒤 오디오 믹싱을 해서 주조로 송출한다.

12. 본 방송을 모든 제작진이 함께 시청하며 노고를 치하한다.

템으로 적당할지 가늠해 보는 절차를 반드시 거쳐야 한다.

<세븐>에서 다룬 한 아이템으로 기승전결의 개념을 살펴보고자 한다. 평소 알고 지내던 검사와 술자리를 하던 중에 듣게 된 내용이었다. 연쇄 살인범 강호순에 관한 얘기다. 2004년부터 2년여 동안 10명의 여성을 연쇄 살인한 그에게 드러나지 않은 여죄가 2건 더 있다는 얘기였다. 2009년 개 농장에서 찾은 살인 도구로 쓰인 곡괭이에서 우연치 않게 10명의 여성 이외에 두 명의 여성 DNA가 추가로 발견했다는 것이었다. 그런데도 그간 이 두 명의 신원을 확인하려는 노력이 미흡했고 사형수 강호순을 상대로 한 수사도 지지부진했다는 사실을 후속 취재로 알아냈다.

〈'강호순 피해 여성 2명 더 있다'의 개념도〉

분류	내용
기(起)	끝나지 않은 연쇄 살인마 강호순 사건! 수사 검사의 증언 "사건은 끝나지 않았다"
승(承)	범행의 증거 곡괭이의 발견
전(轉)	의문의 핏자국 "사람의 피였다"
결(結)	사라질 뻔한 증거·미궁에 빠진 사건

이 내용을 방송하기로 하고 제작진은 다음 장의 기승전결 개념에 의거해 제작에 돌입하기로 했다. 강호순의 범죄 육성을 검찰이 확보하고 있다는 것을 알아내 퇴직한 당시 주임검사를 찾아가 그의 육성을 최초로 확보했다. 보험금을 노려 네 번째 부인을 살해한 뒤 보험회사에 보험금을 타내는 과정이 생생하게 담겨 있는 핵심 자료였다. 새로운 사실과 새로운 소재들을 찾아내면서 뼈대를 채울 내용들을 확보해 갔고 기승전결을 고려해 '기起'에 해당하는 VCR1에서는 강호순 사건을 지금 이 시점에 재조명하는 이유를 수사검사의 증언에 기인한다는 회고 형식으로 도입하기로 결정했다. VCR2 전반부는 '승承' 부분으로 곡괭이 발견과 그 곡괭이에 핏자국이 있었다는 내용을 반전적 요소로 처리하기로 했다. "버려진 곡괭이에는 뜻밖의 흔적이 발견됐고 그 흔적은 핏자국 이었다."는 식으로 말이다. VCR2 후반부는 '전轉' 부분으로 의문의 핏자국은 사람의 피였고 기존 피해자가 아닌 다른 여성 두 명의 것이라는 사실을 알려준다. VCR3 '결結'에서는 "그런데 DNA가 사라졌다."라는 추가 반전 요소를 삽입해 DNA 존재 자체가 잊혀졌고 지금까지 실종자들과 이 DNA를 대조하는 작업이 부실했다는 사실을 파고들었다. 이는 검찰과 경찰 모

두의 책임이라고 질타했다. 그러면서 강호순을 만나 그의 입장을 들으려 한 것과 두 명의 여성을 찾아내기 위한 수사 재개를 촉구하는 메시지를 포함시켰다. 말미에는 대안 제시를 빠트리지 않았다. DNA 정보 공유가 수사기관끼리 제대로 되지 않고 있고 실종자 또는 범죄 피해 의심자의 DNA와의 대조작업이 적극적으로 이뤄질 수 있도록 제도를 정비하라고 꾸짖은 것이다.

대안 제시는 탐사 프로그램의 의무이자 권한의 성격이 강하므로 강력한 메시지를 담아주는 것이 좋다. 해당기관이 책임 있는 후속 조치를 다하려는지를 끝까지 감시하겠다는 경고성 메시지를 담는 것도 필요하다. 강호순이 살인 도구로 쓴 곡괭이에는 여성 두 명의 핏자국이 남아 있고 DNA도 존재한다. 수사 검사는 그의 여죄임을 확신하고 있다. 그는 강호순의 범행 수법과 진술 태도 등을 봤을 때 국민을 상대로 게임을 하고 있다고 생각하고 있다. "내가 너희들보다 한 수 위다."라는 사이코패스적 사고의 소유자라는 것이다. 미제 사건은 반드시 처리돼야 모방 범죄를 막을 수 있다. 만에 하나 억울한 죽음이 있다면 그들의 원혼을 달래줘야 한다. 그에 대한 사형 집행이 이뤄지기 전에 수사가 재개돼야 할 것이다.

궁금증을 유발하자

편집 구성안을 만드는 것은 프로그램 전체의 스토리 라인을 짜는 일이다. 건축물의 설계 도면을 만드는 일이라고 할 수 있다. 여기에 그치는 것이 아니라 어떤 자재로 건물을 채울지도 정해야 한다. 내레이션팩트 인터뷰 현장음 컴퓨터 그래픽 자막 효과음을 어떻게 어디에 배치하고 각각의 분량은 어느 정도로 할지 정하는 작업이다. 이야기의 강약과 템포 조절을 감안해야 한다. 구성안을 짜는데 고려해야 하는 사항은 다음과 같다.

Editing note | 구성안 작성 시 고려해야 할 사항

① 기사는 팩트를 말하는 것이지만 탐사 프로는 팩트를 말하기까지의 과정도 중요한 부분이다. 우리가 주변 사람들과 재밌는 얘기를 할 때 한껏 분위기를 띄우는 것과 비슷하다고 할 수 있다.

② 궁금증을 계속 유발하도록 이야기구성의 흐름을 짜는 것이 중요하다. 강약 조절은 필수다. 미끼를 던져 관심을 끌도록 하고프롤로그 시종일관 흥미진진한 느낌을 가지도록 전편에 걸쳐 긴장감 즉, 탐사적 느낌이 지속적으로 묻어나도록 해야 한다. 반전이 두세 곳 이상 들어가야 극적인 요소를 줄 수 있다.

③ 강약이 없는 전개는 지루해지기 쉽다. 그래서 긴장감을 이끌어 내기도 하고 잠시 평온을 줘 다음 얘기를 받아들일 여유를 주는 조절이 필요하다. 다음은 어떤 내용이 나올까 하고 조바심이 나도록 해야 하고 전개에 긴박감을 줘 호기심이 생기도록 만들어야 한다. 절정클라이맥스 직전까지 의구심을 최대한 증폭시킨 뒤 마지막 결론에 도달시켜 시청자의 궁금증을 말끔히 해소시킬 수 있는 구성이 최고의 작품이라고 할 수 있다. 이것으로 끝나는 것이 아니다 이를 위해서는 사건 핵심과 관련된 현장을 촬영한 영상, 사건 핵심 관계자들을 직접 만나 듣는 육성 그리고 이야기의 흐름을 명확하게 파악하는 데 보조적 역할을 하는 명료한 CG, 긴장감과 극적인 분위기를 조성하는 배경 음악 등이 어우러져야 한다.

④ 제작물은 대게 크게 3개 부분으로 나눈다. 전반부vcr1, 중반부vcr2, 후반부vcr3로 나눠 이야기를 전개하고 취재와 촬영, 구성 작업도 이에 맞춰 한다. 여기에 짧은 분량의 프롤로그가 포함되고 간혹 에필로그가 더해지기도 한다. 프롤로그는 전체 내용을 요약하는 방식이 있고, 핵심 내용을 추려 궁금증을 자극하는 방식, 스토리의 일부를 배정해 도입부로 활용하는 방식 등이 있다. 에필로그는 인상적인 느낌을 준 화면이나 싱크녹취로 프로그램의 메시지가 한 번 더 기억되도록 할 수도 있고 자투리 영상을 활용해 취재 뒷얘기 등이 드러나도록 하는 방식도 있다.

⑤ 편집 구성안은 취재 시작부터 마지막까지 끊임없이 수정된다. 구성안 확정에 들어가기 직전과 종합편집에 들어가기 직전 두 차례 수정이 가장 중요한 작업이다. 제작 초기부터 제작진끼리 소통을 많이 할수록 제작 후반에 이르러서는 수정 부담이 줄

어든다. 후반부는 후반부대로 추가 작업을 해야 할 부분이 계속 생긴다. 제작 막바지에 중요한 내용이 취재되거나 주요 인물의 인터뷰가 성사되거나 또는 취재 내용이 급변하거나 하는 경우는 편집 구성안이 요동칠 수밖에 없다.

⑥ 현장 촬영분이 우선적으로 반영돼야 한다. 프로그램이 시종 생동감이 있으려면 현장 취재량이 풍부해야 하고 여기에서 가장 좋은 영상들과 싱크들을 뽑아 반영해야 한다. 재연과 자료화면 등은 가급적 줄여야 하고 취재원 보호의 목적 등이 아니라면 취재 상대방의 동의를 끝까지 구해서 화면을 모자이크 처리하는 흐림 효과는 최대한 배제하고자 해야 한다.

⑦ 새로운 내용이 관심을 끌듯이 놀랄만한 영상과 폭로성 육성 등이 버무려져야 구성을 짜기가 용이하다.

⑧ 성 문제 등은 표현에 제약이 많이 따르기에 샌드아트sand art 또는 그림자 효과 등을 통해 표현한다.

취재와 촬영

아이템이 정해지면 관련된 현장을 찾아 취재활동을 하게 된다. 탐사보도는 숨기려고 하는 것 또는 숨겨져 있는 것을 찾아내야 하는 일이 다반사이니 촬영 자체가 쉽지 않다. 그만큼 현장에서 벌어지는 급박한 장면 또는 숨겨진 장면을 과감하고 순발력 있게 찍을 수 있느냐가 촬영의 관건이다. 그러면서 생동감 있는 영상을 시종일관 만들어 내야 한다. 촬영 등 취재활동이 주로 일과 시간에 이뤄진다고 생각하는 것은 오산이다. 취재 아이템에 따라 다르지만 탐사보도의 일이 보통 잠행 취재이다 보니 낮과 밤이 따로 있는 것이 아니다. 심야 철야 취재도 비일비재하다. 둘쭉날쭉한 근무시간 문제만 있는 것이 아니다. 사기 행각 현장을 덮치거나 도망 다니는 범죄자를 쫓는 일도 수두룩하다. 그들의 행각을 추궁하고 따져야하니 위험도가 상당하고 볼 수 있다. 보통의 강심장이 아니고서는 태연하게 촬영을 해내지 못한다.

집요한 관찰도 주로 쓰이는 취재기법이다. 사건이 일어나고 있는 현장을 끈질기게 지켜보면서 문제의 장면을 포착하려 한다. 원하는 장면을 얻을 때까지 포기하지 않는 근성이 필요하다. 인터뷰 시에도 취재원의 심리 상태를 살피면서 허점을 파고들어 감정이 묻어나는 답변을 얻거나 예기치 않은 발언을 유도해 낸다. 상대방이 감정을 드러내도록 민감한 질문을 반복적으로 시도하기도 한다. 시간과의 싸움이라는 느긋한 자세가 필요하다. 질문 방식에 정답은 없다. 상대방의 태도에 따라 적당한 방법을 쓴다. 허허실실 물어보기도 하고 단도직입적으로 묻기도 한다. 엉뚱한 얘기로 말문을 트게 한 뒤 핵심 내용을 묻기도 한다. 오랜 시간 인터뷰를 진행하다 보면 긴장이 풀린 상대방이 뜻밖의 얘기를 늘어놓을 때가 있다. 감정에 북받쳐 격정적인 토로를 할 때도 있다. 그런 상황이 제작진이 기다리던 순간이다.

탐사보도 취재가 쉽게 되는 경우는 잘 없다. 프로그램의 본질과 목적이 고발인데 취재에 쉽게 응해주는 사람이 있을 리 만무하다. 대개가 취재 대상이 되는 사람들의 방해가 있고 그런 방해를 뚫고 촬영과 취재를 해내야 한다. 그러면서도 당사자들의 육성 녹취를 확보해야 한다. 몰래 카메라라든지 동의 없이 녹음하는 등의 행위는 가급적 삼가야 하지만 취재 현실은 그렇지 않다. 취재원을 만나기도 쉽지 않을뿐더러 동의하에 인터뷰 등을 진행하기도 쉽지 않다. 최근에는 정부조차 언론의 적극적 취재 활동을 인권 보호 등의 명분으로 제약하고 있는 추세다. 그래서 나름의 운영의 묘를 살려야 한다. 그리고 나름의 윤리 규칙을 만들어야 한다.

가장 중요한 것은 공익 목적이 강하게 담겨 있는지를 따져야 한다. 공익성을 개량적으로 측정할 수 있는 것도 아니고 어디까지를 공익 목적으로 볼 것인지 구분도 모호한 측면이 있다. 그래서 경험적으로 판단해야 할 경우가 많다. 불법의 정도가 심하고 사회에 미치는 해악이 커 폭로의 당위성이 명백하면 과감한 행동이 필요할 수도 있다. 분쟁의 소지는 항상 있기에 최대한 대비를 해야 한다. 법정 다툼을 각오해야 한다는 말이다. 사전에 취재 요청을 하거나 반론 보장을 제안하는 등 취재 대상자들의 인권과 명예를 지켜주려는 배려를 함으로써 취재의 절차적 정당성을 확보하는 것이 좋다. 법적 다툼이 예상됨에도 필요불가결하게 몰래 촬영한 녹음싱크 등을 써야만 한다면 취재 이후라도 몰래 녹취 사용에 대한 설득과 동의를 구하려는 노력을 기울였다는 기록을 남기는 것이 좋다.

취재원과의 다툼은 그들의 비리나 불법 행위를 폭로했을 때만 일어나는 것이 아니다. 상대가 위장 취재를 당했다든지 사전에 밝힌 취재 목적과 다른 내용이 방송될 때도 갈등이 생기곤 한다. 어느 정도 방송될 내용이 가늠될 수 있도록 정보를 흘려 줘야 반발을 완충시키면서 법적 분쟁도 피해 갈 수 있다. 그러나 취재 대상자들의 불법 정도가 심하고 취재한 내용이 공익 목적이 매우 강할 때는 국민의 알권리에 더 많은 가치를 부여하는 결정을 내리는 것도 심각하게 고민해 봐야 한다. 국민들은 법적 위협과 각종 압력에 굴복하는 언론의 모습을 원하지 않기 때문이다. 국민들은 제작진의 맹렬한 투혼을 바랄지도 모른다.

파인 작업 fine cut

PD와 작가가 협의를 통해 지속적으로 이야기의 줄기를 잡고 관련 취재와 촬영 그리고 인터뷰 등을 확보해 오면 최종 목적지에 다다를 얼개가 잡힌다. 작가는 이를 바탕으로 구성안을 작성하고 PD는 구성안에 맞게끔 영상 편집을 해 나간다. 방송 마지막 일주일쯤을 앞두고는 각 대본의 내레이션과 배경 영상 길이가 얼추 들어맞게끔 전체적인 구성과 흐름 내용을 다듬는 작업을 한다. 말 그대로 미세 조정 작업을 하는 것이다파인 작업. 그 즈음에 편집구성안이 완성되고 그에 맞는 가편집된 전체 영상이 도출되는 것이다. 그런 뒤 전체 제작진이 모두 모여 보완과 수정을 논의하는 시사 회의를 갖는다.

통상 방송 리포트 제작은 원고를 만들고 그 원고에 맞게 오디오 편집을 한 다음 영상물을 채워 넣는 '선 원고 작성writing 후 편집editing' 형태를 띤다. 반면 다큐 등 제작물은 영상이 먼저 붙여지고 그 뒤 대본이 채워지는 형식이다. 그런데 엄밀히 말하면 이 작업이 거의 동시에 이뤄진다고 볼 수 있다. PD와 작가는 이 때부터는 거의 공동 작업을 진행한다. 파인 작업을 마치면 최종 감수 단계인 시사를 거친다. 제작진 전원과 CP가 참석하고 장면 하나하나를 꼼꼼히 보면서 의견을 주고받는다. 이 시사는 대략 3~4시간 가량 소요된다. 나에게는 이 시사 시간이 참으로 힘든 시간이었다. 지적할 것이 많으면 많을수록 제작진이 수정해야 하는 수고가 더 늘어나기 때문인데 이미 지쳐 보이는 그들의 사정을 감안하자니 작품의 완성도 걱정이 생기고 밀어붙이자니 안쓰러워 보여서다. 게다가 문제점을 정확히

특종을 쫓는 종횡무진 뉴스맨

짚어 내기 위해서는 고도의 집중력이 필요했다. 그렇게 하기 위해서는 나 또한 고도의 긴장 상태를 유지해야 하는데 이게 정신적으로 굉장히 힘든 일이었다. 여기에서 나온 의견을 토대로 마지막 수정 작업이 이뤄진다. 하루나 이틀 정도 시간적 여유가 있을 뿐이다. 더빙과 믹싱 작업 등 후반 작업이 기다리고 있기 때문이다. 그래서 특별한 상황이 아니고서는 대폭적인 수정 요구는 가급적 하지 않는다. 시사 전에 정보를 공유해 미리 오류를 집어내거나 선제적으로 방향 수정을 해 시간에 쫓기지 않도록 한다. 시사 날짜를 하루 이틀 빨리 당겨 잡는 방법도 있는데 제작진과 협의해 처리하면 된다.

종합편집 작업

MC가 대본을 읽는 오디오 더빙과 스튜디오 출연분 촬영이 끝나면 최종 마무리 작업에 들어간다. 1시간 분량 전체 영상과 오디오의 교합matching을 정밀하게 하고, 내레이션 간 간격 조절 색 보정 그리고 자막 오류 등을 최종 점검한다. 정치 사회적으로 민감한 내용일수록 이 작업은 굉장히 꼼꼼하게 진행된다. 정신을 바짝 차리고 시사와 대본 감수 단계에서 잡아내지 못한 오류를 걸러내야 한다. CP와 PD의 실랑이도 일어난다. CP로서는 방송심의 등 행정적인 문제, 법적인 문제 등을 감안해야 하고, PD는 자기 작품에 애착이 큰 만큼 결정적 오류가 없다면 전체 분량을 그대로 유지하고 싶어 한다. 당연한 현상이다. 3~4시간 동안 종합편집 감수가 끝나고 나면 신경을 곤

두세운 탓에 녹초가 되다시피 한다.

종합편집 감독 음악 감독 GC요원 등과의 협업이 중요하다. 같은 작업을 반복적으로 하기도 하고 수정에 수정을 거듭했다가도 원래 대로 되돌아갈 때도 있는 등 그들을 성가시게 할 때가 많다. 여러 의견을 모아야 하고 다양한 시도를 해야 하는 만큼 양해를 구하고 설득을 하면서 작업 마지막까지 그들이 지치지 않도록 잘 관리를 해야 한다. 방송은 마무리 작업이 취재와 원고 작성 등의 작업 이상으로 중요하다. 사소한 실수가 공든 탑을 무너지게 할 수 있어서다. 0.1초 간격의 컷과 컷 사이가 자연스럽게 이어지도록 해야 하고 모든 컷과 컷 사이 오디오 높낮이도 편차가 없도록 해야 한다. 내레이션 간격도 적절하게 유지되도록 해야 한다. 자막과 그래픽 등 각종 CG도 가독성이 있도록 단순 명료하게 해야 한다. 영상 장면들이란 것이 순식간에 확 지나가기 때문이다. 살펴야 하는 모든 사항을 일일이 나열하기도 힘들 정도다. 여간한 정성을 들이지 않으면 흠결이 생겨나기 십상이다. 그래서 제작은 제작진들이 들이는 헌신이라고 해도 과언이 아니다.

종합편집이 마무리되면 심의단계로 넘어간다. 영상 파일을 추출해 사내 심의실로 넘기면 방송 심의법상에 따른 권고 또는 수정 사항을 보내온다. 이 과정도 2시간 안팎의 시간이 걸린다. 보통의 경우 보통의 회사 심의는 그렇게 팍팍하게 운영되지 않지만 내가 하던 시절에는 달랐다. 정부를 대놓고 비판하는 주제가 많으니 문제 될 수 있는 부분을 미연에 골라내려는 차원에서였는지 꼼꼼하게 살폈다. 심의 당국이 주는 압박감이 내 피부에 와닿을 정도였으니 사내 대응 기

특종을 쫓는 종횡무진 뉴스맨

구인 심의실은 자신들의 역할에 최선을 다할 수밖에 없었을 것이다. 그렇지만 전체적으로 과도하다는 인상이 들 때도 있다. 전 직장에서 누리던 만큼의 언론 자유가 아니었던 것 같았다. 보도물을 만드는 나의 기준은 예나 지금이나 동일한데도 말이다.

다른 사람을 힘들게 하지 않고 내가 감수하기로 했다. 사내 대응 기구가 책임지는 일은 없도록 하는 대신 언론의 자유, 창작의 자유, 비판의 자유는 지켜야겠다고 생각했다. 자유는 쟁취되는 것이지 양보와 타협으로 확보되는 것은 아니듯이 말이다. 심의로부터 건네받은 수정 요청 사항은 합리적 범위 안에서 반영을 해줬지만 정당한 비판에 대해 수정을 요구할 때는 난색을 표했다. 기자로서의 자존심 그리고 언론의 자유와 관련된 일이라고 판단한 데 따른 행동이었다. 경험적으로 봤을 때 정권은 비판적인 언론을 눈엣가시처럼 생각한다. 2018년 문재인 정부도 그러했다. 모든 언론이 갓 출범한 정권 눈치를 볼 때 TV조선은 드루킹 사건부터 시작해 정권의 도덕성에 대한 비판보도를 이어갔다. 그래서인지 행정권한을 가진 방송통신심의위원회의 움직임이 예사롭지 않았다. 심의당국은 공정성 객관성 문제를 자주 거론했고 회사는 법정 제재 건수와 이에 따른 재승인 문제로 골머리를 앓아야 했다. 심의는 이런 상황에 대해 노심초사했다. 심의는 그들의 주목을 피하는 것이 최선의 방책이라고 여겼을 것이고 반면 나는 꿋꿋이 정론 보도를 하는 것이 언론으로서의 소명을 다하는 것이라고 생각했다.

2018년 4월 드루킹 보도에 실수가 있어 방송심의위에 출석한 적이 있다. 드루킹이 만든 경인선 조직이 민주당 경선 현상에 함께했고 김정숙 여사가 그들을 찾기도 했다는 기사였다. 여론 조작에 나선 드루킹의 실체를 파악하는 것을 돕도록 하자는 취지로 이 내용을 보도했다. 서울 경선장에서 들린 김 여사의 "경인선 가자. 경인선 가자."라는 육성을 방송에 내보냈다. 그런데 서울과 광주 두 장소를 혼동해 쓴 것이 문제였다. 두 장소를 혼동한 것을 두고 심의 대상에 올랐고 그래서 심의 청문에 참석을 했다. 한 심의위원은 이를 가짜 뉴스며 오보라고 일방적으로 몰아세웠다. 육하원칙 중에 한 가지가 틀렸다고 오보로 몰아붙일 수 있는 것은 아니다. 오보라는 말을 그렇게 강조한 이유를 묻고 싶었다. 2년 뒤 이 사건에 대해 2심 법원은 아래와 같이 판시했다. 법원은 또 드루킹김동원이 자신이 주도한 경인선 조직을 동원해 문재인 후보 지지 활동을 했고 이러한 합법적 활동 뒤편에서 불법적인 여론 조작을 하는 위선적 행위를 했다고 적시했다.

(4) 경인선은 오프라인상으로도 활발한 활동을 하였는데, ① 경공모 회원들은 2016. 11. 16.경 김동원이 경공모 숨은카페에 'BDE 후원 외 공지 내용'이라는 게시글을 올리자 그때부터 2016. 12. 1경까지 피고인에게 합계 2,682원의 후원금을 보내주었고(증거순번 963. 증거기록 37권 9954면), ② 특히 더불어민주당 경선 과정에서 김동원은 2017. 2. 10.경 문재인 후보를 지지하는 내용의 경인선 타올을 직접 제작하였으며(증거순번 275-11. 증거기록 12권 7275면), 경인선 회원들이 위 타올을 지참하고 2017. 3. 27. 광주에서 열린 경선, 2017. 3. 29. 대전에서 열린 충청권역 경선, 2017. 3. 31. 부산에서 열린 영남권역 경선, 2017. 4. 3. 서울에서 열린 수도권역 경선 등 각 경선장에 참여하여 문재인 후보를 응원하였고(피고인 또한 위 각 경선에 모두 참여하였고, 경선장에서 위 타올을 들고 경인선 회원들과 함께 사진을 찍기도 하였다),

드루킹과 김경수 도지사 모두 여론 조작의 불법성이 인정돼 유죄 판결이 내려졌다. 드루킹은 징역 3년을 살고 출소했고, 김경수 지사는 지난 7월 21일 대법원으로부터 징역 2년을 선고받았다. 나는 우리 자신들이 떳떳하게 취재해 제작한 것이라면 어떻게든 원형대로 방송되도록 하는 것이 내 역할이라 생각했다. 다음의 사례에서도 나는 이 문제로 고민해야 했다.

2020년 9월 해양수산부 공무원이 서해상에서 북한군에 의해 피격·사망하는 사건이 있었다. 고인이 월북을 했느니 그리고 시신을 불태웠느니 두 팩트를 두고 정부와 정치권이 심한 공방을 벌이던 중이었다. 탐사보도 〈세븐〉도 긴급히 이 주제를 다뤘다. "북한군이 시신에 기름을 붓고 40여 분 동안 불태웠다."라는 표현이 단정적이라며 삭제하자는 연락이 심의를 통해 왔다. 북한이 그런 행동을 하지 않았다고 하고 정부도 조사를 해봐야 한다고 했다는 것을 이유로 들었다. 이미 수많은 매체가 비록 비공개일지라도 당국자의 발언을 근거로 시신 방화를 보도한 상태였었다. 게다가 북한이 공동 조사를 거부하는 상황에서 무슨 근거로 북한의 말을 그렇게 믿는지 난감했다. 이 사건 초기 북한군이 시신을 불태웠다는 국방부 발표가 엄연하고, 석연치 않은 과정을 거쳐 이 발표가 수정되었지만 내부 첩보망에 의해 불태워졌다는 의혹이 제기되고 있는데도 단정적 표현이라고 규정한 것은 지나친 처사로 보였다. 수용이 어렵다고 설득에 설득을 거듭했다. 다른 아이템과 관련된 심의에서는 '정부 정책 방향을 거스를 수 있어 삭제 검토를 요구한다.'는 완곡한 의견도 있었다.

심의는 제작진이 미처 보지 못하는 것을 집어내는 긍정적 역힐을 한다. 그러나 심의는 방송사 규제 기관인 방송통신심의위원회 등의 눈치를 살필 수밖에 없는 구조 속에 있다. 그렇기에 취재부서에서 국민의 알권리를 충족시켜주려는 노력을 1차적으로 해줘야 그들의 어깨를 다소 가볍게 해줄 수 있다고 본다. 심의 의견은 제작 막바지에 제공되는데 이를 반영하는 것도 쉽지 않은 과정이었다. 가령 등장인물의 정치적 중립성이 문제될 것 같다며 반대 입장을 가진 사람을 추가해 달라고 할 때는 두세 시간 안에 인터뷰를 성사시켜 반영시켜야 한다. 촉박한 시간 때문에 작업에 속도를 내느라 식은땀을 흘려야 했다. 방송이 임박해서 전달되는 수정 요청은 부담이 배가된다. 그런데도 제작진 모두들 군소리 없이 묵묵히 수정 작업을 했다. 인내력이 대단하다는 생각이 들었다. 제작 공정이 얼마나 힘든지를 경험하지 못한 사람은 잘 이해하지 못하겠지만 2020년 심의 의견은 웬만한 참을성이 있지 않으면 견뎌내지 못할 정도로 강도가 셌다.

믹싱 작업

심의 과정을 거치면 방송까지 3~5시간 정도 남게 된다. 일이 끝나간다는 약간의 안도감이 들 무렵이 바로 이 단계인 믹싱작업이다. 방송이 될 때는 현장음과 내레이션대본, 오디오 등을 섞어 하나의 소리로 합쳐야 하는데 이 일을 믹싱이라 부른다. 이 소리에 배경 음악 등의 효과음을 더한다. 편집기를 거치는 마지막 과정이다 보니 심의에 따른 보완 수정이 함께 처리된다. 수정을 하면 할수록 손볼 거리가 생기는데 이는 아마 선택의 연속이라는 제작 일의 속성 때문일 것이다. 마지막 순간까지 더 좋은 선택을 하고 싶은 생각이 드는 것이다. 그래서인지 이 작업도 항상 방송이 임박해서 마쳐지곤 한다.

원고 내레이션과 인터뷰 현장음 등에 버금가는 중요한 음향적 요소인 배경음악에 대해 말을 하지 않을 수가 없다. 배경음악은 긴장감을 더하거나 안도감이 들도록 하거나 애절함이 넘쳐나도록 하는 등의 감정을 자극하는 방송재료다. 믹싱 작업은 음향 감독이 담당한다. PD는 의견을 낸다. 적절한 감정적 요소가 느껴지도록 음향을 선택하는 것이 중요하다. 내레이션 등이 듣기에 좋도록 전체 음색을 조정하고 오디오 높낮이를 조절하는 일도 음향 감독의 몫이다. 배경 음악이 들어가면 전혀 다른 느낌의 프로그램이 탄생한다.

믹싱작업은 기본적으로 방송 2시간 전에는 끝나야 다른 돌발 상황에 대비할 수 있다. 디지털 파일이 깨진다든지 디지털 파일을 추출하는 데 오류가 생긴다든지 예기치 않은 일이 흔히 일어난다. 외주 종편사와 본사의 편집 프로그램이 서로 다른 경우도 변수다. 서로 다른 편집기 프로그램을 쓸 경우는 변환 작업을 거쳐야 하는데 변환과 추출에 1시간 안팎의 시간을 잡아먹는다. 완성본 파일을 추출했다고 하더라도 마지막 남은 과정은 본사 주조로 파일을 전송upload 하는 것이다. 저녁 시간 때는 각 부서가 제작한 아이템들을 한꺼번에 송출하기 때문에 병목 현상이 생겨 전송에 시간이 더 걸리기도 한다. 업로드 중 예기치 않은 오류에 대비해 백업 파일을 항상 준비해야 한다.

전송이 마무리되면 마침내 방송 준비가 끝난 것이나. 그동안 유지했던 긴장감이 갑자기 사라지며 엄청난 피로감이 몰려든다. 방송을 무사히 마치면 맥이 빠지면서 온몸이 녹초가 된다. 그래서 회복을 위해 어느 정도 충분한 휴식 기간이 필요한 것이다. 본방은 제작진 전원이 긴장감을 가지고 시청한다. 십여 차례 봐 온 화면이지만 색다르게 느껴지곤 한다. 마음 한구석에는 시청자들로부터 어떤 평가를 받을 것인가 하는 부담감이 생긴다. 무사히 방송이 끝나고 나면 모두가 박수로 서로의 수고를 치하한다. 그래서 뒤풀이는 항상 즐겁다. 고주망태가 될 때까지 마시더라도 희한하리만큼 시청률 결과가 전해지는 이른 아침 그 무렵 일어나게 된다. 주어진 숫자를 보며 애환을 달랜다. 이게 제작자의 숙명이다.

대본 원고

시사 프로의 대본은 편집구성안과 밀접하게 연관돼 있다. 편집구성안이 사실상 대본의 초고이기 때문이다. 방송 리포트기사 또는 스트레이트 기사와 다른 점은 기사는 역피라미드 형태가 모범 답안으로 간주되고 있지만 시사 프로의 대본은 그렇지 않다는 것이다. 역피라미드라는 의미는 지면과 방송 시간의 제한 때문에 중요한 팩트를 먼저 쓰고 덜 중요해 빠져도 될 부분은 뒤로 배치하라는 의미인데, 시사 또는 탐사 프로그램 경우 1시간 전체를 팩트로만 채우기는 사실상 불가능하다는 점을 생각해야 한다. 그래서 한 시간 동안 끌고 가기 위해 핵심이 아닌 곁가지 얘기도 담아야 한다. 핵심에 다다르기까지 분위기를 만들어 가는 부분, 절정 이후에 여운을 가지도록 하는 부분, 긴장감 이후에 쉬어가는 부분 등이 이에 해당 할 것이다. 평탄한 길을 걸을 때 사람은 더 피로감을 느낀다. 야트막한 언덕도 넘어가고, 힘들다 싶을 때는 반가운 내리막도 만나야 걷는 재미도 나고 덜 지치는 이치를 생각하면 된다. 오르막 끝 정상을 절정으로 볼 수 있다. 이런 몇 개의 작은 언덕을 거쳐 대단원에 이르게 하는 식의 원고 전개가 필요하다. 부드럽게 서술하기도 하고 긴박하게 서술하기도 하고 궁금증을 유발하고 감정이입을 유도하기도 하는 등 변화무쌍한 서술 기법이 더해져야 지루함이 덜할 것이다. 그래서 시사 프로의 원고대본는 방송 뉴스리포트 기사와 다르다고 할 수 있는 것이다. 복문이 아닌 단문으로 쉽게 쓰고 어렵지 않은 단어를 구사해야 알아듣기가 용이하다. 내레이션과 싱크 현장음 등이 적절한 간격을 유지해야 한다. 그렇지 않으면 단조롭게 느껴지거나 숨 가쁘게 들릴 수 있다. 대본은 작가가 쓰지만 정치·사회적으로 민감한 이슈를 취급할 때는 제작진 모두가 사실 관계 등 팩트 체크를 꼼꼼히 해야 한다. 각종 소송 등 이의 제기와 방송 심의 등의 문제에 봉착할 수 있어서다. 편집 구성안이 확정된 뒤에 대본을 수정하는 경우는 길이 변화에 신경을 써야 한다. 수정된 대본내레이션의 영상배경 영상이 부족하거나 넘칠 수 있어서다. 영상 편집이 먼저 이뤄져 있다는 점을 고려해야 한다.

다음 페이지에 나오는 두 가지 서식 자료는 확정된 편집구성안자료2과 이로부터 사흘 뒤 완성된 대본자료 3이다. 둘 사이의 차이를 독자들이 알아볼 수 있도록 하기 위해 실제 방송 현장에서 쓰인 것들을

	99회 대본	방송: 2020.3.13(금)
		더빙: 3.12(목) 오후 8시
	코로나쇼크에 흔들리는 총선	내래이션: 유오성
		연출: 김은모 홍성대
		작가: 권은경

- 프롤로그

 # 종로/광화문 부감   6
대한민국 정치 1번지, 종로에서 21대 총선 빅매치가 성사됐습니다.

 # 이낙연 들어오고, 플래시 10
여권 차기 대선주자로 지목받고 있는 이낙연 전 국무총리가 종로구에 출사표를 던졌습니다.

- 이낙연
대한민국 1번지, 종로에서 정치를 펼칠 수 있게 되는 것은 크나큰 영광입니다.

 # 황교안 차 들어오고/후보 등록 12
뒤이어 유력한 야권 대선주자인 황교안 미래통합당 대표도 출마 선언을 했는데요.

- 황교안
대한민국을 다시 살려내는 그 첫 발을 디디겠습니다. 종로에서부터 그 길을 시작하겠습니다

#종로 빅매치 기사 미다시   5
두 사람의 맞대결 소식에 국민 관심이 집중된 상황.

#시장 방문하는 이낙연   5
이낙연 후보가 먼저, 선거 운동에 돌입했습니다.

이   식사가 늦으셨네요
여   팍팍 밀어줄게 제발 경제 좀 풀리게 합시다.
     네? 경제가 이래서 되겠습니까?

자료 2. 대본 확정 일주일 전 정해진 편집구성안

	(99회) 코로나에 휘청이는 여야후보들 (가제)
	편집구성안 (3월 13일 예정)

■ 프롤로그
▶ 2020 총선의 시작
종로 모습, 국회의사당 sk

예비 후보 등록하는 후보들, 카메라 플래시
자료11-이낙연
0345   대한민국 1번지, 종로에서 정치를 펼칠 수 있게 되는 것은 크나큰 영광입니다.

황교안 차에서 내리고, 예비후보 등록
자료35-황교안
0140   대한민국을 다시 살려내는 그 첫 발을 디디겠습니다 종로에서부터 그 길을 시작하겠습니다

종로 골목길, 사람들 몰리고 취재진들 둘러싸고

                                   2020 4·15총선이 본격적으로 시작돼. 특히 종로구 출마 선언한 여야 대표 두 후보에게 집중적인 관심이 쏟아져..

#선거 기사 헤드라인
 종로구 선거구에 대한 기사들 모음

이낙연/ 취재진과 시장 상인들 만나는 모습 (시민들 몰려든 상황 그림)
    SOV   제발 경제 살려주세요.
           경제가 이래서 되겠습니까?

자료 3. 편집구성안을 바탕으로 작성된 대본

게재했다. 첫 1페이지 분량이지만 차이점을 파악할 수 있을 것이다. 세로로 두 구역으로 나눠지는데 오른쪽 편이 내레이션 영역이고 왼쪽 '#'표시로 시작하는 부분은 어떤 영상 장면이 들어가는지를 보여주는 것이다. '0345', '0140' 표시는 영상 표식인 파일 타임 코드이다. 그 뒤 나오는 글은 싱크율성다. '#선거 기사 헤드라인'은 신문 기사 헤드라인 캡처분이 배경 영상으로 들어간다는 말이다. 중간의 6, 10, 12, 5, 5 등의 숫자는 내레이션 길이를 표시한 것이다. 6을 예로 들어 설명하면 이 부분은 6초 길이의 영상이 붙어 있으니 내레이션을 6초 이내에 마쳐야 한다는 뜻이다. 6초 이내에 마치기 위해서는 대본량도 그에 맞게 적당해야 한다.

편집구성안을 토대로 확정된 대본안자료 2의 'SOV'는 제작 현장에서 쓰이는 축약어인데 'Sound of Visul'이란 뜻으로 소리와 영상이 동시에 녹음된 현장음을 말한다. 때에 따라 화면과 소리가 다른 시점에 촬영된 소재들이 쓰이기도 하기 때문에 이와 구분하기 위한 것이다.

3
수정의 연속

실제 <세븐> 제작을 지휘를 하면서 PD들과 의견을 주고받으며 완결에 이르게 된 몇 가지 예들을 언급하고자 한다. 기획 초기 단계에서부터 관여해 작업 전반을 이끈 경우도 있고 제작 막바지에 개입해 수정 작업을 도운 경우도 있다. 7개 팀을 혼자서 지휘하다 보니 팀들과 밀접한 관계를 유지하면서 전체 제작 과정을 자세히 들여다보는 데는 한계가 있었다. 팀의 제작력이 어느 정도 수준에 오른 경우라면 개입 정도가 덜했지만 그렇지 않을 경우에는 제작 전반을 꼼꼼히 들여다보고 오류를 걸러내야 했다.

집단 폐암이 수질오염 탓?

'장정마을 암마을' 아이템은 수년 동안 20여 명이 폐질환 관련 암으로 사망한 충남 부여의 한 마을을 탐사보도한 것이었다. 폐암 환자가 속출한 현상을 다루는데 취재 5주 차 때까지 폐기물 처리 업체에서 흘러나온 폐수 관련 취재만 해 온 것을 알게 됐다. 마을을 끼고 흐르는 개천의 오염 정도와 개천 바닥의 오염된 토양 등 시각적 효과가 돋보이는 것들만 취재를 해 온 것이었다. 중간중간에 제작이 잘 돼 가고 있느냐고 물으면 "마을 개천이 죄다 새까맣다." "하천 오염이 심각해 영상이 된다."면서 자신감을 나타내 큰 걱정을 하지 않았다. 앞서 진행되고 있는 다른 팀들의 아이템이 정치적인 것들이어서 이 팀의 아이템은 좀 쉬어가면서 만들어도 되겠다고 안심을 했는데 그게 아니었던 것이었다. 보완을 위해 방송 8~9일 전쯤에 회의를 급히 열었다.

숨진 피해자 대부분이 폐암으로 사망했고 나머지 극소수도 폐질환 관련 암으로 목숨을 잃었다는 사실을 회의에서 파악했다. 사실상 모두가 폐암 질환이었다. 문제의 폐기물 처리 업체가 문을 닫은 상태라 내부 취재가 불가능했고 폐쇄된 공장에서 흘러나오는 폐수로 개천이 검게 변해 있는 것을 보게 돼 하천 취재에 몰두하게 됐다는 설명이었다. 그러면서 수질 오염을 의뢰했다고 자신 있게 말하는 것이었다. 그런데 하루 전 받은 수질 조사 결과는 그렇게 내세울 만큼 내용이 충격적이지도 않았다. 화학적 오염 수치가 기준치를 밑돌았던 것이다. 이 내용까지 빼자니 분량이 너무 부족해질 것 같았고 취재진 일부도 이 수치에 낙담해 있었다. 나는 폐쇄한 지 2년 지난 공장에서 흘러나온 물의 오염 정도가 기준치를 넘나드는 것만 해도 잔존량 측면에서 보면 의미 있는 결과라고 북돋워 주면서도 대기 문제와의 관련성 여부를 파헤쳐야 하는 부분을 간과한 것을 지적했다. "폐암 환자의 원인을 공기가 아니라 물에서 찾는 시사 프로에 대해 시청자는 무엇을 생각할지 자명하지 않겠는가."라며 보완을 지시했다. 방향을 잘못 잡은 측면이 컸다. 다음과 같은 의견을 냈다.

Editing note

- ☑ 해당 업체가 가동할 때 내뿜은 배기를 추적해야 했음
- ☑ 문제의 공장이 문을 닫았다면 어떤 업종이었고 유사 업종 업체를 찾아 어떤 유해 물질을 내뿜는지 추정해봐야 했음
- ☑ 사망자들의 증세 등을 추적해야 했음
- ☑ 상기 사항들 취재가 미진하면 유사한 형태를 보인 익산 장점마을 건과 비교해 보는 것이 좋음

취재진이 수질 오염 측정, 수질에서 나오는 악취 수치 측정 등 눈에 보이는 현상만 관심을 가졌던 것은 실기였다. 방송 8~9일 전이라 수정할 수 있는 범위 안에서 최대한 수정을 해 보도록 다독였다. 특히 다음과 같은 사항을 강조했다.

보강 지적에 취재진은 당황한 기색이 역력했다. 대기 문제를 상당한 비중으로 다뤄야 한다는 생각을 미처 하지 못했던 것 같았다. 이틀이 지나 보완해서 가져온 결과물은 만족할 만한 수준은 아니었지만 적어도 우리가 대기 문제를 다뤘다는 인상을 줄 정도는 돼 보였다. 그렇게 해서 방송이 됐다.

판결문에 감춰진 보물이 있다

손혜원의 투기 의혹을 다루는 '목포의 눈물' 아이템 제작에 들어갔다. 제작진이 4주 동안 목포를 헤집고 다녔다고 하면서 자신만만하게 제작회의를 요청해 왔다. 방송 일주일 전쯤이었다. 한 달 동안 출장을 가서 취재한 내용을 회의 테이블에 올려놨는데 탐사보도라고 하기에는 내용이 빈약했다. 장기 출장이라더니 사건 이후 동네가 어떻게 변했다 정도의 스케치성 정리 외에는 새로운 내용이 없었다. 손혜원 1심 판결문을 한 번 더 보도록 요청했다. 그러면서 나 자신도 판결문 정독에 들어갔다. 다행히 의미 있는 내용을 찾을 수 있었다.

1심 재판부가 손혜원에게 유죄를 내리면서도 무죄로 판단한 부분이 있었는데 그 판단 근거가 석연치 않았던 것이었다. 탐사 프로그램에서 충분히 문젯거리로 삼을 수 있는 내용이었다. 제작진에게 이렇게 중요한 내용이 판결문에 있는데 이를 왜 감지하지 못 했는지를 지적한 다음 이 내용을 토대로 당사자들을 찾아 현장 취재를 다시 하도록 취재 보강을 주문했다. 1심 재판부가 검찰의 공소 사실 중 무죄로 판단한 부분에 의혹 제기를 할 수 있었는데도 그걸 감지하지 못 했던 것이었다. 내용은 이렇다. 2017년 12월 14일 국토부가 도시재생뉴딜정책 사업 발표를 낮 12시 엠바고로 발표를 한다. 그래서 14일 당일 매매한 부동산은 무죄로 판단했다는 내용이다. 사업 정보가 이미 발표됐으니 보안 정보로 샀다고 볼 수 없다는 것이었다. 너무도 느슨한 잣대를 적용한 것 같아 보였다.

탐사보도는 의심스럽고 의혹이 이는 부분에 대해 문제 제기를 할 자유가 있고 그렇게 해야 우리의 사회적 의무를 다하는 것이다. 부동산 매매 계약이라는 것은 하루아침에 이뤄지는 것이 아니다. 물건을 보고 소유주와 밀고 당기는 가격 흥정도 하고 그런 다음에 계약서를 쓰고 도장을 찍고 그래야 거래가 성사되는 것이다. 이 과정 전체를 매매 과정으로 봐야 한다. 보안 정보를 토대로 매매를 시도한 시점이 언제였는지 따져야 하는 것이다. 내 예감이 맞았다. 훨씬 몇 달 전부터 안 팔겠다는 주인에게 반 강요를 하다시피 해 국토부 발표 전날 매각 허락을 취득하고 계약서도 없이 12월 14일 오후에 송금하는 형식으로 거래를 성사시켰다는 것이다. 달포 전부터 부동산을 팔 것을 종용했다는 사실을 주목해야 하는 것이나. 추가 취재를 통해 이러한 사실들을 모두 밝혀냈다. 이 내용들을 중반부에 통째로 삽입했다. 비로소 탐사보도 프로그램으로서의 느낌이 살아나기 시작했다. 현장 취재를 나가기 전에 확보할 수 있는 자료로 사전 취재를 충분히 해야 한다. 취재 대상을 명확히 하는 작업이 선행돼야 한다는 것이다. 앞서 언급한 문제의식을 지녀야 취재 목적과 대상을 제대로 설정할 수 있다. 취재진은 현장에 가서 당사자들을 만나 얘기를 듣고 보니 CP가 지적한 대로 상황이 전개된 것에 깜짝 놀라워했다. 신통력이 있어서가 아니라 많은 취재 경험에 의한 것일 뿐이다.

이 제작물을 만드는 내내 우리는 심한 견제와 감시를 안팎으로 받았다. 손혜원은 대놓고 유튜브 방송을 통해 우리 취재진의 잘잘못을 따지겠다고 했다. 투기로 유죄 판결을 받은 사람이 이토록 당당한 것은 처음 봤다. 심지어 우리 기자의 이름을 자신의 유튜브 방송에 공개하기도 했다. 사내 심의도 모든 사항에 대해 반론을 삽입하라는 엄격한 주문을 내놓았다. 마음 같아서는 맘대로 하고 싶었지만 열심히 하는 취재진이 법적인 문제 등에 시달리는 것은 내가 원하는 부분이 아니었다. 어찌나 반론과 해명을 골고루(?) 반영해 줬던지 제작물이 종국에는 누더기가 된 느낌이었다. 송출 직전까지 이러저러한 요구는 계속됐다.

해명과 반론을 CG컴퓨터 그래픽 자막로 처리하는 작업은 생각처럼 간단치 않다. TV 크기를 감안해 문구를 축약해야 하고 역시 기진맥진해 있는 그래픽 디자이너에게 또 제작 의뢰를 해야 하고 화면을 돌렸다 풀었다 하며 가장 적절한 위치를 찾아야 하고 마지막으로 전송을 마쳐야 하는 등 여러 사람의 손이 닿아야 하기 때문이다. 과부하 돼 뜨거운 열을 내뿜는 편집기 앞에서 어찌 보면 명명백백한 대목인데도 법적인 문제 행정 제재 등의 우려 때문에 취재 내용에 수정을 가해야 하는 것은 무척이나 속상한 일이고 받아들이기 힘든 것이다. 한 가지 요구 사항이 반영되기 위해서는 여러 가지 절차와 판단 과정을 거쳐야 한다. 더욱이 제작 전반에 비슷한 과정을 이미 며칠째 수없이 반복해 온 당사자들에는 정말 모든 것을 집어치우고 싶다는 생각이 들게 할 정도의 마지막 고비이다. 나는 이 제작팀의 인내력에 찬사를 보낸다. 거의 탈진 상태에서 모든 요구 사항을 군소리 없이 수정하는 것은 쉽지 않다.

지옥 같았던 동부구치소

2020년 12월부터 이듬해 1월까지 천 2백 명의 코로나19 확진자가 나온 동부구치소 얘기다. 동부구치소에 이렇게 많은 확진자가 나온 이유를 따지자는 목적으로 아이템 제작에 들어갔다. 구치소라는 접근 제한이 따르는 취재일지라도 입구에서 집요하게 기다리며 출소하는 사람들의 증언을 생생하게 담아낼 수 있다면 승산이 있다고 조언했지만 기대만큼 해내지 못했다. 우리보다 열흘 앞서 비슷한 내용을 방송한 경쟁사와 최대한 다르게 방송을 준비해 줄 것을 당부했다. 그런데 제작진은 상황을 정리하는 수준을 벗어나지 못했다. 매주 한두 차례 구성 회의를 하면서 다시금 문제의식을 확고히 가져주고 보도자료를 나열하는듯한 내용들은 삭제하도록 했다. 내부 애기를 담아내자는 요구에 힘든 기색을 보였던 한 팀원은 역부족이라며 포기 선언을 하려 했다. 용기를 북돋워 주며 최선을 다하면 못 해낼 일이 아니라며 마음을 다잡도록 했다.

그러던 차 방송 일주일을 남겨두고 그렇게 애타게 찾았던 현직 구치소 교도관과 연락이 닿게 됐다. 구치소 안에서 코로나19 감염병 대처를 어떻게 부실하게 했는지를 폭로하려 하는 결정적 인물이었다. 방송이 임박했지만 이 증언자의 증언을 토대로 구성안을 대폭 손질해야 했다. 후반 작업을 앞두고 모두가 꺼려하는 대공사가 불가피해진 것이었다. 이미 수차례 구성안 변경으로 지친 제작진은 나의 독려에 하소연하는 듯한 눈빛으로 고개를 떨궜다. 마지막까지 힘을 내 줄 것을 호소했다. 구치소에서 어떻게 이렇게 많은 확진자가 생겨났는지를 밝히는 것이 목적인데 이 목적을 이뤄내 줄 결정적 증언자를 외면할 수는 없지 않겠냐며 거듭 설득을 했다.

방송 이틀 전에는 되도록 영상 편집과 대본이 완성돼야 한다. 취재를 추가해야 할 경우 일의 규모와 소요 시간을 어림잡을 수 있어야 적정 수준의 보강 지시를 내릴 수 있다. 영상 제작은 물리적으로 최소한의 시간이 소요되는 작업이다. 얼추 계산하니 우리에게 주어진 시간은 사흘이었다. 제보자인 교도관을 만나 그의 증언을 카메라에 담고 그의 증언과 우리가 이미 취재했던 내용을 버무리는 작업을 해나가기 시작했다. 적어도 총 길이의 1/3에 해당하는 20분 분량을 짜임새 있게 수정하는 것이 관건인데 예상대로 쉬운 일이 아니었다. 제작진은 이틀 밤을 꼬박 새워 절반에 가까운 분량을 완전히 새롭게 수정했다. 기존 작업분은 과감하게 폐기했다.

특종을 쫓는 종횡무진 뉴스맨

나도 온종일 그들 옆에 붙어 앉아 어떤 내용이 중요한지 판단해 줬고 삭제할 부분도 지정해 줬다. 제작이 완료되고 나니 프로그램 전체가 탐사적인 느낌이 묻어나고 내가 원하던 대로 타사와 차별되는 점이 많아졌다. 내부 교도관의 증언도 방송사로서는 처음이었다. CP가 처음부터 구성 전반을 지휘할 수 있도록 허락해 준 제작진이 고마웠다. 제작진의 일원이 돼 완성한 일이었지만 그만큼 쓴소리를 해야 했고 구성 전반을 뒤집는 바람에 그들의 자존심에도 상처를 줬을 수 있다. 추가되는 분량이 생긴 만큼 어쩔 수 없이 먼저 취재된 내용은 삭제해야 하는 것도 그들의 마음을 아프게 했을 것이다.

그로부터 얼마 뒤 우리보다 앞서 동부구치소 취재를 한 타 방송사 제작진을 만나 점심 한 끼를 대접했다. 그들이 방송한 내용 중 일부가 우리의 스토리 전개상 꼭 필요했기에 취재 협조 요청을 한 적이 있었다. 제공받은 부분은 우리 방송의 완결성을 높여줬다. 따뜻한 국 한 그릇과 고기 한 접시로 감사의 마음을 표했다. 그들에게서 내 어린 시절 파이팅 넘치는 취재 당시가 생각이 났고 타사 제작진이라 하더라도 투지 넘치는 모습은 꼭 칭찬해 주고 싶었기 때문이었다. 요즘 세태는 언론사도 진영 논리에 빠져 편 가르기가 만연한 상황인데 그들은 딱히 그런 모습이 아니어서 흐뭇하기도 했다. 곁들인 반주 탓인지 내 마음이 어느 때보다 풍요로웠다.

배달의 민족의 아픔

2020년 5월 배달의 민족의 독과점 문제를 다룬 아이템은 출발부터 난항이었다. 담당 PD가 개인적인 사정으로 갑자기 자리를 비우게 돼 부랴부랴 대타를 투입했는데 경력이 얼마 안된 친구였다. 일을 대신 맡게 된 PD는 경험이 부족했지만 의욕은 넘쳐났고 작가 또한 강한 자신감을 피력해 이들을 믿고 일을 진행시켰다. 결과적으로 배달의 민족 본사와 M&A에 나서려던 독일 딜리버리 히어로에 대한 직접 취재가 코로나19 확산 때문에 불발되면서 힘든 상황이 돼 버렸다. 게다가 문제 접근을 너무나도 평이하고 평면적으로 해 이 상태로는 방송이 힘들 것 같아 내가 직접 들여다보기로 했다. 취재 분량은 방대했다. 굉장히 열심히 한 흔적은 보였지만 맥을 제대로 짚지 못했던 것 같았다. 취재한 내용들을 돋보기로 들여다보듯이 했다. 무엇이라도 하나 건질 것이 있는지 보기 위함이었는데 마침 한 전문가가 독과점의 폐해와 이에 대한 정부 당국 즉, 공정위의 내부 움직임을 상세히 파악한 인터뷰가 있는 것을 찾아냈다.

이를 근거로 배달의 민족이 인수되면 어떤 문제가 생길지 소비자와 국민 경제에 미칠 악영향이 어떨 건지 등을 과감하게 반영하기로 했다. 공정거래법 저촉이 명백하고 이를 문제 삼지 않는다면 사후적으로도 문제가 될 소지가 많다는 내용이 핵심으로 포함됐다. 이런 경우 잘해야 조건부 승인이 떨어질 수밖에 없다는 복수의 전문가 인터뷰도 이미 확보해 놓은 사실을 알게 됐다. 본인들이 취재한 내용들이 정확히 어떤 의미와 맥락을 가질 수 있는지를 간과했던 것이었다. 단독 취재한 내용들을 부각시키면서 행정 당국이 법 테두리 안에서 승인 문제를 다뤄야 한다고 지적했다. 그나마 탐사적인 느낌이 살아나게 됐다. 그렇다 하더라도 겨우 기준선을 통과할 정도에 불과했다. 결방을 할 수는 없는 노릇이었다. 다행스럽게도 그 부분에서 시청률이 상승곡선을 타면서 큰 망신은 겨우 피할 수 있었다. 그런데 이 아이템의 시청률은 그해 최저치였다.

메인을 대신 맡긴 그 PD는 아픈 손가락이었다. 경제부장 시절 다큐멘터리 제작 등을 위해 채용한 3명의 PD 중 한 명인데 유일하게 정규직이 안됐다. 다른 부서에서 VJ 일을 맡을 수는 있었지만 동료들에 못 미치는 결과를 받았으니 본인도 실망이 컸던 모양이었다. 방송사의 정규직 PD들은 급여 등의 처우가 부러울 정도의 수준이지만 비정규직 PD들은 이 회사 저 회사를 전전하기가 일쑤고 프로그램 존폐에 따라 고용이 끊기는 불안정한 삶을 이어가는 것이 현실이다. 이들과 일하는 내내 부채 의식 같은 것에 시달렸다. 내가 경영주도 아닌데 이런 생각을 가지는 것 자체가 내 직분에 맞지 않을 수도 있는데 말이다. 보도국에서 VJ로 일하는 것과 시사 PD로 일하는 것은 처우가 하늘과 땅 차이다. 각 방송국마다 시사 PD 구인난에 있다 보니 이들의 몸값은 괜찮은 편이었다. 게다가 시사 PD의 직무 난이도를 감안해 일반 뉴스 PD들보다는 다소 나은 대우를 해줬다. 꽤 오랫동안 조연출 경험을 쌓고 10여 분 안팎의 짧은 아이템이라도 연출 경험을 갖는 단계를 거쳐야 메인 PD 일을 하게 되는데, 그는 결근한 PD 덕분에 예기치 않게 기회를 잡게 된 것이다. 그에게 기회를 주는 것은 상당한 위험을 안는 것이다. 그 결과에 대한 책임을

져야 하기 때문이다. 결방 없이 방송을 마쳤고 그는 귀중한 PD 경력을 얻게 됐으니 남은 것은 반 토막 난 시청률이었다. 그 놈을 냅다 바닷속에 던져 버리고 싶었다. 아무도 보지 못하도록….

4

시사 PD들의 투혼

내가 수년 동안 함께한 부원들의 얘기다. 그들은 일류 대학을 나온 것도 아니고 지상파 등 방송사 공채 시험에 당당히 합격해 공채 PD로 차곡차곡 단계를 밟아 올라간 이른바 엘리트 PD의 길로 들어선 것도 아니다. 방송사 외주 제작사에서 주로 일을 배운 그들은 야생에서 생명력을 키워 온 들풀 같은 존재다. 온갖 험한 일을 다 겪으며 십수 년 야전에서 경험을 쌓아왔다. 이윤만 뽑으려는 제작 환경에서 입은 마음의 상처와 정규직이 아니어서 받은 푸대접 등은 그들의 아픔이자 한이었다. 그들은 더이상 소수도 아니다. 방송계에 이들의 손을 거친 프로그램은 꽤 많다. 수많은 매체가 탄생하고 수많은 프로그램이 등장하니 많은 제작인력이 필요할 수밖에 없었다. 우리가 즐겨 보는 방송사의 많은 프로그램들이 엘리트 PD들만의 손끝을 거친 것이 아닌 것이다.

그들은 이를 악물고 일에 임했다. 사회적 편견과 구조적 문제점을 보란 듯이 극복하려 했다. 그 절실함은 예상치 못한 결과로 이어지기도 했고 방송사의 큰 성과가 되기도 했다. 때에 따라 그들 중 일부는 정규직 채용의 기회를 잡기도 하지만 대다수에게 안정적 일자리는 여전히 먼 나라 얘기다. 그런데 이들이 하는 일의 성격을 감안하면 이들은 대표적인 사회적 저평가 집단이라고 말할 수 있다. 사회 문제를 지적하고 비리를 폭로하는 감시자로서의 위상에 걸맞은 대우는 아닌 것이다. 야전에서 몸소 쌓아 올린 경험에다 투혼으로 무장한 그들은 우수한 프로그램으로 사회 문제를 개선하고 범죄 피해자의 응어리진 한을 보듬어 주는 등 국가와 국민을 위해 큰 기여를 한다. 그들의 사회적 입지가 탄탄해지기를 바란다. 탐사와 시사 프로그램을 함께 만들면서 그들과 공유했던 생각들을 정리했다. 시사 PD가 갖춰야할 기본 자질에 대한 얘기다. 취재와 제작을 완벽하게 해내기 위해 최소한도로 갖춰야 할 필요능력이 무엇인지를 정리해 보았다.

〈시사 PD 필요 요건〉

항목	내용
문제의식	사건과 사안에 어떤 문제가 담겨 있고 이 문제를 어떤 각도에서 접근해 다룰지에 대한 구체적인 구상을 할 수 있는 능력
구성 능력	반전이 있으면서 전개에 강약과 템포가 있고 스토리를 흥미진진하도록 할 수 있는 능력
촬영과 편집	생동감 있는 촬영과 다양한 효과를 창출할 수 있는 능력 화면 연결을 매끄럽게 하고 CG 처리도 가독성 있게 할 수 있는 능력
취재력	시청자가 궁금해할 만한 내용을 집요하게 파고들며 알아내는 능력 취재원과 진실한 관계를 이어갈 수 있는 자세

항목	내용
영상과 소리에 대한 감각	임팩트 있는 영상과 소리를 포착해 이를 부각 시킬 수 있는 능력
포착 능력	포착한 팩트를 핵심 주제로 뽑아 밀도 있게 끌고 갈 수 있는 능력
지성적 능력	사안을 여러 각도에서 깊이 있게 다룰 수 있는 능력
공감력	누구나 공감할 수 있는 전개를 펼칠 수 있는 능력
지휘력	인내, 배려, 희생정신, 추진력을 갖추는 것
예리함 집요함	문제점을 날카롭고 집요하게 파고들 수 있는 능력

문제의식

일어나고 있는 또는 일어난 사건과 사안에 어떤 문제가 담겨 있고
이 문제를 어떤 각도에서 접근해 다룰지에 대한 구체적인 구상을 뜻
한다. 드러나지 않은 본질을 제대로 밝히려 하고 숨겨진 의미를 정
확히 꿰뚫어 보려는 탐구 의식을 포함한다. 한 이슈를 다루는 데 있
어 본질이 무엇인지를 추적하려면 강력한 문제의식을 갖추고 있어
야 주변부만 맴도는 우를 피할 수 있다. 본격적인 취재에 앞서 무엇
을 왜 추적할 것인지 대상과 목적이 분명히 설정돼야 하는데 이는
탄탄한 문제의식에서 도출될 수 있다. 항상 의심하고 반문하는 자세
를 견지해야만 날카롭고 예리한 탐구 능력을 갖출 수 있게 된다. 권
력을 농단하고 전횡을 휘두르는 자에 대해 감시견의 역할을 철저하
게 수행해야 하고, 불법으로 이익을 취하려는 자에 대해서도 의혹의
시선을 거두지 않아야 한다.

특히 권력을 앞세워 압력을 행사하려 하거나 금전으로 언론들

차단하려는 검은 세력에 대해서도 타협하지 않고 굳건히 맞서야 한다. 이때 제작자가 믿을 무기는 투철한 문제의식뿐이다. 한 사안을 풀어 가는데 있어서도 뚜렷한 지향점이 있어야 전개를 탄탄히 할 수 있다. 가령 배달업체인 '배달의 민족'의 시장 독과점 m&a 문제를 다룬다고 할 때 피상적인 상황만 나열할 것이 아니라 기업의 성장 과정 중 윤리적 문제는 없었는지, 독과점 기업으로 재탄생했을 때 어떤 문제점이 있을 것인지, 소비자들은 궁극적으로 어떤 영향을 받을 것인지 등 한 사안에 대해 다양한 각도와 시각으로 여러 문제점을 파헤쳐 낼 수 있어야 하는 것이다.

파생되는 여러 문제를 다양한 관점에서 접근해 전체적인 본질을 파악할 수 있도록 해 줘야 한다. 앞서 언급했지만 이 문제의식은 하루아침에 만들어지는 것이 아니다. 많은 사건을 처리하면서 생기는 경험으로 형성되는 것이다. 경험보다 더 중요한 것이 끊임없이 의심하고 생각하는 것이다. 어떤 문제점이 있을까? 어떤 시각으로 접근해야 핵심에 다다를 수 있을까? 어떤 경로를 택해야 실체에 접근할 수 있을까? 등의 질문을 거듭해야 한다. 그러면서도 시청자나 독자는 무엇을 가장 궁금해 하고, 무엇을 가장 알고 싶어 할까라는 질문을 던지면서 제작방향이 핵심 주제에서 벗어나지 않도록 해야 한다. 이 과정을 끊임없이 반복해야 비로소 탄탄한 문제의식이 몸에 배게 될 것이다. 깊이 있는 지성과 풍부한 지식도 강력한 문제의식 구축에 도움이 된다. 마지막으로 빼놓을 수 없는 항목은 집요함이다. 목표한 결과를 얻기까지 집요하게 덤벼드는 근성은 문제의식을 더욱 돋보이게 할 것이다. 수많은 특종 아이템들이 이러한 집요한 자세

덕에 탄생한 경우가 많다.

포착 능력

사실fact 또는 문제점을 밝혀낼 단서를 포착하는 능력을 말한다. 팩트는 사람의 발언에서 찾아지기도 하고 취재 현장에서 찾아지기도 한다. 판결문이나 각종 문서 등에서 찾을 수도 있다. 같은 얘기를 듣거나 읽더라도 아무 것도 찾아내지 못하는 사람이 있는 반면 사소한 내용 같은데도 재빨리 간파해 그럴듯한 얘깃거리를 만들어 내는 사람이 있다. 의미 부여를 제대로 했기 때문이다. 의미 부여를 잘할 수 있으려면 문제의식이 투철해야 한다. 문제의식과 포착능력은 깊은 관계가 있는 것이다.

포착 능력은 수많은 재료 중에 의미 있는 메시지를 담고 있는 재료를 낚아채는 능력이다. 메시지를 담을 수 있는 재료를 발굴하는 능력이기도 하다. 이 포착 하나로 아이템 전체의 방향을 완전히 새롭게 설정할 수 있다. 한 마디 말이라도 흘려듣지 않고 촉각을 곤두세움으로써 의미 있는 이야기를 찾아내 제작물에 반영할 줄 알아야 한다. 사건 사고 현장에서도 마찬가지다. 마치 살인 사건 현장에 도착한 강력계 형사처럼 움직이며 시각적 효과가 있는 물건, 특이한 형태의 물체, 역동적인 움직임 등을 카메라 렌즈에 담아낼 줄 알아야 한다. 불과 1초 길이라도 현장을 담아 온 영상이나 확보한 자료에서 의미 있는 그 무엇을 집어낼 수 있어야 한다. 여기에 맥락을 가미하고 의미를 보강하면서 큰 덩어리의 얘기로 발전시켜 나갈 수 있는 것이다. 마치 눈덩이를 굴려 눈사람의 덩치를 키워가듯이 얘깃거리를 키워 나가는 것이다.

　포착물의 시각적·청각적 효과가 풍부할수록 전달력과 파괴력은 더욱 증폭된다. TV는 볼거리, 들을 거리가 우선임을 명심해야 한다. 시청자의 호기심을 불러오는데 소리가 기여하는 정도는 생각보다 크다. 충돌음이나 바람소리 등 자연의 소리 외에도 사람의 입에서 나오는 소리 등 다양한 소리가 있다. 사람의 음성도 가지각색의 의미를 줄 수 있다. 논리적이고 차분한 목소리, 분노가 담긴 고성, 냉철하며 단호한 말투는 내용과 무관하게 소리 그 자체로 각기 다른 느낌을 준다. 제작 시 이 느낌까지 고려해 편집구성안을 짜면 좋다. 제작진은 왕왕 피해자든 가해자든 이들과의 인터뷰에 많은 공을 들인다. 다양한 질문과 끈질긴 질의를 이어가면서 시청각적 효과가 큰 장면을 확보하기 위해 애를 쓴다. 시청자의 공분을 자아내거나 감정이입을 만들어 낼 수 있는 한 장면을 포착하기 위해서 말이다.

편집 능력

편집은 제작의 필수적인 기본 작업이자 최종 과정이기도 하다. 취재된 내용은 영상으로 구현되어야 하고 영상 구현을 위해서는 편집 작업이 반드시 수반돼야 하기 때문에 기본 작업이라고 하는 것이다. 또 방송 직전까지 제작물의 오류가 없는지를 꼼꼼히 살펴야 하고 그런 뒤에야 출고를 할 수 있기 때문에 마지막 절차라고 말하는 것이다. 제대로 된 편집을 위해서는 당일 취재한 내용은 늦더라도 당일에 바로 정리해 놓는 것이 좋다. 6~7주 동안 진행되는 취재는 상당한 분량의 촬영 파일을 만들어 낸다. 취재한 기억이 생생할 때 영상 정리를 해 놓지 않으면 핵심 자료를 빠뜨리기 십상이고 심지어 통째로 분실하기도 한다. 가편집 작업을 미루면 작업량이 산더미처럼 늘어나고 좋은 영상 클립ᵇᵘᵉ을 빠트릴 확률은 더 늘어난다. 그래서 하루 일과로 심신이 지쳤더라도 복귀 뒤에는 원본 영상을 살피면서 좋은 영상을 취합해 정리해 놓는 습관을 들이는 것이 중요하다. 편집 과정은 인내와 끈기가 필요하다. 한 컷 한 컷 심혈을 기울여 사전 작업을 해 놓지 않으면 이후 본 작업에서 시간이 더 걸린다. 영상 편집이라는 것이 한 두 시간 걸리는 작업이 아니라 며칠 꼬박 걸리는 방대한 작업이라는 사실을 알아야 한다. 여러 구간을 뗐다 붙였다 하다 보면 지치기도 하고 반복된 작업에 정신이 혼미해지기도 한다. 그렇다고 컷 사이 공백이 있거나 엉뚱한 장면이 들어가는 실수를 해서는 안 된다. 작업 속도가 나지 않을수록 더 꼼꼼히 편집에 임해야 한다.

영상 편집의 기술적인 부분에 대해서는 상세히 기술할 만큼 충분한 자격이 있다고 보지 않는다. 영상 편집 업무를 전문적으로 다루지 않아서다. 그렇지만 편집된 영상을 판단하고 감수하고 좋고 나쁜 영상을 가려내는 그런 일은 익숙하다. 어떤 편집 기법을 어떤 상황에서 써야 할지 등에 대해서는 말할 수 있다. 역동성 등이 미흡한 영상 등은 효과를 줘 보완을 하는데 편집 기법에 대해 어느 정도 통달해 있어야 적절히 처방할 수 있다. 몇 가지 사례를 중심으로 설명을 해보려 한다. 역동적인 영상이 부족했던 사례로 '추미애와 윤석열의 대결' 같은 아이템을 들 수 있다. 법조계 얘기를 다루는 아이템은 촬영 제약이 많아 영상 취재를 마음껏 할 수 없다. 가령 검찰총장의 경우 공식적인 인터뷰 요청을 거절하면 출퇴근길에 찍는 겨우 몇 마디의 멘트와 4~5컷의 영상이 고작이다. 이 촬영본을 최대한 활용해야 하는데 이 경우 촬영 분량이 부족하니 주제를 드러낼 수 있는 다양한 편집 기교와 기법을 써야 했다. 법무부 장관과 검찰총장 두 사람이 징계나 인사를 두고 충돌하는 내용은 긴박감을 주는 빠른 속도의 편집 기법을 적용했다. 화면을 가득 채우는 인물 클로즈업 샷, 그중에서도 양미간을 찡그리는 샷 등을 썼고 긴박감과 긴장감을 위해서는 컷 간격을 짧게 해 스타카토 느낌의 효과음을 덧입혔다. 화면에 인위적으로 전파 장애를 겪는 듯한 흠스크래치 효과를 동원하기도 한다. 반대로 갈등이 완화되거나 해소되는 등의 상황에서는 샷 간 여유를 주거나 피사체가 느슨하게 보이는 풀샷, 웃음과 미소를 보이는 샷 그리고 마음이 평온해지는 효과음을 곁들이는 것이다.

또 다른 한 가지 경우를 설명해 보자. 다른 얘기가 나오도록 흐름을 바꿔야 할 시점이 있다. 일종의 장면 전환을 말하는 것인데 단순한 화면 교체로는 장면 전환의 느낌이 잘 살아나지 않을 때가 있다. 이때는 영상적 효과를 줘 바로 전과 다른 얘기가 전개된다는 느낌을 시청자가 가지도록 한다. 컷과 컷 사이 시간적 간격을 주면서 풀샷에서 미디엄이나 클로즈업 샷 등으로 순간적으로 바꾸는 식으로 즉, 물이 소용돌이 속으로 빠져들어 가는 듯한 화면 느낌을 통해 이런 효과를 낼 수 있다. 장면에 변화를 주고 내레이션으로 내용을 바꾸더라도 전환하는 느낌이 나지 않을 때는 순간적으로 번쩍거리는 화이트 현상을 주기도 한다. 너무 긴장을 주는 전개 일색이거나 너무 느슨한 흐름이 이어지면 시청자는 피로감이나 지루함을 느낄 수 있다. 이때는 강약 조절을 해줘야 한다. 긴장과 이완을 번갈아 주고 절정에 다다른 뒤에는 여운이 남도록 하는 편집 기법을 써야한다. 이밖에도 특정 상황에 따라 수많은 편집 요령이 있다.

편집을 하다보면 지루하다든지 느슨하다든지 별 임팩트가 없다든지 하는 느낌을 가지게 된다. 이때 자신만의 고유한 방법으로 보완효과를 낼 수 있도록 감각을 키워 나가야 한다. 정해진 답이 있는 것이 아니다. 영상물은 오디오와 비디오의 교합을 선택해 나가는 작업의 연속이다. 육감적으로 선택해야 할 때가 많다. 그래서 개개인의 취향과 선호도에 따라 다른 기법들이 나오는 것이다. 예상치 않은 순간 느닷없는 사람에 의해 창의적인 방법이 나오기도 한다. 놀랄 필요는 없다. 머리와 손으로만 하는 작업이 아니라 마음과 정신도 동원되는 작업이기 때문이다.

영상과 소리에 대한 감각

방송은 영상이 중요하다는 것은 불문가지다. 방송에 처음부터 종사했던 인사들이든 뒤늦게 합류한 인사들이든 이구동성으로 "방송은 영상이다." "방송은 그림이다." 얘기를 한다. 그런데 간과하는 것이 있다. 바로 소리다. 소리 없는 영상은 앙꼬 없는 찐빵 이상이다. 소리가 영상을 지배할 수도 있다. 그만큼 소리의 역할이 막중하다는 것이다. 미국 유학시절 소리를 주제로 수업을 한 적이 있는데 매우 인상적이었다. 강의실 불을 끈 뒤 캠퍼스 이곳저곳에서 녹음한 소리를 들려주며 어디에서 나는 소리인지를 맞추는 것이다. 제각각 대답을 하고 나면 그 소리의 주인공을 카메라 뷰파인더 크기의 화면으로 보여주는데 너무나도 색다른 느낌으로 그 대상이 다가오는 것이었다. 대부분 정답률이 50%에 못 미쳤지만 유독 정확한 친구가 있었다. 소리만으로 사물을 분별해 내는 능력이 뛰어났던 것이다. 시각을 배제하고 청각에 의존해 대상을 알아맞히고자 할 때 묘한 감각이 생겨나는 것을 느낄 수 있었다. 그때 귀가 느끼는 감각은 예민하고 생소했다. 소리를 활용하는 능력은 본능으로 발현될 수도 있지만 훈련으로 더욱 육성될 수 있다.

제작에서도 소리를 어떻게 활용할지에 대한 생각을 계속 가져야 한다. 그렇다면 제작물에서 우리가 활용할 수 있는 소리는 어떤 종류가 있을까? 내레이션 현장음 인터뷰 육성 효과음 배경음악 등이다. 내레이션은 속도 조절과 강약 조절 감정 이입 등으로 다양한 느낌을 줄 수 있을 것이고, 인터뷰는 내용에 따라 여러 의미를 줄 뿐만 아니라 그 사람의 어조와 소리의 진동폭에 따라 전달되는 느낌이 달라질 것이다. 어떤 사람의 말이 이상하게도 오래도록 머릿속에 남는 경험이 누구에게나 있을 것이다. 내용뿐 아니라 소리가 뇌에 영향을 미친 탓이다. 배경 음악과 효과음도 마찬가지다. 이 요소들을 어떻게 적절하게 조합할 것인지 각자 나름의 방식을 쓰도록 하자. 그에 따른 결과도 서로 상이하다. 소리가 주는 효과를 감안해 폭력적인 느낌을 주거나 불쾌감을 주는 특정음들의 사용을 법으로 제한하고 있기도 하다.

최고 시청률 6%

그들은 사냥개처럼 집요했다. 어떤 취재도 마다하지 않았다. 하고자 하는, 해내고자 하는 열의가 넘쳐났다. 취재 대상이 되는 사람의 지위고하는 그들에게 중요하지 않았다. 누구에게든 카메라를 들이대고 마이크를 갖다 댔다. 윤리에 어긋날, 사심이 파고들 여지도 그들에게는 없었다. 지상파 공채 PD로 출발하지 못해 비정규직으로 여러 곳을 전전할 수밖에 없었던 한을 풀고자 했다. 사회적 문제에 대해 더없이 분노했고 권력의 비리에 대해 뜨거운 가슴으로 파고들려고 했다. 이런 투혼에 학벌과 경력 같은 것들은 걸림돌이 되지 못했다. 제작에 돌입하면 사생활이 없었다. 편집실에서 쪽잠을 자는 일이 허다했고 컵라면으로 끼니를 때우기 십상이었다.

솔직히 말하자면 그들과 함께 권력을 견제하고 비리를 폭로하는 탐사 저널리즘을 구현했던 시간은 행복한 시간이었다. 평생을 기자로 살아온 탓에 처음에는 그들과의 대화가 서툴렀다. 언성을 높이기도 했고 윽박지르기도 했다. 부족했지만 한 문장, 한 컷마저도 혼신의 힘을 쏟았다고 고백한다. 그들이 취재해 온 가치들을 더 증폭시키려 최선을 다했다. 또 그들이 지켜내고자 했던 가치에 대해서는 누구보다 방패막이가 돼주려고 했다. 그들의 문제의식이 예리하도록 연마를 돕기도 했다. 그들의 장점을 더 살려주지 못해 아쉬운 맘이 가득하다. 그들과 함께 뚜벅뚜벅 걸어가며 무엇인가를 해내고 싶었지만 주어진 시간이 너무 짧았다. 길지 않았던 시간이었던 만큼 미련도 남는다. 시청률이 상향 곡선을 그리고 있었기에 더더욱 그렇다. 그들과 50여 편을 함께 제작했다. 고맙게도 최고 시청률을 두 차례*나 기록해 줬다. 그들과 함께했던 시간 동안 제작에 대해 많은 것을 배우는 기회가 되기도 했다.

기자 PD 작가의 삼두마차 체제는 시험이자 도전이었다. 모두가 노력했고 이질적인 문화를 극복하려고 개개인들이 최선을 다했다. 지휘관인 내가 오히려 모든 문제를 매끄럽게 처리하지 못했던 게 미안할 따름이다. 그렇지만 타사들이 우리의 시스템을 곁눈질하고 높은 시청률에 깜짝 놀랐다는 소식을 접했을 때는 뿌듯하기도 했다. 그들이 보여준 투혼은 내가 추구하는 저널리즘의 융합 가능성의 잠재력을 보여준 측면이 있기도 하다. 기자는 촬영과 편집 부담을 덜어주는 노력을, PD는 문제의식과 취재력을 더 하는 노력을, 작가는 그 위에서 더 나은 구성안과 원고를 만드는 노력을. 이 노력들이 합쳐질 때 더 훌륭한 완성품이 나올 것이라는 확신이 들었다. 모두가 5세대에 펼쳐질 미지의 영역에 호기심을 보였고 더 완벽한 제작의 세계를 갈망하고 있었다.

---

* 　2020년 3월 27일 5.9%, 2020년 2월 7일 4.6% (닐슨 코리아)

5

쉬었다 간다는
시사다큐 제작

방송 일을 하다 보면 다큐멘터리 제작을 하게 될 때가 자주 있다. 앞
서 언급했듯이 1분 30초 길이의 리포트를 만드는 데 익숙해 있는 방
송 기자에게 다큐멘터리 제작 업무는 쉽지 않은 일이다. 넘기 힘든
거대한 바위산을 마주한 느낌이 들 것이다. 막막하고 어디서부터 어
떻게 시작해야 할지 모를 때가 많다. 그런데 탐사 프로 등 고정 편성
물을 맡던 시사 PD들은 다큐멘터리 제작을 기분전환 정도로 여긴
다. 제작 일정에 쫓기는 부담이 덜하고 상대적으로 여유 있게 창작
활동을 할 수 있기에 고정 편성물에 지친 심신 전환용으로 생각하는
것이다. 짧게는 2~3개월 길게는 1년씩 걸리는 기간 동안은 CP등의
간섭 없이 제작의 자유를 만끽할 수 있기 때문일 것이다. 통상적인
다큐멘터리 제작 절차는 다음과 같다. 주제를 선정하고 그 주제에 맞
는 섭외에 들어간다. 인터뷰 섭외 촬영 섭외 등이다. 이 섭외가 다큐

멘터리 제작의 절반 이상을 차지한다. 섭외가 끝나면 본격적인 취재 준비에 들어간다. 해외 촬영의 경우 항공편 등 교통편과 숙박시설을 미리 예약해야 한다. 스케줄에 빈틈이 없도록 짜야 낭비를 줄이고 제작진의 헛수고도 줄일 수 있다. 취재가 끝나면 편집구성안을 확정하고 동시에 영상 편집을 시작한다. 원고대본가 마무리되면 내레이션을 입히는 더빙을 하고 마지막 종합편집에 들어간다. 최종 방송 전에는 오디오를 한데 묶는 오디오 믹싱 작업을 한 뒤 주조종실로 송출하면 방송 준비가 끝나는 것이다. 이를 단계별로 설명을 해 나가겠다.

주제 선정과 섭외

휴먼 환경 자연 사회 경제 등 다큐멘터리 장르는 다양하다. 보도국에서 주로 만드는 다큐는 정치 경제 사회분야 등의 시사다큐이다. 이렇게 주제별로 분류할 수 있지만 제작 목적에 따라 분류를 해 볼 수도 있다. 순수하게 시청자에게 볼거리를 제공하기 위한 목적과 방송사 수익 사업의 일환으로 하는 목적, 두 가지가 혼합된 목적 그리고 마지막으로 정부나 지방자치단체 등의 요청에 따른 공익 목적 등으로 나눌 수 있다. 제작 목적에 따라 주제가 선정되는데 가장 이상적인 것은 시청자의 볼거리 알권리를 위해 제작진이 자율적으로 주제를 잡아 독립적으로 제작을 하는 것일 것이다. 제작 목적에 사적인 이해나 공적 의미를 저해할 수 있는 요인이 반영되면 공공재인 방송을 부적절하게 사용한 셈이 되기 때문이다.

　다큐멘터리 제작은 비용 문제로부터 자유로울 수 없다. 방송사 자체 재원으로 충당하는 것이 가장 이상적이지만 방송 환경은 다큐멘터리 제작에 용이한 상황은 아니다. 시청률이 나오는 곳에 더 많은 제작비가 지원되다 보니 교양, 시사 영역 제작 지원은 풍부하지 못한 실정이다. 자율적으로 주제를 정한 뒤 제작 협찬을 따오는 제작 방식도 있다. 프로그램 자체의 기획 목적만 보고 지원하는 것이라 내용에 영향을 끼칠 수 없다. 방송사 수익 목적의 제작은 주제 선정 단계부터 협찬사의 직간접적인 영향에 놓일 수 있게 된다는 것이 문제. 협찬사의 요구가 반영되기에 주제가 제한되고 이에 따라 시청자에게 특정 정보만 제공하게 된다. 시청자의 시청권을 제한하는 셈이자 특정 정보만 받아들이도록 하는 일종의 강요 행위가 된다. 협찬 제작은 수익 구조가 취약한 방송사, 특히 민간 방송사 위주로 드러나지 않게 이뤄지고 있다. 협찬 제작은 기업과 방송사의 관행화된 거래 구조이기도 한데 협찬에 초점이 맞춰지다 보니 제작물의 질이 덜 중시되는 바람직하지 않는 면이 생기기도 한다.

　자율적인 방식으로 제작되는 경우 주제 선정은 전적으로 제작진의 독자적인 선택으로 진행된다. 주제 선정을 위해서는 광범위한 사전 조사가 필수적이다. 사전 조사를 통해 담을 메시지가 분명하고 알찬 구성이 가능한지 따져야 한다. 그리고 다채로운 볼거리가 풍부한지도 살펴야 한다. 주제가 명확히 정해지면 제작은 수월하게 진행된다. 새로운 트렌드, 지금까지 알려지지 않았던 사실, 재미난 사연, 기이한 인물 등이 주제 선정 시 고려될 요소들이다. 제작신 진체가 끊임없는 토론과 대화를 통해 주제를 선정하는 것이 가장 바람직하다고 할 수 있다. 여러 사람의 견해와 시각 그리고 아이디어가 결합될 수 있기 때문이다. 시작단계에서부터의 활발한 토론은 제작 전반에 걸쳐 신선한 산소 역할을 톡톡히 한다. PD 작가경우에 따라 기자 조연출 막내작가 사이에 수시로 이뤄지는 대화는 한 사람이 간과할 수 있는 부분을 일깨워 주고 묻힐 뻔한 아이디어를 훌륭한 작품으로 변신하게 할 수도 있다.

　해외 취재는 섭외가 제작의 절반이라 해도 과언이 아니다. 해외 취재를 포함한 다큐멘터리 제작은 두세 달을 훌쩍 넘기가 다반사다. 외국은 한두 달 전에 섭외를 해야 취재가 가능할 때가 많다. 세계적 석학 등 유명인사 일수록 더 일찍 섭외를 시도해야 성사될 확률이 높다. 북미는 크리스마스 기간, 추수감사절 연휴 등은 되도록 피하는 게 낫다. 우리나라와 달리 인터뷰 대가로 비용을 요구하는 경우가 왕왕 있다. 미국과 일본 교수에게 5백 달러 안팎을 준 기억이 있다. 섭외는 흔히 이메일을 통해 진행한다. 전화보다 이메일이 의사소통에 효율적이며 질문지 전달도 용이하다. 취재진이 직접 방문하는 것이 아니라면 섭외가 수월해질 수도 있다. 화상 인터뷰가 그것이다. 요즘은 화상 인터뷰도 활발하게 이뤄지는 추세라 시간적 제약과 제작비 부담 등이 있을 경우 직접 방문의 대안이 된다. 현지 코디를 쓸 경우 코디에게 섭외를 부탁할 수도 있다. 섭외가 힘들 것 같으면 코디와 함께 현지와 국내에서 투 트랙으로 섭외를 진행하면 성사 가능성이 높아진다. 섭외 전체를 코디에게 맡길 경우 코디 비용이 더 들기도 한다. 섭외 능력이 뛰어난 코디가 인기가 많고 몸값이 높은 것은 당연하다. 인터뷰 등을 마친 뒤에는 간단한 선물을 주는 것도 좋은 이미지를 남길 수 있다. 다음 취재에 큰 도움을 준다. 해외 취재 시에는 섭외를 감안해 동선을 짜야 시간을 허비하지 않게 된다. 해외 취재라고 해서 상대로부터 특별한 대우를 받는 것도 아니다. 하루 두 곳 이상의 촬영 스케줄을 짜야 시간을 알차게 쓴다. 상대에게 취재 목적을 분명히 알려야 한다. 질문지를 사전에 요구하는 경우가 많은데 보안 문제 등의 이유로 취재 목적을 드러내 보일 수 없을 때에는 최대한 주제에 근접한 내용을 전달하는 것이 맞다. 사후에 시비가 붙는 일을 피하기 위해서다. 통상 현장에서 추가 질문을 통해 뜻밖의 답변을 건지는 경우도 많다. 촬영에 들어가면 1시간 이상 소요되는 경우가 많기에 카메라 등의 배터리 충전은 사전에 미리 미리 해둬야 한다. 인서트 컷리액션 컷 촬영도 사전에 설명을 해 놓는 것이 취재 진행을 용이하게 한다.

무조건 찍고 기록한다

해외 취재 시 공항 출국 순간부터 전 장면을 촬영한다는 자세로 임하는 것이 좋다. 비행기 안에서 탑승 중이라도 촬영에 임하는 것이 좋다. 다양한 스케치들이 편집구성에 요긴하게 쓰일 때가 많기 때문이다. 카메라 촬영 담당자의 부담이 늘 수 있긴 하겠지만 보이는 대로 죄다 찍는다는 자세가 중요하다. 막상 스토리를 전개하다보면 섭외 위주의 취재만으로는 분량을 채우기 충분하지 않을 때가 있고

사진 15. 해외출장 중 숙소에서 취재 내용을 정리하는 모습

섭외 시 예상한대로 취재가 안 될 때도 있기 때문이다.

일상에서 보고 들은 장면을 부지런히 찍어 놓으면 주요 취재로 삼지 않았던 부분에서 좋은 전개 거리를 찾아낼 수도 있다. 그래서 다큐 제작에 들어가면 식사와 용변 시간을 제외하고 항상 카메라 버튼을 눌러야 한다는 우스갯소리도 있다. 해외 취재는 시차 등의 문제로 피로 관리가 쉽지 않다. 일과를 마치고 호텔방으로 돌아오면 녹초가 되고 식사도 제대로 하지 못할 때도 많아 만사가 귀찮아지기 마련이다. 그렇더라도 반드시 마무리해야 할 작업이 있다. 하루 취재 내용을 정리하는 것이다. 촬영본을 다시 본 뒤 중요한 장면, 중요한 인터뷰 내용 등은 타임 코드를 적어 놓는 분류작업을 꼼꼼히 해놓아야 귀국 뒤 작업이 용이하다. 제대로 기록을 해 놓아야 좋은 장면과 좋은 내용을 제작에 빠트리지 않고 반영할 수 있다. 모든 촬영 내용을 풀어내는 스크립트 작업이 이뤄진다 해도 현장에서 받은 기억을 정리해 놓는 것 이상을 따라 가지 못한다. 그래서 현지 취재 일지 등을 기록하는 것이 중요한 포인트다. 위 사진은 해외 출장 중 숙소에 돌아와 ENG 카메라에 내장된 카세트 기능으로 촬영 내용을 정리하는 모습이다.

구성과 원고를 미리미리 틈틈이 작성해 두면 취재 당시의 기억을 고스란히 가진 채 이를 원고에 보다 생생하게 반영할 수 있다. 취재만큼 중요한 사항은 또 있다. 바로 제작 경비에 대한 영수증 처리다.

한 달 이상 제작 기간이 길어지면 쌓이는 영수증도 많아진다. 해외 취재 영수증은 각양각색의 모양새여서 분실 시 귀찮은 일이 따를 수 있다. 제작진의 입장에서야 제작 경비 증빙이 큰 문제가 아닐 수 있지만 회사는 행정 처리의 중요한 문제이기 때문에 제작진을 계속 채근할 수 있다. 시달리지 않기 위해서라도 매일매일 증빙 서류를 정리해 놓는 것이 좋다.

영상 편집

전체를 몇 조각의 큰 덩이로 나눈 뒤 퍼즐을 맞춰가는 방식이 제작에 도움이 된다. 가령 3분 5분 7분 분량으로 나눠 각 부분을 전체로 붙이는 방식이다. 그러면서 기승전결 구도를 생각하고 반전이 있도록 설계를 해야 한다. 통상 1시간을 크게 3등분 하고 3등분 된 분량 안에서 또 다시 잘게 나눈다고 보면 된다. 가장 역동적인 영상 그리고 가장 임팩트 있는 현장음 등을 각 부분마다에 배치할 수 있으면 좋다. 이야기 흐름을 잡은 뒤에 그에 맞춰 관련 영상과 인터뷰 등을 채운다. 언뜻 1시간 영상을 먼저 편집한 뒤 원고를 써 내려가는 모양같이 보이지만 이야기를 어떻게 전개해 나갈지 구상을 먼저 하고 그 구상에 맞춰서 영상을 편집한다고 보면 된다. 가편집된 영상을 토대로 구상을 더욱 구체화하는 작업을 한다. 씬scene별 분량을 어떻게 할 것인지 그리고 씬 사이 간격을 어떻게, 어느 정도로 할 것인지 등의 결정을 말한다. 씬 사이 간격은 장면 전환 전 내레이션 없이 여운을 주거나 감흥이 더해지도록 할 때 필요하다. 간격을 채우는 영상이 좋으면 늘리고 그렇지 않으면 줄이는 조정을 감각적으로 해야 한다. 이런 작업을 몇 차례 진행한 다음 비로소 완성본에 가까운 가편집안이 도출된다. 내레이션 즉, 원고 작업 전 최종적으로 길이 조절에 들어간다. 한 씬에 들어갈 내용에 맞춰 길이가 정해지고 그 길이에 딱 맞게끔 완결된 문장이 확정된다. 영상 편집을 하면서 마음속으로 구체적인 대본원고을 짐작해 놓으면 대본원고 작성 때 도움이 된다.

종합편집과 더빙 믹싱은 시사 프로그램 제작에서 말한 방식과 같다. 다큐멘터리는 시간적 여유를 두고 제작하는 편이어서 주간 편성물과 달리 쫓기듯이 만들지는 않아도 되지만 방송 막판까지 수정에 수정을 거듭할 때가 많다. 최적의 결과를 얻으려는 욕심에 계속 손이 가게 된다. 그렇다 하더라도 주간물 보다는 제작에 여유를 가지는 것은 사실이다. 오류가 없는지 더 꼼꼼히 챙겨 볼 시간이 있다는 얘기다. 내레이션은 전문 성우가 진행하는 방식과 기자나 PD 등 제작진이 직접 읽는 방식 두 가지가 있다. 일장일단이 있다. 전문 성우는 읽기가 안정적이고 듣기에 편안한 느낌을 주는 반면 기자 또는 PD 등 제작진의 목소리는 프로그램에 대한 신뢰도를 높여준다. 요즘은 목소리가 귀에 익은 연예인을 쓰기도 한다.

영상 편집과 대본 작성 이 두 작업은 PD와 작가 또는 PD와 기자 사이에서 끊임없는 대화와 협의를 통해 진행된다. 그래서 호흡이 중요하다는 말이 나온다. 어떤 씬을 더 늘이고 줄일지 생각이 다를 수 있어서다. 씬의 순서 배치에 대해서도 의견이 다를 수 있다. 의견이 충돌하면 최종 작업 단계에서 PD의 결정권이 더 존중되기도 하는데 이는 케이스 바이 케이스이다. 다큐멘터리건 탐사보도 프로그램이건 실제 작업 현장에서는 PD가 마지막 단계에서 구성을 통째로 바꾸기도 했는데 이 경우 자칫 작가와 심한 다툼으로 번질 수도 있다. 두 사람 사이에 소통이 제대로 이뤄지면 이런 조정도 최적의 구성을 찾으려는 시도로 받아들여져 큰 탈 없이 문제가 잘 마무리된다. 행여 다툼이나 의견 충돌이 있더라도 방송이 차질을 빚도록 해서는 절대 안 된다. 간혹 큰 다툼으로 번지는 경우는 PD가 자신이 주도권을 행사하겠다는 생각에서 일방적으로 구성을 바꾸는 경우다. 이럴 경우 작가 또는 기자는 그에 맞춰 원고를 다시 써야하는 부담이 생기는데 이때가 대개 방송이 임박한 시점이 대부분이다. 체력적으로나 정신적으로 임계점에 달해 굉장히 예민한 상태이기 때문에 자제력을 잃고 걷잡을 수 없는 상황으로 번지게 될 수 있다. 노련한 PD일수록 미연에 조율과 조정을 잘해 이런 일이 발생하지 않도록 한다.

6

생방송 뉴스쇼

생방송 뉴스쇼의 CP는 전체 프로그램을 어떻게 꾸려 갈지에 대한 판단을 먼저 해야 한다.

내용을 다채롭게 하는 것이 제1순위이다. 제작물과 대담 뉴스 리포트의 비중을 어떻게 가져 갈 것인지에 대한 결정이 내려지면 필요한 인력을 뽑는 절차에 신속히 돌입해야 한다. 한시적으로 운영되는 프로그램일수록 제작진 선발이 쉽지 않다. 뉴스와 예능 스포츠 등 내용에 맞는 전문 인력을 뽑아야 한다. 선발된 제작진을 상대로 프로그램의 성격과 방향을 충분히 설명하고 이해시켜야 한다. 프로그램의 정체성이 명확해야 제작이 용이하고 시청자를 끌어오기도 쉽다. 여러 성격이 섞일수록 작업자들은 힘들어 한다. 신규 프로는 그래서 런칭이 더욱 어렵다.

특종을 쫓는 종횡무진 뉴스맨

뉴스 쇼 〈평창은 지금〉

기획 단계에서부터 실제 제작까지 전 과정을 손수 해내면서 방송을 무사히 마쳤던 두 개의 생방송 프로그램은 뉴스맨으로만 살던 나에게 좋은 기회였다. 신생 회사였기에 이러한 기회가 주어질 수 있었다. 이와 관련된 제작 얘기를 지금부터 한다. 먼저 〈평창은 지금〉이다. 회사는 2018년 평창 동계올림픽을 앞두고 중계권을 가진 지상파 방송사와 벌인 화면 구입 협상이 어려워지자 임시방편으로 평창 올림픽 소식을 다룰 30분 길이의 프로그램을 편성했다. 이 프로의 CP를 맡게 됐다. 그런데 보편적 시청권 차원에서 지상파로부터 제공받는 영상은 경기 하이라이트 몇 분 정도에 불과해 채워 넣을 콘텐츠 고민을 해야 했다. 먼저 어떤 콘텐츠를 넣을 것인지 전체의 얼개를 만들었다. 그 뒤 각 콘텐츠에 맞는 필요 인력을 뽑았다. 전체 길이를 어떻게 채울 것인지에 대한 판단도 섰다. 뉴스와 대담 제작물 VCR 구성물 생중계 연결 등으로 채우기로 했다. 제공받는 화면만으로 스포츠 뉴스를 만들기에는 분량이 턱없이 부족해 제공 영상을 재가공, 재재가공을 하는 식으로 활용하기로 했다.

대담을 위해 스포츠에 능통한 MC가 필요했고 분석을 해 줄 경기별 전문가도 필요했다. 선수의 애환, 경기에서 보여주는 투혼 그리고 장외 이야기 등을 담아내는 휴먼 스토리성 제작물과 평창 일대에서 일어나는 볼거리, 얘깃거리를 담는 제작물 등 두 개의 영상 구성물을 고정 코너화하기로 했다. 그렇게 꾸려진 팀은 전문 MC 2명 고정 패널 1명 PD 3명 VJ 3명 기자 2명 작가 7명 VJ들과 함께 일할 서브 작가 2명 메인 작가 2명 보조 작가 2명 등 등 총 20명으로 꾸려졌다. <평창은 지금> 이라는 제목이 달렸다. 여러 영역이 어우러진 복합 프로그램이었다. 대담은 예능적인 요소를 듬뿍 가미하기로 했다. 뉴스와 예능 교양이 결부되기에 제작하기가 녹록지 않은 프로그램이었다. 게다가 녹화 방송이 아닌 생방송이라 부담이 컸다.

매일 방송을 위해 2개 조를 꾸렸다. 3~5분 짜리 제작물1은 채용된 4명의 VJ들이 맡았다. 제작물을 만드는 데 최소 이틀은 걸리는 것을 감안해 충분한 인원을 선발한 것이다. 이들은 16일 동안 3~4일 간격으로 모두 15개의 제작물을 만들었다. 진행과 제작물2 등을 위해 경제부 다큐멘터리를 만들던 PD들을 동원했다. 다행히 생방송 음악 방송을 진행해 본 경험이 있어서 그중 한 명에게 메인 PD를 맡겼다. 나머지 2명은 조연출을 맡았다. 동시에 두 명의 조연출들은 매일 제작물2휴먼 스토리를 만들기로 했다. 메인 PD를 제외한 PD와 작가는 2개조로 나누고 24시간 맞교대 형식으로 일을 진행했다. 기자는 스포츠 뉴스 리포트 제작과 평창 현지 등에서의 생중계 방송을 맡았다. 약 열흘 정도의 준비 기간을 거쳐 16일 동안 두 팀이 격일로 생방송 프로그램을 해 나가는 쉽지 않은 일을 하게 된 것이다.

모두가 처음 만난 사람들이었고 이런 일을 지휘해 본 적 없는 나로서도 무모하리만큼의 큰 도전이었다. 사실 경제부에서부터 함께 일해 온 세 명의 PD들이 합류해 헌신적으로 일을 해줬기 때문에 가능했다. 그들이 프로그램 구성의 얼개를 만드는 데 큰 도움을 줬다. 전문 MC 고용도 처음이었는데 급조된 팀은 두 번의 리허설을 가진 뒤 평창 동계올림픽이 열리는 첫날부터 대망의 방송을 시작하게 되

특종을 쫓는 종횡무진 뉴스맨

었다. 동계올림픽 중계권이 없는 회사가 프라임 시간대에 우리 선수들의 경기 내용을 다루는 프로그램을 편성해 지상파의 경기 중계 시간대와 맞대응을 시킨 것이다.

처음부터 쉽지 않을 것 같은 도전이었다. 지상파는 자사 뉴스 프로그램 등을 이유로 경기 종료 4~5시간이 지난 이후 영상을 제공하니 뉴스 가치는 매우 떨어졌다. 하지만 여건 탓만 할 수 없었고 그래서 틈새를 공략할 수 있는 방법을 모색한 것이 여러 장르를 한데 묶는 복합 프로그램 런칭이었다. 나 역시 경제부장을 겸임하고 있었는데 제작 기회가 주어졌기에 여러 난관이 예상됐음에도 도전 정신 하나를 믿고 일을 시작하게 됐다. PD들의 제작 영역에 버젓이 기자 출신 부장이 뛰어드는 것도 생경한 일이었던 것 같다. 따져보면 회사와 윗분이 제작 일을 할 수 있도록 소중한 기회를 준 셈이다. 실제 매우 힘든 상황도 있었지만 나로서는 평생 잊지 못할 소중한 경험을 하게 된다.

걱정 반 기대 반 속에 2018년 2월 9일 첫 방송을 시작했다. 큰 사고 없이 무난히 방송을 마쳤지만 시청률은 신통치 않았다. 1%에 못 미쳤던 것이다. 2월 10일 두 번째 방송에서는 1%를 넘기기도 했지만 쇼트트랙 등 금메달 3개가 무더기로 터져 나온 사흘째 되던 날이 문제였다. 우리 방송시간과 한국선수들의 경기 중계시간이 겹쳐 대참사를 겪은 것이었다. 다음날 아침에 받아 본 성적표는 시청률 0.18%였다. 온몸에 힘이 빠져 출근을 하기가 힘들었다. 스스로 위로를 했다. 전 국민이 생중계 방송을 보며 한국 선수들의 투혼과 선전에 열광을 할 때 누가 경기 전망과 분석을 보려 하겠는가? 이렇게 말이다.

충분히 예상되는 일이었다 해도 천 가구 중 1~2가구만이 우리가 준비한 방송을 보았다고 생각하니 현실이 너무나 냉혹했다. 늪에 빠진 느낌이었다. 당장에라도 그만두고 싶었지만 CP 겸 책임자로서 그렇게 할 수도 없는 노릇이었다. 나를 보고 일하는 프리랜서 PD와 작가들의 얼굴이 떠올라 어떻게든 버틸 수밖에 없었다. 억지로 기운을 내며 회사로 출근했다. 실망한 빛을 애써 감추며 다시 힘을 모으자고 다독였다. 내가 그들의 버팀목이 되지 않으면 우리 팀이 난파되는 것은 시간문제처럼 보였다. 충격에서 벗어날 수 있는 별다른 방법이 없었다. 단 하나 일에 집중하는 것 말고는 말이다. 일에 매진하는 것으로 충격을 벗어나려 했다.

시청률을 올려 보려고 백방의 노력을 기울였다. 하루 종일 컴퓨터 모니터를 쳐다보며 아이템들을 이리저리 배치해 보기도 하고 VCR 제작물의 주제를 이렇게 바꿔 보고 저렇게 바꿔 보기도 했다. 뉴스성과 재미 그리고 정보를 어떻게 배치해야 시청자들이 찾아들어올까 고심하며 아이템들을 적재적소에 넣으려 혼신의 힘을 다했다. 제작진도 사력을 다하는 모습이 역력했다. 이 프로의 결과가 자신들의 능력에 대한 평가이기도 하겠지만 시청률이 바닥으로 떨어진 마당에 어디 한번 해보자는 오기가 솟구쳤던 모양이었다. 제작물을 편집하고 구성안을 짜느라 다들 매일 밤을 새우다시피 했다. 누구 할 것 없이 보름 동안 죽을 각오를 하고 덤벼들었다. VJ들은 군말 없이 강원도 험지를 찾아다녔고 작가들은 갖가지 얘기를 발굴하는 데 온 힘을 쏟았다. 그런 노력에도 시청률은 좀처럼 미동을 하지 않았다. 시청률이 저조하니 우리의 존재가 초라하게 느껴지고 처량했

사진 16. 마지막 방송을 끝낸 뒤 촬영한 사진

다. 공간 여유가 많지 않은 곳에서 넓은 자리를 차지하고 있는 것도 회사 동료들에게 미안했다. 나 하나만 바라보는 제작진의 사기를 위해서라도 좌절감을 숨기고 반전 기회를 기필코 잡아야했다.

하루하루가 그렇게 길게 느껴질 수가 없었다. 내 의지가 약해지면 안 되기에 하루에도 몇 번 씩 마음을 다잡았다. 패배감을 느끼지 않기 위해 일에 미치려했다. 시청률 반응을 면밀히 분석해 아이템을 선정하고 방송 막바지까지 큐시트 순서를 고민했다. 이 노력의 결과는 일주일째부터 나타나기 시작했다. 드디어 시청률이 눈에 띄는 상승 곡선을 그려 나가기 시작했던 것이었다. 회사가 프로그램 폐지를 생각하고 있다는 소식이 전해진 절체절명의 순간에 시청률이 오르기 시작했던 것이다. 그리고 폐막 하루를 앞두고 시청률은 최고치를 기록했다. 은메달을 딴 여자 컬링의 인기를 활용하자는 승부수가 먹혀들어간 것이었다. 8강 4강 결승까지 승전보를 계속 올리자 경북 의성으로 취재진을 급파했던 것! 예상대로 마을은 난리가 났다. 얼어

붙은 동네 개천에서 어르신들이 빗자루를 들고 컬링 경기 흉내를 내는 모습을 담아내는 등 유쾌하고 경쾌한 영상을 찍어 온 것이었다. 이 영상은 메인뉴스에도 납품을 해 톡톡히 재미를 봤다. 그 결과 회사가 목표치로 제시했던 수도권 시청률이 2%를 훌쩍 넘겼다. 20배가 넘는 성장을 이뤄낸 것이다. 모두들 축하하고 격려하며 완주를 기뻐했다.

위기의 순간도 있었다. 메인 작가 1명이 방송 사흘째쯤 메인 PD와 갈등이 생겨 일을 못하겠다고 출근을 거부한 것이다. 중재를 시도했지만 쉽지 않았다. 직업 정신을 거론하면서 접촉을 피할 수 있는 방법을 제시했다. 해당 작가가 일하는 날에는 내가 나서주기로 한 것이었다. 간신히 갈등을 봉합하고 다시 일을 이어갔다. 시청률에 대응하려 다소 무리한 시도를 많이 했다. 방송 직전까지 큐시트를 수정했고 제작물의 주제를 원점에서 재검토한 적도 여러 차례 있었다. 출연진과 진행자 모두 힘들어 했다. 그럼에도 무엇보다 뚝심 있게 버텨준 메인 PD의 공이 컸다. 방송 기간 내내 회사에서 지새다시피 한 조연출들의 희생도 큰 기여를 했다. 감사할 따름이다.

MC인 최동호 씨 얘기를 하지 않을 수 없다. 아나운서 출신 윤태진 씨와 짝을 이뤘다. 최동호 씨는 스포츠 분야에서 깊이 있는 해설로 명성이 있었지만 생방송 진행은 처음이었다. 그런데 아나운서 윤태진 씨의 순발력이 탁월했다. 각각의 장점인 깊이와 순발력이 더해지니 방송을 해 나갈수록 호흡이 맞아떨어져 가는 것이었다. 방송 시간 훨씬 전에 출근해 헤드라인 오디오 더빙, VCR 제작물 더빙 등의 간단치 않은 일도 마다하지 않았다. 경직된 출연자들로 토크가

특종을 쫓는 종횡무진 뉴스맨

끊길 때에도 자연스럽게 상황을 수습하며 매끄러운 연결이 이어지도록 했다. 시간 문제로 갑작스럽게 방송을 끊어야 해도 군소리 없이 따라줬다. 이런 기여들이 합쳐져 큰 방송사고 한 번 없이 순항할 수 있었다. 마지막까지 최선을 다해준 두 사람은 이 프로그램이 굉장히 기억에 남는다고 했다. 마지막 방송을 마친 뒤 기념사진을 찍었다. 이탈자 한 명 없이 완주를 해냈다.

생방송 스포츠 쇼는 종합 프로그램 성격이었다. 30분이라는 정해진 시간 안에 토크대담와 뉴스 리포트 그리고 영상 제작물을 섞어 진행을 한다는 것은 여간 힘든 일이 아니었다. 늘리는 것보다 압축하는 것이 더 힘들다는 말을 실감을 했는데 멘트를 포함해 모든 아이템의 아귀를 딱딱 들어맞게 해야 방송 시간을 정확히 맞출 수 있었다. 대담은 작가들이 대략의 원고를 준비해 놓더라도 돌발 상황은 항상 있다. 출연자들이 갑자기 주제를 벗어나거나 과도하게 긴장해 발성 자체가 안되는 경우 등이다. 그래서 노련한 진행자의 리드가 무척 중요했다. 돌발적인 순간에도 당황하지 않고 차분하게 수습하며 자연스럽게 다음 차례로 넘어가는 그러한 능력 말이다. 제작물 제작은 재미와 감동을 더해 달라며 VJ와 작가들을 독려했다. 과도한 측면이 있었을 수 있었다. 휴먼성 영상물은 경기 승리자의 인간적인 면, 고난의 순간들을 생생히 보여줘야 했기에 까다롭게 주문했다. 그럼에도 그들은 흔쾌히 결과로 말해줬다. 기자들 역시 적절한 경기 분석뿐만 아니라 북한 인사들의 움직임까지 상세히 전해주는 뉴스의 파수꾼 역할을 훌륭히 해냈다. 20명의 인원이 하모니를 이뤄야만 이뤄지는 일이었던 것이다. 어려운 진행을 마다하지 않은 기술진의 도움도 컸다. 최선을 다했고 나름 최고의 결과를 낸 프로젝트였다. 그래서 무척 기억이 남는다.

정치가 있는 전국 뉴스 〈3488 오늘〉

첫번째 사회부장 보직을 끝내고 나니 회사는 비대한 사회부를 둘로 나누었다. 사건팀 법조팀 행정팀 전국팀 4개 팀을 2개 팀으로 묶어 사회부와 사회정책부로 나눈 것이었다. 행정팀과 전국팀이 사회정책부에 소속됐다. 명칭은 사회정책부이지만 소속된 전국팀의 사건 사고가 많아 사회부와 별다를 바가 없었다. 사회부장 이후 4개월 만에 또다시 내가 관할하던 그 영역을 사회정책부라는 이름으로 맡게 된 것이었다. 일 단위로 편성되는 전국 뉴스를 바로 출범시키라는 특명이 주어졌다. 30분 길이의 프로그램을 론칭하기로 했다. 〈3488 오늘〉로 프로그램 이름을 정했다. 최대한 지역 뉴스라는 느낌을 빼기 위해 고민을 하다 만들어 낸 이름이다. 전국 시·군·구 개수에 착안했다.

다음은 제작 능력 여부였다. 방송 시간 30분 분량을 생각하면 10개 정도의 리포트를 매일 만들어야 하는데 5명의 지역 기자로는 불가능한 일이었다. 지방의 볼거리와 얘깃거리를 제작물로 만들되 여기에 뉴스성을 가미해 보기로 했다. 제작물 길이는 일반 리포트보다 50초 정도 늘렸다. 1분 40초 기준으로 볼 때 50초를 더 늘리는 것도 쉽지 않은 일이다. 10초 길이의 인터뷰 2개를 더 삽입한다고 해도 남은 30초 길이를 메워야 하는데 뉴스에 쓰는 리포트 한 컷의

특종을 쫓는 종횡무진 뉴스맨

평균 길이를 2~3초 정도로 계산하면 10컷 이상을 더 찍어야 한다는 계산이 나온다. 인터뷰를 추가하는 것도 여간한 품이 들어가는 것이 아니다. 50초를 더 늘리려면 한 곳 이상의 장소를 찾아가야 하고 이를 위해 섭외도 해야 하니 적어도 반나절은 물리적으로 소요되는 일인 것이다.

볼거리와 흥미를 더해야 하니 아이템 선정에도 보통 이상의 수고가 들어가야 하는 일이었다. 최소 이틀에서 사흘 정도 걸려야 편집까지 마칠 수 있으니 제작 부담이 만만치 않았다. 각 지역 기자들이 일상 업무를 하면서 일주일에 1개씩 이런 제작물을 만들었다. 지역 뉴스일지라도 전국적 의미를 갖도록, 뉴스 가치를 찾도록 지침을 줬다. 지역 뉴스 성격을 뛰어 넘자는 취지였다. 9시 메인 뉴스 일은 이 일대로 처리를 해야 했으니 업무 부담이 가중됐을 것이다.

그렇지만 새로운 무엇인가를 해보자는 의지들이 뭉쳐져 2015년 3월 첫 방송을 시작했다. 시원시원한 볼거리와 이색 얘기들이 담긴 아이템들은 도시생활에 지친 수도권 시청자들의 심신을 달래주는 데 도움이 된 것 같았다. 시청률 반응이 좋았다. 동심을 자극하는 횃불로 낙지 잡기, 사라졌던 제비들이 돌아와 둥지를 튼 마을 이야기, 맹금류와 46년 동거동락한 한 남자의 이야기, 평생을 전통 무예 단련에 힘을 쏟은 수도승 이야기 등 전국 곳곳에 숨어 있는 얘깃거리를 찾아내고 여기에 뉴스성을 가미해 만들어 내니 차별적인 요인들이 있었던 것이

사진 17. 그날 그날 일어난 뉴스와 기획성 테마 리포트를 동시에 소화하는 〈3488 오늘〉

다. 이런 아이템 사이사이에 전국에서 그날그날 일어난 별난 일들을 SNS에서 찾아 알려 주는 코너 또한 신선했다. PD와 앵커들 역시 온 정성을 다해 이런 아이템들을 발굴하고 만들었다.

이에 그치지 않고 대권 잠룡들인 지방자치단체장들을 일일이 찾아가 현장 인터뷰를 진행하며 프로그램의 가치를 높였다. B 보도본부장의 지시였는데 정치 감각이 돋보였다. 담당 부장이 직접 현장을 찾아 대권 잠룡들과 대담을 진행하니 프로그램의 격과 뉴스가치가 높아졌다. 지역 뉴스가 중앙 뉴스에 버금가는 콘텐츠를 가지는 것이었다. 당시 만나 본 도지사들에 대한 얘기를 잠시 하자면 안희정 충남도지사는 거침없는 언변에 세련된 스타일로 인터뷰에 응해줬고 박원순 서울시장 역시 덕수궁에서 진행한 인터뷰에서 시민에게 다가가는 소탈한 모습을 보여주려고 애썼다. 원희룡 제주지사는 있는 그대로의 자신의 모습을 보여주려 했고 권영진 대구시장은 대구의 보수 색체를 벗고 개방적인 문화를 수용하는 느낌을 주려고 노력했다. 이시종 충북도지사는 내륙의 고립 정서에서 벗어나 중앙과 경제적·문화적 유대를 강화하려는 모습이 인상적이었다. 서병수 부산시장은 신중하면서도 활력이 넘쳤다. 부산을 국제 도시로 만들려는 의지는 진솔함이 느껴졌다. 이낙연 전남도지사는 기자 출신의 느낌이 고스란히 살아 있었던 기억이다. 말투 하나, 행동 하나에 원칙과 규칙이 묻어났다. 최문순 강원도지사와의 인터뷰는 여러 노력에도 성사되지 않아 아쉬움이 남는다. 서울에서 진행된 강원도 특산물 판매 행사에 직접 찾아가 인사를 나누기도 했다. 자치단체장 상당수가 중앙 정치 무대로 진출하고자 하는 포부가 있었던 터라 이런 분위기를 프로그램에 반영하니 시청자들의 반응이 좋았던 것이다. 당시 인터뷰를 진행했던 분들 중 유명을 달리하거나 형사 사건에 연루된 분들도 있다는 것이 안타까울 따름이다.

<3488 오늘>은 이런 노력들에 정치와 문화 자연 토속 그리고 산업 등이 어우러져 다채로운 내용과 형식이 된 것이다. PD와 앵커 그리고 지역 기자들 모두가 해보겠다는 의지들이 대단했던 프로그램이었다. 이런 장점들이 작용한 덕분에 낮 시간대이면서도 당일 최고 시청률 프로그램으로 자주 등극했다. 방송 시작 한 달 만에 3%를 돌파하는 등 반응이 좋았다. 그 즈음 TV조선은 대작이 없어 2~3% 시청률도 감지덕지 하던 시절이었다.

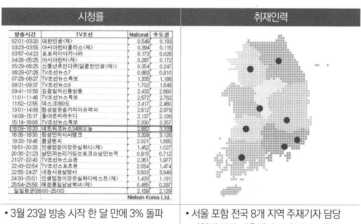

시청률				취재인력
방송시간	**TV조선**	**National**	**수도권**	
02:01-03:20	대찬인생<재>	0.549	0.193	
03:23-03:55	아시아헌터롤러스<재>	0.394	0.115	
03:57-04:23	포토브이아기-나라	0.173	0.026	
04:26-05:25	아시아헌터<재>	0.287	0.172	
05:29-06:25	신통산휴먼다큐(달콤한인생<재>)	0.354	0.247	
06:29-07:26	TV조선뉴스7	0.863	0.810	
07:29-08:27	TV조선뉴스특보	1.335	1.186	
08:31-09:37	TV조선뉴스9	1.702	1.646	
09:41-10:56	김광일의신통방통	2.432	2.660	
11:01-11:48	TV조선뉴스특보	2.572	2.762	
11:52-12:55	데스크360도	2.417	2.490	
13:01-14:06	엄성섭윤슬기의이슈격파	2.612	2.979	
14:09-15:17	돌아온저격수다	2.137	2.106	
15:19-16:08	TV조선뉴스특보	2.330	2.357	
16:09-16:33	네트워크뉴스3488오늘	2.882	3.333	
16:35-18:30	장성민의시사탱크	3.329	3.126	
18:33-19:48	황금펀치	2.021	1.685	
19:51-20:28	인생법정이것은실화다<재>	1.452	1.027	
20:30-21:23	남만파논리가있는토크쇼넝안논격	0.915	0.712	
21:27-22:43	TV조선뉴스쇼판	2.361	1.977	
22:43-22:54	TV조선스포츠판	1.054	1.474	
22:55-24:27	내용사룡설명서	3.503	3.949	
24:30-25:51	인생법정이것은실화다버스트<재>	1.433	1.191	
25:54-25:59	애정통일남남북녁<재>	0.485	0.297	
일일평균(06:00-25:00)		2.159	2.129	
			Nielsen Korea Ltd.	

• 3월 23일 방송 시작 한 달 만에 3% 돌파

• 서울 포함 전국 8개 지역 주재기자 담당
• 사안에 따라 서울에서 기자 파견 지원

<3488 오늘>은 세 가지 난관을 맞닥뜨렸다. 내부적으로는 <3488 오늘>이 고공행진을 이어가자 이를 전략적으로 활용하려 했는데 그 결과 편성이 흔들린 것이다. 이 프로 애시청자들을 부진한 다른 프

로에 유입시키려 방송 시간대를 몇 번 바꾼 것이었다. 또 반응이 좋던 코너를 별도로 떼어 내 다른 프로에 삽입하기도 했다. 돌이켜 보면 인력 확충이 병행됐으면 해볼 만했을 것이었다는 생각이다. 인력이 없어서 허덕였을 뿐 아이템 공급에는 자신이 있었기 때문이다. 두 번째 난관은 경쟁 방송사의 견제였다. 우리 지역 기자들을 일일이 접촉해 인력을 빼 갔다. 지역 기자라고 해봐야 각 시·도에 주재한 6명에 불과했는데 그중에 2명을 빼간 것이었다. 업무 부담이 늘어난 상황에서 좋은 조건의 제안이 들어오니 이직을 결심했던 모양이었다. 우리 프로가 돌풍을 일으키자 위기감을 느껴 이런 식의 대응을 강구했던 모양이었다. 아쉬운 것은 우리 프로가 어느 정도 궤도에 올랐다고 판단해 처우 등의 개선을 생각하고 있던 참이었는데 한 발 늦었던 것이었다. 일을 해 나갈 때는 나를 둘러싼 환경에서 일어날 수 있는 여러 요인들을 치밀하게 생각했어야 했다.

<3488 오늘>은 그럼에도 큰 흔들림 없이 진행 중 이었는데 나의 전격적인 인사이동으로 1년 6개월 만에 막을 내린다. 내 자신이 마지막 난관이었던 것이다. 내 능력의 한계로 이 마지막 난관을 극복하지 못했다. 프로그램 제작비 등을 가급적 자체 충당하려 했는데 이 부담이 컸다. 또 PD 겸 CP 겸 진행자 겸 부장 역할까지, 1인 4역을 맡다 보니 건강이 버티지를 못했다. 특히 일선 기자들 대부분이 활자 매체에서 전직한 터라 방송 기사 작성과 제작이 그 당시는 제 수준에 이르지 못해 손이 많이 가야 했다. 그러던 차 건강에 적신호가 와 더이상 현업 수행이 힘들었던 것이었다. 이후 프로그램은 보통의 네트워크 뉴스로 되돌아갔다.

　　　　特종을 쫓는 종횡무진 뉴스맨

쉼 없이 달려온 지난 27년이었다. 한순간 한순간을 어떻게 버텨왔는지 돌이켜 보면 스스로 신기하다는 생각이 들 정도다. 별다른 탈 없이 지나온 시절에 대해 안도의 숨을 내쉬기도 한다. 여러 일에 미련이 남는 것도 사실이지만 좋은 추억으로 간직하련다. 기자 초년병 시절 지금 내 연배 정도의 회사 간부들에 대해 가졌던 생각들을 떠올리곤 한다. 그분들은 농축된 경험으로 어떤 어려움도 해결할 수 있는 현자일 것이라 생각했다. 세월에 쌓인 주름과 반백의 머리는 근엄함과 인자함을 주기에도 충분했다. 어느덧 내가 그 나이가 됐고 그런 평가의 대상이 됐다. 내 후배들이 나를 현자 언저리쯤 있는 사람으로 보기는 할까 하고 반문하기도 한다. 그들이 바라는 현명함에 근접할지는 모르겠으나 그동안 방송에 대해 정리해 둔 몇 가지 생각을 공유하려고 한다.

6장

여정 그리고 여운

1

6개월 훈련

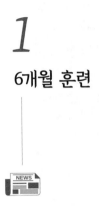

5세대 기자를 위한 제안을 한다. 기자가 방송사에 입사해서 받는 6개월 동안의 수습 교육 기간을 최대한 활용하자고 말하고 싶다. 지금의 수습 교육은 취재 방법과 리포트 제작 공정을 익히는 일에 초점이 맞춰져 있다. 이는 취재가 만사라고 여기게 되고 분업화에 젖어들게 만든다. 기자를 떠나 개인 한 사람 한 사람의 창의력을 잃게 하는 이런 교육 체제를 과감하게 버리자. 현재의 교육과정은 3세대 기자 시대의 기준에 맞춰 짜여져 있다. 이제는 취재뿐만 아니라 제작에 대해서도 체계적이고 밀도 있는 교육이 이뤄져야 한다. 편집기를 자유자재로 만질 수 있도록 기본 교육이 필요하다. 기자 PD 카메라 기자 편집 담당으로 4원화 돼 있는 방송 제작 시스템으로는 변화를 꾀할 수가 없다. 1인 미디어가 가능하도록 해야 한다. 1인 미디어로서 취재와 제작을 할 수 있도록 하는 체제를 마련해 줘야 한다. 취

재뿐만 아니라 촬영과 편집이 가능하도록 하고 이를 실전화하도록 뒷받침해 줘야 한다. 방송사들의 NLE 편집기 프로그램은 크게 세 종류가 있다. 에디우스와 프리미어 그리고 파이널 컷 프로 등이다. 대부분 방송사는 성능과 가격을 고려해 에디우스 편집기를 사용한다. 에디우스 편집기를 자유자재로 쓸 수 있는 능력을 함양하기 위한 가장 간단한 방법이 있다. 각 방송사의 편집담당들이 최고의 훈련 교관이 될 수 있으니 그들에게 맡기면 된다. 부서별 진입 장벽 등에 의해 이런 교육이 시도되지 않고 있을 뿐이다. 요즘은 윈도우 편집기에도 기본적인 편집editing 기능이 탑재돼 있고 손쉽게 쓸 수 있는 애플리케이션이 즐비하다. 이를 활용해 영상 편집에 대한 기본 원리를 깨우치는 방법도 있다. 짧게는 2~4주 기간을 두고 교육 프로그램을 꼼꼼히 짜면 된다. 촬영도 마찬가지다. 촬영 장비도 고가의 장비가 필요한 것이 아니다.

ENG급 카메라를 쓰는 것이 아니라 스마트폰 또는 소형 핸디캠이면 충분하다. 그렇게 비싸지 않은 가격대의 장비로도 화질과 기능 면에서 방송용으로 손색이 없는 제품을 구할 수 있다. 촬영 역시 방송사 안에 있는 촬영 전문가들의 교육으로 기본적인 기술 습득이 가능하다. 핸디캠 등의 촬영 기법과 제대로 된 컷들을 모아내는 가편집 능력 그리고 파일 추출 방법 등을 배워야 한다. 촬영과 편집이라는 것이 평소에 관심을 두고 계속 접해야 기량이

사진 18. 탐사보도 세븐팀 사용 카메라

유지되지만 멀리하게 되면 잊어버리고 손이 둔해진다. 간단한 컴퓨터 그래픽 기술에 대해서도 파악해 둬야 한다. 대단한 기술을 습득하자는 것이 아니다. 자막과 같은 기본적인 것들을 말한다. 1인 유튜버들이 쓰는 정도는 알아두자는 것이다.

글자 생성기는 모든 편집기에 장착돼 있다. 이 생성기를 이용해도 되지만 방송사마다 손쉽게 예쁜 글씨체를 생성할 수 있는 프로그램을 구비하고 있어서 이를 활용하면 얼마든지 자신이 만든 영상을 예쁘게 가꿀 수 있다. TV조선에는 토네이도 문자 발생기가 있어서 쓰기에 무리가 없었다. 다양한 글꼴 모드를 그래픽 팀에서 미리 만들어 놓으면 필요한 문장을 타이핑한 뒤 추출해 편집기에 올려upload 놓기만 하면 된다. 필요한 글꼴을 의뢰해 놓으면 되는 것이다. 인터넷에서 구할 수 있는 편집기들도 각종 자막과 CGcomputer graphic 생성 기능이 있다.

촬영과 편집 그리고 기본적인 CG자막 생성 이 세 과정은 취재만큼이나 중요한 분야다. 현재 방송사에서는 세 영역이 영상촬영과 영상편집 그리고 디자인팀 세 부서로 나눠져 있다. 만능 뉴스맨은 이 세 가지 업무 중 각각의 기본 기능을 익혀야 한다. 최소한 이들 업무의 메커니즘에 대해 이해를 하고 있어야 다양한 콘텐츠 생산에 자신감이 붙게 되는 것이다. 필요하면 과감하게 부서 간의

사진 19. 토네이도 문자 발생기로 생성한 자막

장벽을 없애야 한다. 전면적으로 없애자는 것이 아니니 부서 통폐합 등을 걱정할 필요는 없다. 소수 인원일 망정 만능 뉴스맨을 양성할 수 있는 체제를 만들자는 것이다. 현재 시점으로 촬영과 취재, 편집 능력을 다 갖춘 사람들이 누구냐고 묻는다면 이 책에서 언급한 시사 PD들이 이에 가장 가까운 사람이라고 할 수 있다. 그들의 장점을 최대한 흡수해야 한다. 그러기위해서는 만능 뉴스맨을 위해 전문가 교육과 충분한 실습이 이뤄질 수 있도록 시스템을 마련해야 한다. 찍고촬영 자르고 붙이고편집 하는 일을 자유자재로 하게 되면 영상 감각이 배가되고 여기에 취재 능력이 결부되면 가공할 능력의 소유자가 될 수 있다. 이 모든 역량을 기본 소양 업무로 규정하면 수습 교육을 통해 자연스럽게 몸에 배일 것이다.

취재 이외에 영상 기술을 겸비하는 일은 5세대로 가기 위해 반드시 거쳐야 하는 과정이다. 대단한 교육이 필요한 것이 아니다. 장비와 인력을 갖추고 있는 방송사에서는 얼마든지 가능한 일이다. 실무 교육의 중요성을 인식하고 의사결정자가 과감한 결정을 내리면 된다. 영상 전문가들이 알찬 교육을 할 수 있도록 제반 조치를 취하는 것도 반드시 필요할 것이다. 가급적이면 조직 안에서 기본 교육 문제를 해결해야 다음 단계로 나가는 일이 수월해진다. 바로 1인 미디어 팀을 만드는 것 같은 일이다. 방송사 종사자가 아니어도 앞서 언급한 스마트폰과 윈도우 장착 편집 프로그램, 문자 생성기 등으로 만능 뉴스맨이 될 수 있다. 하고자 하는 의지의 문제인 것이다. 영상 감각을 키우는 것은 전문 방송인으로서의 직업을 수행해야만 가능한 것은 아니다. 마찬가지로 5세대 방송 기자가 되겠다는 의지와 자세가 중요하다. 분업체제에 안주하려 하고 변화를 터부시하면 발전 없는 도태에 직면한다는 사실을 직시해야 한다. 무엇보다 새로운 일에 흥미를 느끼고 시청자와 독자를 위한 일이라는 헌신적인 사명감이 가득 차 있어야 배움의 효과가 있을 것이다. 그 결과 누구도 예상하지 못한 큰 성과를 낼 수 있는 실력을 갖게 될 것이다.

1인 미디어 팀을 운용하자

편집과 촬영 영역 종사자들에게도 문호를 개방해야 한다. 하고자 하는 모든 사람에게 만능 뉴스맨이 될 수 있도록 기회를 제공해 주자. 그래야 조직 간 장벽을 허물고 업무의 크로스 오버cross over가 용이해질 수 있을 것이다. 더불어 자율경쟁 분위기도 자연스럽게 마련될 것이다. 취재력이 있으면서 영상 감각이 뛰어난 발군의 선수들은 반드시 있게 마련이다. 그들을 만능 뉴스맨으로 육성하기 위한 업무 환경을 만들어 주자는 것이다. 단순 사건 사고 같은 뉴스에서부터 시작해 난이도가 있는 고발 프로그램까지, 1인 활동을 통해 콘텐츠가 생산될 수 있도록 공적인 경로를 마련해 주는 것이 중요하다. 시행착오를 과감히 용인해 줘야 한다. 통상 수습기자 훈련용으로 쓰이는 아침 뉴스의 사건 사고 기사부터 시작하는 것이 조직과 시도자 모두에게 덜 부담스러울 것이다. 아침용 리포트는 정밀한 품질이 아니더라도 요건만 갖추면 방송이 가능하기에 첫발을 내딛는데 적당하다. 고정 코너를 두는 것도 고려해 볼 만하다. 1인 미디어의 일관

특종을 쫓는 종횡무진 뉴스맨

공정으로 생산된 리포트의 내용이 벌써부터 궁금해진다.

1인 미디어가 가능한 사람들로만 팀을 꾸리자. 별동대처럼 모든 영역의 취재가 가능하도록 하자. 정치 경제 사회 스포츠까지 성역 없는 취재 권한을 부여해 보자. 현장 상황에 따라 분업과 협업이 필요할 때는 팀 안에서 스스로 해결할 것이다. 방송을 알기 때문에 유기적인 협력에 능숙할 것이다. 이들이 모든 업무에서 숙련 단계에 이를 때까지 영상과 편집 전문 인력을 한시적으로 지원하도록 하자. 소수의 1인 미디어 팀은 조직 전체의 변신에 자극제가 될 것이다. 1인 팀은 기존 팀과의 공존으로 조직 전체에 시너지 효과를 낼 것이다. 이들의 활동은 경쟁력 있는 다양한 콘텐츠 생산으로 반드시 이어진다. 1인 미디어 지원자는 일에 대한 욕심으로 넘쳐나야 한다. 혼자서 모든 일을 처리하려는 일욕심쟁이가 되기를 원한다. 일에 미치고 취재에 미치고 제작에 미쳐야 한다. 자신이 만든 콘텐츠로 사회적 반향이 생기면 더 큰 보람을 느낄 것이다. 우리가 원하는 5세대 만능 뉴스맨의 정체성이 확립되는 순간이다. 진솔한 삶이 담겨 있고 땀의 흔적이 들어 있는 얘기를 발굴하는 것이 저널리즘의 본래적 의미에 가장 가까운 취재라고 생각한다. 기자든 일반인이든 땀과 진실이 담겨 있는 우리 주변의 진솔한 얘기를 담아내는 일은 피폐해진 우리 사회에 훈훈함을 더해 주고 사라져 가는 인간성을 복원하는 데 도움을 주는 것이다. 5세대 기자의 개념은 이런 목적에서 접근돼야 하고 추구돼야 할 것이다.

2

숙명적인 일

기자 일이란 육체와 정신을 함께 쓰는 일이다. 그만큼 에너지 소모
도 많고 다른 일에 신경을 쓸 여유가 없을 때도 많다. 앞만 보고 달
려야 하는 그런 일인 것이다. 소신을 굽히지 말아야 할 때도 있고 내
의지를 관철시켜야 할 때도 있다. 그러다 보니 충돌할 일이 많이 생
긴다. 내가 아는 지식을 전수해 줘야 하는 위치에서 이런 일이 잦았
다. 내 자신이 엄한 교육을 받고 기본기를 탄탄히 했듯이 그런 방식
으로 가르침에 임하다보니 서운해 할 일이 생겨났을 것이다. 5세대
로 이끌어 줘야 할 우리 세대의 고민이기도 한데 과거의 방식과 현
실의 사정을 어떻게 조화롭게 가져가는가의 문제는 5세대 기자로의
진입 과정에 중요한 고려 요소가 될 것이다. 결과와 함께 과정도 중
요시하는 사회적 분위기를 무시할 수 없기 때문이다.

과거의 방식이 저항을 불러올 수 있다는 것을 경험했다. 참고 견

디면 보람을 갖게 된다는 얘기는 호랑이 담배 필 적 때 얘기라는 소리를 들을 수 있다. 사실 그러하다. 무조건 따라오라는 방식이 창조성을 위축시키거나 더 나은 가능성의 싹을 잘라 버리는 우를 범할 수 있어서다. 5세대 기자는 창조적인 마인드가 무엇보다 중요시돼야 한다는 점에서 더더욱 그렇다. 방송은 기본적으로 창작의 영역이기 때문이다. 그렇다고 규율과 체계를 깡그리 무시하자는 것이 아니다. 기본기는 갖추도록 해야 하지만 과거와는 달리 보다 섬세한 방식으로 접근해야 한다는 것이다. 윽박을 지르거나 무조건 인내하라는 것보다는 설득하고 납득시키는 과정을 몇 번이라도 거쳐야 할 것이다. 과거보다 시간이 더 걸릴지라도 갈등과 마찰은 가급적 피하는 것이 좋다. 갈등과 마찰은 부메랑이 돼 돌아온다. 교육 책임자의 부담이 늘 수는 있다. 더 나은 결과를 기대하는 투자라는 자세로 임하면 마음이 편하다. 어찌됐든 이러한 교육을 담당해야 하는 우리 세대 또는 우리 바로 밑 세대로서는 운명이나 숙명처럼 받아들여야 할 숙제일 것이다.

50대 안팎의 나이가 되면 한 번쯤 건강에 이상을 겪는다는 지인들을 많이 접하게 된다. 가정에서나 사회에서나 책임을 많이 져야 하는 연령대여서 그럴 것이다. 일에 집중하다 보면 건강은 뒷전으로 밀리기도 한다. 사회정책 부장으로 일하던 5년 전 제주 출장 중에 심근경색이 왔다. 다행이 병원에서 통증을 호소하던 중에 발견할 수 있어 큰 위기는 모면했다. 그러나 심리적으로 한동안 상당히 위축됐다. 급사의 요인이 된다고 해서 가족들이나 나나 모두 놀랐다. 혈관이 막히는 것 같은 일반적인 협심증이 아니라 혈관이 갑자기 발작을 일으켜 협착을 일으키는 변이형이었다. 근본적인 치료법이 없다고 했다. 업무 스트레스를 받지 말라는 말과 여유롭게 살라는 말을 들었지만 현실은 그렇지 않은 것 같아 고민이 컸었다. 조심을 할 수 밖에 없었고 관리를 시작했다. 그 덕인지 지금까지는 무탈하다. 갑작스러운 건강 이상은 모든 노력을 수포로 돌아가게 할 수 있다. 이 점을 명심하며 일과 업무에 임해야 한다는 것을 깨달았다.

안타까웠던 후배

2013년 5월 이었다. 채동욱 총장 사건에 신경을 쓰느라 심신이 피로한 와중에 매우 친하게 지내던 후배로부터 이른 새벽에 여러 통의 전화가 온 것을 일어나서야 확인했다. 회신을 줬더니 풀 죽은 목소리로 자신이 성추행 피의자로 입건돼 도움을 받고자 전화를 했다는 것이었다. 그 당시 나는 내가 다루던 아이템 하나하나에 법적인 문제가 없도록 하느라 매일 파김치가 되다시피 했다. 얼마나 신경을 곤두세웠으면 몇 달 동안 입안에 염증을 달고 살 정도였다. 취재와 기사 작성 데스킹 등 1인 3역을 하던 때라 업무 부담이 상상을 초월했다. 그리고 팩트가 하나라도 틀리지 않아야 한다는 심적 부담감 때문에 신경도 매우 날카로웠다.

이런 와중에 걸려온 그의 전화는 몇 년 만이었다. 나는 해외 연수와 이직, 그는 지방 근무 등으로 수년 동안 만나지는 못했지만 마음속에서는 항상 서로의 안부를 묻는 사이였다. 또 허물없이 서로를

특종을 쫓는 종횡무진 뉴스맨

대하는 돈독한 관계였다. 성추행 시비에 휩싸여 곤경에 처했다는 내용은 그렇게 충격적이지 않았다. 워낙 성품이 곱고 누구에게 해 한 번 끼치지 않은 위인이라 큰 문제가 없을 것 같았고, 의도치 않게 실수가 있었다면 법적인 도움을 받아 풀면 된다고 생각했다. 더 큰 윤리적 문제를 일으킨 사회 지도층 인사들이 법망을 피해가며 아무 문제가 없다는 식으로 떳떳하게 대응하며 살아가는 것을 보니 이런 일로 가슴 아파하고 괴로워하는 모습이 너무나도 안타깝게 느껴졌다.

그런데 내 심신이 지친 상태라 더 자상하고 따뜻하게 그를 보듬어주지 못했다. 일단 알고 지내던 변호사를 연결해 줬다. 그러면서 잡범보다 더 한 짓을 한 내로라하는 인사들도 떳떳거리며 살고 있는데 뭘 그리 양심에 찔려하고 고통스러워하냐며 정신을 강하게 다잡도록 질책아닌 질책을 했다. 이것이 실수였다는 생각이 든다. 그는 마지막 지푸라기라도 잡는 심정으로 나에게 연락을 했을 것인데 나는 내 일을 핑계대고 그가 내민 손길을 외면했던 것일 지도 모른다. 내 일로 경황이 없더라도 짬을 내 만나서 사정도 듣고 면전에서 용기도 북돋워 줬어야 했는데 말이다. 변명을 하자면 큰 사건을 처리하느라 어떤 일에도 신경을 쓸 여유가 없었고 육체적으로나 정신적으로나 내 한 몸 간수하기도 힘들 정도의 압박감에 시달리고 있었던 상태였다.

그러던 차 비보가 들려왔다. 수사의 압박감을 견디지 못하고 퇴근길에 스스로 몸을 던진 것이었다. 눈물이 앞을 가렸다. 미안하고 원통했다. 나를 그렇게 잘 따르던 후배인데 세심하게 대해주지 못하고 정신력으로 버티라고만 했으니 내가 너무나 큰 실수를 했구나 싶었다. 몸을 던지기 전 몇 시간 동안의 종적은 그의 괴로운 상태를 고스란히 드러내 보였다. 마음이 너무나 아팠다. '얼마나 괴로웠으면 이렇게 극단적인 선택을 하게 된 것일까' 하고 말이다. 그가 떠난 마지막 장소를 찾았다. 학창시절 느꼈던 그의 성품답게 깔끔하고 아늑한 곳을 택했구나 하는 생각이 들었다. 가지런히 놓여 있었던 그의 유품 그리고 그가 마지막으로 몸을 누인 곳. 햇볕이 잠시 드는 듬성듬성 자란 키 작은 초록 풀 사이 부드러운 진흙 위에 그는 마지막으로 몸을 맡긴 것이었다. 아주 조금 남아 있는 그의 흔적 앞에서 그를 위해 기도를 했다. 삼일장 내내 빈소를 찾아 통곡했다. 울고 또 울었다. 그의 일에 도움을 달라고 요청했던 선후배들에게 미안했다. 혼자가 된 그의 부인에게도 미안했다. 그의 두 아들은 이미 장성했을 것이다. 대학을 들어갔을 것 같은데 다시 한 번 찾지를 못했다. 죄송스럽다. 비리를 캐고 부조리를 폭로하면서 사회에 많은 기여를 한다고 생각했다. 도움을 줄 수 있는 위치라고 내심 우쭐대기도 했던 것 같다. 그러나 정작 도움이 필요했던 사람에게는 그러하지 못했다. 불행히도 내가 가장 아끼고 사랑했고 존경했던 후배에게 그러했다. 내 도움을 절실하게 바라는 사람을 돕지 못한다면 내 존재의 의미는 있는 것일까라는 생각을 하며 집으로 돌아왔다.

두 딸을 기르고 있던 집사람은 어디를 매일 같이 다녀오냐며 걱정했다. 여차저차한 사정을 말했더니 돌아오는 말이 정신을 번쩍 들게 했다. "당신 자식들도, 당신 가족들도 잘 챙기시오. 당신 몸도 챙기시오." 그렇다. 우리 일이란 것이 가족에게도 주변 지인들에게도 우리 자신에게도 성심을 다하지 못하기 십상인 그런 직업이다.

특종을 쫓는 종횡무진 뉴스맨

단신 기사 작성 포인트

1. 짧고 간결하게 가급적 복문이 아닌 단문이 되도록 쓴다.

2. 한문투의 용어는 쉬운 우리말로 바꾼다.
   살해했습니다. → 숨지게 했습니다.
   자살했습니다. → 스스로 목숨을 끊었습니다.
   진화했습니다. → 불을 껐습니다.
   증원했습니다. → 늘렸습니다.
   공격력이 배가 됐습니다. → 두 배로 늘었습니다.

3. 술어를 불필요하게 늘리지 않는다.
   조사를 했습니다. → 조사했습니다.
   훈련을 했습니다. → 훈련했습니다.

4. 영어나 일본식 어투는 삼간다.
   행사를 갖고(미국식) → 행사를 열고
   한 바 있습니다.(일본식) → 했습니다.
   ○○○로부터 전달됐습니다. → 에게서 or 에게 전달했습니다.
   동물에게 있어서 중요한 것은 → 동물에게 중요한 것은

5. 중복되는 말은 비슷한 뜻으로 바꾼다.
   대학당국은 밝혔습니다. / 설명했습니다. / 언급했습니다.
   학생들은 주장했습니다. / 요구했습니다.

6. 모호한 대명사는 피한다.
   이날(→ 어제) 사고는 조 씨의 차가 빗길에 미끄러지면서 일어났습니다.
   서울 수서경찰서는 빈집에 들어가 금품을 털어온 혐의로 서울 성수동 42살 이○○ 씨 등 4명
   을 붙잡았습니다. 이들은(→ 이 씨 등은) 지난 4일 수서동의 한 빈 아파트에 들어가 귀금속
   과 도자기 등 10억 원치를 털어온 혐의를 받고 있습니다.

7. 간접화법은 되도록 피한다. 기사의 신뢰성이 떨어지고 취재가 부족했다는 인상을 줄 수 있다.
   ~에 따르면/ ~전해졌습니다./ ~알려졌습니다. → ○○가 ~라고 말했습니다.

8. 시제 사용도 간결하게 (정밀한 시간이 필요한 경우가 아니면 30분 단위로 쓴다.)

   0시-6시 : 새벽으로 표현 ~시쯤

   7시-9시 : 아침으로 표현 ~시쯤

   9시-11시 : 오전 ~시

   11시-14시: 낮 ~시

   14시-18시: 오후 ~시

   18시-21시: 저녁 ~시

   21시-24시: 밤 ~시

9. 장소표기

   시, 군, 구, 동, 번지까지 다 쓸 필요가 없다. 구 또는 동 등까지만 나열

10. 숫자 역시 너무 상세히 쓸 경우 오히려 전달력이 떨어질 수 있다.

    198만 원 어치 → 2백만 원

    121차례 → 백이십 차례

11. 약칭은 한 차례는 풀어서 써 준다. 영문 약칭도 우리말로 똑같이 한차례 정도는 풀어준다.

    FIFA → 국제축구연맹은

    IMF → 국제통화기금은

12. 피동형 수동형 사용은 자제한다.

    증원시켰다 → 인원을 늘렸다. 증원했다.

    입금시켰다 → 입금했다.

    20년 전 건설된 APT → 20년 전 지은 APT

이건희, "이익 공유제 듣도 보도 못한 것"

(2011월 3월 11일)

보도 영상 보기

[앵커멘트] 이건희 삼성그룹 회장이 작심하고 현 정부의 경제 정책에 대해 쓴소리를 내뱉었습니다. 대기업과 중소기업의 초과이익공유제는 듣도 보도 못한 제도라고 비난했고 정부의 경제정책 역시 만족스럽지 못하다고 말했습니다. 이재홍 기자가 보도합니다.

[리포트] GS그룹 허창수 회장이 전경련 회장으로 취임한 후 처음으로 갖는 전경련 회장단 회의. 이건희 삼성그룹 회장, 정몽구 현대차 회장, 최태원 SK 회장, 김승연 한화 회장 등 재계 거물 17명이 참석했습니다.

김황식 국무총리도 초청해 정부의 경제정책도 들었습니다. 회의장으로 들어가던 이건희 삼성그룹 회장이 기자들의 쏟아지는 질문에 말문을 열었습니다.

특히 이 회장은 정운찬 동반성장 위원회가 추진하고 있는 중소기업과 이익을 공유하자는 초과이익공유제에 대해 불편한 심기를 가감없이 드러냈습니다.

[인터뷰: 이건희, 삼성그룹 회장] "누가 만들어낸 말인지 사회주의에서 쓰는 건지 자본주의국가에서 쓰는 건지 공산주의에 있는 건지 잘 모르겠다."

고유가와 원자재 파동은 절약과 노력으로 극복할 수 밖에 없다고 말하면서, 현 정부의 경제 정책에 대해서도 언급했습니다.

[인터뷰: 이건희, 삼성그룹 회장] "계속 사실 성장을 해 왔으니 낙제 점수는 아니겠죠."

그러나 정작 회장단 회의에서는 초과이익공유제는 거론조차 되지 않은 것으로 전해졌습니다.

[인터뷰: 정병철, 전경련 상근 부회장] "정운찬 씨가 말한 것은 구체화가 안 됐고 거론도 안됐다."

오늘 회의는 전체 21명 회원사 회장 가운데 17명이 참석하는 등 신임 허창수 회장에게 힘을 실어주려는 의지가 반영됐습니다.

하지만 LG 반도체 빅딜 이후 전경련에 여전히 불편한 감정을 갖고 있는 것으로 알려진 LG 그룹의 구본무 회장은 참석하지 않았습니다. 허창수 회장으로 새롭게 체제를 꾸민 전경련이 본격적으로 목소리를 내기 시작하면서 재계의 이익을 극대화하기 위한 행보를 넓혀가고 있다는 관측입니다.

YTN 이재홍입니다.

검사가 고소인 매수
(2003년 5월 19일)

보도 영상 보기

[앵커멘트] 현직 부장급 검사가 불법체포와 직권남용 혐의로 유죄판결을 받을 상황에 놓이자 자신을 고소한 사람에게 돈을 주고 소송을 취하하도록 해 물의를 빚고 있습니다.

6년 전 A씨의 교통사고 사건을 처리하면서 무죄를 호소하는 A씨를 감정적으로 긴급체포했던 것이 사건의 발단이었습니다.

이재홍 기자가 보도합니다

[리포트] 고소인에게 돈을 줘 소송을 취하하도록 한 검사는 한 지방검찰청의 ○모 부장검사입니다.

○검사는 불법 체포와 직권남용 혐의로 자신에게 소송을 제기한 A씨에게 수천만 원을 주고 소송을 취하하도록 종용했습니다.

시도 때도 없는 전화와 친지를 동원한 끈질긴 합의요구를 거절할 수 없었습니다.

[인터뷰: ○○○, 고소인] "쓴 경비를 보상해 줄테니 봐달라고 계속 전화를 했어요…"

지난 98년 당시 서부지청에 근무하던 ○검사가 A씨의 교통사고 사건을 처리하면서 무죄를 호소하는 A씨를 뺑소니 혐의로 긴급체포 한 것이 사건의 발단.

A씨는 곧바로 ○검사를 직권 남용 등으로 고소했지만 무혐의 처리됐고 이에 재정신청을 내 지난 3월 마침내 ○검사에 대한 무혐의 원심 판결을 깨는 대법원의 파기 환송 결정을 받아냈습니다.

대법원이 원심을 파기환송하면 2심 재판부는 대법원의 환송취지에 따라 ○검사에게 유죄를 선고할 수밖에 없습니다.

A씨는 이에 앞서 지난 2001년에는 대법원으로부터 문제가 된 교통사고 사건에 대해서도 무죄 판결을 받았습니다.

[인터뷰: A씨, 고소인] "너 뺑소니야 할 땐 정말… 어떻게 말해야 할지…"

A씨는 변호사도 없이 '나홀로 소송'으로 무죄를 입증하는 데 7년이라는 시간을 허비했습니다.

그러나 담당검사는 이 사건에 대해 징계조치 받지 않고 여전히 현직에 남아 있습니다.

「대검 감찰부는 ○검사의 이 같은 행위에 대해 감찰조사에 착수했습니다.

YTN 이재홍입니다.